Juliane Löffler

MISSBRAUCH, MACHT & MEDIEN

WAS #METOO
IN DEUTSCHLAND
VERÄNDERT HAT

Juliane Löffler

MISSBRAUCH, MACHT & MEDIEN

WAS #METOO IN DEUTSCHLAND VERÄNDERT HAT

DVA

MIX
Papier | Fördert gute Waldnutzung
FSC® C014496

Penguin Random House Verlagsgruppe FSC® N001967

1. Auflage

Umschlaggestaltung: Büro Jorge Schmidt, München
Satz: satz-bau Leingärtner, Nabburg
Druck und Bindung: GGP Media GmbH, Pößneck
Printed in Germany
ISBN 978-3-421-07039-5
www.dva.de

INHALT

Triggerwarnung:

In diesem Buch finden sich an mehreren Stellen Schilderungen von Missbrauch und gewaltsamen sexualisierten Übergriffen, sofern sie für die Argumentation relevant erscheinen, insbesondere in den Kapiteln »Gewalt« sowie »Macht und Machtmissbrauch«. Diese können belastend oder retraumatisierend wirken.

»Man kann nicht wissen, wie sehr sich andere Menschen für deine Geschichte interessieren, bis du sie erzählst.«[1]

Megan Twohey und Jodi Kantor

VORWORT

In einer der ersten Wochen des Jahres 2017 hing ich gebannt vor dem Rechner und klickte mich durch Bilder pinkfarbener Menschenmassen. Da liefen Hunderttausende für Frauenrechte durch die Straßen. Sicher, es ging um mehr, um Donald Trump, um Rechte für Minderheiten, um Demokratie, den Kampf gegen Desinformation. Aber dass eine Protestbewegung dieses Ausmaßes angeführt wurde von lauten Frauen, farblich gekennzeichnet durch *ihre* Symbole, das war neu für mich. Ich war fasziniert. Wo kamen sie auf einmal alle her?

9000 Kilometer entfernt sprachen die Aktivistinnen Krista Suh and Jayna Zweiman über einen Rückzugsort, der friedlich war und Wärme spendete, wo Ideen ohne Angst, verurteilt zu werden, geteilt werden konnten. Wo Zeit war, um durchzuatmen und ernsthafte Gespräche zu führen. Und wo sich Wollgarn stapelte, denn hier war das sogenannte Pussyhat-Projekt entstanden, die pinkfarbenen, handgestrickten Mützen, die für Solidarität und Frauenrechte standen. In dem Strickladen in Los Angeles hatten die Frauen mit zunehmender Sorge beobachtet, wie erfolgreich der US-Präsidentschaftskandidat Donald Trump war, trotz seiner frauenverachtenden Aussagen und Handlungen. Die Pussyhats spielten auf Trumps Worte an, Frauen einfach in den Schritt greifen zu können. Sie waren aber auch der Versuch, sich das Wort Pussy, ein Synonym für die Vulva, zurück anzueignen.

Die Frauen entwarfen ein einfaches Design für die Mützen mit den kleinen spitzen Ecken wie zwei Katzenohren, setzten eine Webseite und einen Instagram-Account auf, informierten andere Strick-

Communitys, und das Projekt ging viral. Als am 21. Januar Menschen in Washington, D.C., und später in vielen anderen Städten weltweit demonstrierten, waren die Mützen das zentrale Erkennungsmerkmal der sogenannten Women's Marches, Frauenmärsche also, von Neuseeland bis Deutschland. Einige der Mützen wurden von den Strickerinnen und Strickern mit kleinen Botschaften versehen, bevor sie per Post an ihre Adressaten gingen. Es ging darin um sexualisierte Gewalt,[1] Frauenrechte, Menschenrechte. Ein Netzwerk entstand, das sich Mut zuflüsterte, Monate bevor das Hashtag #MeToo[2] diese Funktion übernahm.

Ich arbeitete zu der Zeit bei der Wochenzeitung *der Freitag* und wurde gebeten, den Leitartikel zu schreiben, also den wichtigsten Kommentar der Ausgabe – ein Privileg, das eher Ressortleitern, Herausgebern oder Chefredakteuren und altgedienten Autorinnen und Autoren zustand. Aber unter den Protestierenden aller Geschlechter waren eine Menge jüngerer Frauen, also wollte man offensichtlich hören, was eine jüngere Frau dazu zu sagen hatte. Es war, als hätte man mir ein kleines Stückchen der Macht zugeteilt, die sich da gerade vor aller Augen entfaltete.

Erst später, als das Hashtag #MeToo Fahrt aufnahm und ich recherchierte, statt zu kommentieren, verstand ich wirklich, warum sich da eine so große Masse formierte. Woher die Wut kam, woher die Kraft. Was dahinterstand. Es ging nicht nur um einen sexistischen Spruch eines US-amerikanischen Präsidentschaftskandidaten. Es ging nicht nur um Sexismus[3] und Missbrauch. Es ging um Privilegien, Macht und den Kampf darum, wie diese künftig verteilt werden sollte. Menschen, die missbraucht worden waren, diskriminiert, die ein ganzes Leben lang immer wieder als Menschen zweiter Klasse behandelt worden waren, die gegen ihren Willen angesprochen und angefasst worden waren, gegen ihren Willen bewertet und sexualisiert, gegen ihren Willen beschämt und verletzt: Sie entschieden, gegen all das etwas zu unternehmen, und zwar indem sie überhaupt erst einmal begannen, darüber zu sprechen. Und je mehr Menschen unter dem Hashtag #MeToo von ihren Erfahrungen und Erinnerungen berichteten, umso deutlicher wurde das Ausmaß dessen, was so lange verschwiegen worden war.

Missbrauch existiert überall. Beruflich, privat und oftmals in den Graubereichen dazwischen. Missbrauch existiert im Untersuchungszimmer beim Arzt, in Chefetagen viele Stockwerke über der Stadt, im Niedriglohnsektor, in Universitäten, in der Medienbranche, im Musik-, Tanz-, Literatur- und Modebetrieb, im Film und am Theater, im Sport, in der Gastronomie, bei den Pfadfindern, in der Kirche, auf Campingplätzen, in der Pflege, in Kitas, bei der Polizei, in Anwaltsbüros, zu Hause. Er trifft Kinder, seltener Männer, mehrheitlich Frauen, weiblich gelesene Menschen, Mütter, Alleinstehende, Alte und Junge, Arme und Reiche, Starke und Schwache, Menschen mit viel oder wenig Geld, Menschen mit Villen oder in Notunterkünften, Menschen auf der Flucht, queere Menschen, People of Color, Schwarze Menschen, Menschen mit Behinderung, Mehrheiten, Minderheiten. Er findet in allen politischen und weltanschaulichen Spektren statt, links, rechts und in der Mitte.[4]

#MeToo. Was genau ist damit gemeint? Im allgemeinen Sprachgebrauch wird das Schlagwort im beruflichen Kontext verwendet, wenn etwa ein Chef seine Macht gegenüber ihm unterstellten Frauen missbraucht hat oder mächtige Männer aus dem Kulturbetrieb ihren Einfluss. Es geht um Sicherheit am Arbeitsplatz. Und auch wenn die Grenzen des Sag- und Machbaren ausgelotet werden, spricht man von #MeToo; wenn bestimmt werden soll, wo der Flirt aufhört und der Übergriff beginnt, wann Sex einvernehmlich ist und ab wann es sich um eine Vergewaltigung handelt.

Diese Vorwürfe sind zugleich nur ein Bruchstück dessen, worum es geht. Denn #MeToo bedeutet: »Ich höre, was du erzählst. Ich erkenne mich darin wieder. Auch mir ist so etwas widerfahren.« Deshalb sollte man den Begriff MeToo sehr viel breiter denken. Auch wenn

Männer ihre Partnerinnen krankenhausreif prügeln, ist das MeToo. Auch Stalking ist MeToo oder wenn ein Mob sich im Internet organisiert, um Frauen des öffentlichen Lebens mundtot zu machen. Und auch Missbrauch von Kindern fällt darunter. Der Begriff bezeichnet eine große Bandbreite kollektiver Erfahrungen von Übergriffen, Missbrauch und Gewalt, die durch systematische Fehler entstanden und normalisiert worden sind. Diese Normalisierung zu durchbrechen, ist der Antrieb der MeToo-Bewegung, die disruptive Kraft, die sie entfaltet. Es ist eine emanzipative Bewegung, die die Scham und zugeschriebene Mitschuld ablehnt und die Veränderungen und Gerechtigkeit einfordert.

MeToo ist sehr viel mehr als ein Hashtag oder ein Kampagnen-Schlagwort: Es ist eine soziale Bewegung.[5] Menschen auf der ganzen Welt haben ihre Stimme erhoben, vor allem Frauen. Sie leben in unterschiedlichen Ländern, sprechen unterschiedliche Sprachen, beziehen unterschiedliche Gehälter, leben in unterschiedlichen politischen Systemen und kommen aus unterschiedlichen sozialen Schichten. Und dennoch haben ihre Geschichten viele Gemeinsamkeiten. Es geht um andere Menschen, meist Männer, die sich ihnen gegenüber übergriffig verhalten und die Grenzen ihrer seelischen und körperlichen Selbstbestimmung missachtet haben, die ihre Macht missbraucht haben. Es handelt sich um eine universelle Erfahrung. Oft wird der MeToo-Bewegung vorgeworfen, alles in einen Topf zu werfen, von der blöden Anmache bis zur Vergewaltigung, und damit ungenau und vorverurteilend zu werden. Dabei wird übersehen, dass die Bandbreite dieser Erfahrungen zu ein und demselben System gehört und Menschen, die davon betroffen sind, darüber miteinander verbunden sind.[6]

Aus individuellen Erfahrungen wird ein Kollektiv, es werden Systeme von Opfern und Tätern sichtbar. »Schreiben Sie über das System«, hörte ich immer wieder, auch von mutmaßlich Betroffenen,[7] die sich nicht zitieren lassen wollten. Und natürlich ist das ein Teil von

MeToo. Die ersten Enthüllungen über Harvey Weinstein, dessen Verurteilung in New York wegen eines Verfahrensfehlers mittlerweile im Berufungsverfahren aufgehoben wurde, der aber wegen einer Verurteilung in Kalifornien weiter in Haft ist, handelten nicht nur von seinen Verbrechen. Sondern davon, wie er sie über etliche Jahre mithilfe anderer Menschen unter den Teppich gekehrt hatte. Das System aus Geld und Schweigeverträgen war die eigentliche Geschichte.[8] Aber nur über das System zu schreiben, wird nichts verändern. Missbräuchliche Handlungen haben am ehesten Konsequenzen, wenn Namen genannt werden. Es steckt eine ungeheure Kraft in der Präzision, zu sagen oder zu schreiben: Diese Person hat sich gegenüber dieser anderen Person an jenem Tag in diesem Raum mutmaßlich unangemessen verhalten, und das sind die Hinweise darauf, dass es sich so zugetragen haben könnte.

Wenn man nur über Systeme schreibt, ist es einfach für Institutionen und einzelne Personen, sich nicht verantwortlich zu fühlen. Man kann lange Artikel über häusliche Gewalt schreiben, belegt mit Zahlen, Studien und Expert:innen und Frauen, die anonym über Männer berichten, die ebenfalls anonym bleiben. Man wird dafür Zuschriften dankbarer Leserinnen erhalten, in denen sinngemäß steht: »Genauso ist es mir ergangen. Ich habe Angst, meinen Fall öffentlich zu machen, aber danke, dass Sie darüber aufklären.« Mehr passiert in der Regel nicht. Die Zahlen und Fakten über Gewalt und Missstände sind mittlerweile bekannt. Dass ein ganzes Land wochenlang über mutmaßliche Missstände diskutiert, passiert, wenn Namen fallen. Julian Reichelt. Oder Till Lindemann. Oder Jérôme Boateng. Und dann wird es auf einmal konkret: Was soll diese Person getan haben? Stimmt das? Und wenn ja: Ist das okay oder nicht? Braucht es bessere Gesetze oder Regelungen, um etwas zu verändern?

Die mutmaßlichen Übergriffe und Taten, über die berichtet wird, reichen von Machtmissbrauch über verbale Anzüglichkeiten, unangemessen intime Fragen, über Grapschereien, ungewollte Berührungen oder psychische Manipulation bis hin zu Schlägen oder Vergewaltigungen. Es geht um alltägliche Anzüglichkeiten, mal um eine Hand auf der Schulter oder einen Blick auf das Dekolleté, mal um Massenvergewaltigungen. Es geht um Miniröcke und Frauenhäuser, EU-Verordnungen und Strafrecht, Rassismus und reproduktive Rechte. Es geht um Feminismus und Antifeminismus. »My body my choice« gegen »Dann mach doch die Bluse zu«.[9] Es geht um das große Ganze, das Geschlechterverhältnis, die Spannbreite zwischen der Frage, ob jetzt nicht mehr geflirtet werden und wie man das Patriarchat abschaffen kann. Und seit Kurzem geht es auch um Übergriffe im Zusammenhang mit einer toxischen Kultur am Arbeitsplatz.

Die MeToo-Debatte wird auch deshalb so umfassend geführt, weil so viele Menschen das, was diskutiert wird, selbst kennen, weil sie es wiedererkennen. Das Thema betrifft uns alle, als Opfer,[10] Täter, Zuhörer und Zuschauerinnen. Darum ist es so einfach, eine Haltung dazu einzunehmen. MeToo ist politisch, aber immer auch persönlich. Viel hat sich verändert, aber wer den Mund aufmacht, um sich zu wehren, muss bis heute damit rechnen, selbst beschuldigt, beschimpft und beschämt zu werden. MeToo hat die Kraft, ganze Gesellschaften zu verändern. Deshalb hat die Bewegung mächtige Gegner und Gegnerinnen auf den Plan gerufen, die mit diesen Veränderungen nicht einverstanden sind: Journalistinnen und Anwälte, Politiker und Prominente, darunter all diejenigen, die sich zu Unrecht beschuldigt sehen (und so sehen es die allermeisten unter ihnen).

Ich hatte schon länger zu dem Thema gearbeitet, als mich die Recherchen zu Julian Reichelt in die Öffentlichkeit katapultierten. Plötzlich war ich nicht mehr nur Rechercheurin und Triebkraft hinter einer Enthüllung, sondern selbst Gegenstand der Beobachtung. »Ich wünsche dir, dass dein Name niemals auf Twitter trendet«, sagte mir ein Kollege, an den ich mich in dieser Zeit ratsuchend wandte. Diese Tage fühlten sich überwältigend und angsteinflößend an. Ich wusste schon zuvor um die Macht der Presse. Aber es war das erste Mal, dass ich klar und deutlich spürte, welche Kraft Recherche und Journalismus entfalten können – und wie sich Kontrollverlust durch den Medienbetrieb anfühlt.

Was ich in dieser Zeit aber auch verstand: Medienaufmerksamkeit wird unfair verteilt. Was war mit den vielen Personen, denen ich und andere Kolleginnen in der Vergangenheit zugehört hatten und für deren Schicksale sich so wenige Menschen zu interessieren schienen? Ich erinnerte mich an eine Recherche, für die ich mit vielen schwulen Männern gesprochen hatte und in die ich etliche Monate Zeit und Energie gesteckt hatte. Als mich eine Kollegin für eine renommierte journalistische Konferenz einlud, freute ich mich. Ich verkehrte kaum in derart etablierten Kreisen. Es war eine Möglichkeit, Aufmerksamkeit für die mühsame Recherche und ein Thema zu erhalten, das bisher eher unter dem Radar gelaufen war. Dann folgte eine E-Mail mit einer Absage. Ich war enttäuscht.

Bei der Recherche zu den Machtmissbrauchsvorwürfen um den damaligen *Bild*-Chef Julian Reichelt fiel mir die Aufmerksamkeit ungefragt zu. Was war, fragte ich mich in den Wochen und Monaten danach, der richtige Umgang mit dem Thema? Musste ich diese neue Reichweite nutzen, um noch viel mehr zu recherchieren? Würde die Öffentlichkeit unseren Quellen[11] weiterhin zuhören, auch wenn es sich um einen weitaus weniger prominenten Fall handelte? Und wie sollte ich all den Menschen, die sich nun an mich wandten, gerecht werden? Zugleich erreichten mich immer wieder und bis heute ähnlich lautende Fragen: »Wie entscheiden Sie, wann etwas veröffentlicht werden kann? Wie stellst du sicher, dass die Quellen nicht lügen? Was hat sich durch MeToo verändert?« In dieser Zeit entstand die Idee, all dies in einem Buch niederzuschreiben.

Auch wenn es bis heute mit vielerlei Tabus belegt ist, über sexualisierte Gewalt zu sprechen, ist es seit MeToo einfacher geworden. Dass Sexismus ein Teil der Gesellschaft ist, ist weitgehend Konsens. Dass sich daran etwas ändern sollte, auch, zumindest in der Theorie.

Es gibt mehr Beschwerdestellen und Hilfsangebote, mehr Aufarbeitung von MeToo-Vorwürfen, mehr Verständnis: in Betrieben, aus der Politik, medial. Einige Missverständnisse, wie dass der typische Täter ein fremder Psychopath ist, der wehrlose Frauen in dunklen Straßen angreift, sind dabei, ausgeräumt zu werden. Betroffene und mutmaßlich Betroffene sind selbstbewusster geworden, zunehmend fordern sie mehr Platz, Aufmerksamkeit und Gerechtigkeit in der Öffentlichkeit ein – nicht nur über etablierte Medien, sondern auch selbstständig, über soziale Netzwerke. Auch die Presse nimmt das Thema sehr viel ernster als noch vor einigen Jahren und investiert mehr Recherchekapazitäten. Je lauter und selbstbewusster all diese Stimmen werden, umso rauer wird der Gegenwind. Während MeToo sich als soziale Massenbewegung etabliert hat, sind auch Strukturen entstanden, die dagegenwirken wollen. Denn in großen Zusammenhängen wird Opfern von sexualisierter Gewalt und Machtmissbrauch geglaubt. Im Detail aber wird ihnen misstraut.

In den folgenden Kapiteln beschreibe ich, was ich über die Jahre erlebt und gelernt habe, wie MeToo entstanden ist und wie es sich verändert hat, welche Kräfte dahinter wirken. Es geht um Schuld und Scham, Macht und Ohnmacht, um Überlegenheit und Erniedrigung, um Gerechtigkeit und Mut, Gewalt und Backlashs. Es geht um Veröffentlichungen, welche die Kraft haben, Gesellschaften zu transformieren. Und es geht um die vielen Stimmen derjenigen, die sich erhoben haben und teils wieder zum Schweigen gebracht werden sollen. Dies ist kein Enthüllungsbuch voll neuer Details zu vergangenen Recherchen. Es würde den Rahmen sprengen und oftmals dem Schutz der Quellen, den ich zugesichert habe, widersprechen, hier detailliert die Hintergründe vergangener besonders brisanter Veröffentlichungen nachzuzeichnen.

Grundlage dieses Buches sind Erfahrungen, die ich zu einer größeren Erzählung zusammenbinden möchte. Es sind Recherchen, die viele Kolleginnen und Kollegen und gelegentlich auch ich öffentlich gemacht haben, teils gemeinsam. Aber auch solche, die sich bis heute fest verschlossen in meinen Unterlagen befinden, aber mir einen Eindruck vermittelt haben über die Gefahren, Hürden und Chancen der MeToo-Bewegung. Dieses Buch basiert auf Notizen, Audioaufnahmen und Dokumenten vergangener Recherchen und Veröffentlichungen und natürlich auf dem Wissen aus etlichen Artikeln und Büchern von Kolleginnen, Kollegen, Expertinnen und Experten. Mit einigen von ihnen habe ich für dieses Buch gesprochen, sie werden ausführlicher zitiert. Anderes hatte ich aufgeschrieben und wieder verworfen, und wieder anderes werde ich vermutlich nie veröffentlichen können.

Es gehört bei dieser Form von Journalismus zum Tagesgeschäft, die Grenzen des Sag- und Schreibbaren auszuloten, und dennoch ist es jedes Mal eine Gratwanderung. Nur ein Teil von MeToo-Recherchen fließt in einen Text, viele Teile bleiben im Verborgenen. Es gibt viele Menschen, die helfen, diese Grenzen auszuloten, und ohne sie wäre dieses Buch nicht möglich gewesen: Kolleginnen, Chefs, Rechtsabteilungen. Über MeToo zu berichten, kann eine einsame Tätigkeit sein, und zugleich ist es immer Teamarbeit.

Von anderer Seite wird vielleicht argumentiert werden, dieses Buch schlage sich auf die Seite der Betroffenen und mutmaßlich Betroffenen. Ich möchte vorsorglich erwidern: Es gibt die Pflicht zur Objektivität im Journalismus, nicht zur Neutralität. Es gibt die Pflicht, bei den Fakten zu bleiben und sich an die Regeln zu halten, aber nicht die, keine Haltung zu haben. Es gibt die Pflicht, alle Seiten anzuhören und verschiedene Perspektiven zu verstehen, aber keine Pflicht, mit allen Perspektiven zu sympathisieren. Niemand muss Verständnis für gewaltsame Handlungen haben, auch eine Journalistin nicht.

Ich hoffe, dass dieses Buch Verständnis weckt, statt Fronten zu verhärten. Dass es einordnet, statt anzuheizen. Und dass es Denkanstöße bietet, statt Vorurteile zu bestätigen. Ich wünsche Ihnen eine bereichernde Lektüre.

EINS PROTEST

Von #aufschrei zu #MeToo: Eine neue Bewegung formiert sich analog und digital, um auf ein altes Problem aufmerksam zu machen

Wer verstehen will, wie MeToo 2017 zu einer der wichtigsten sozialen Bewegungen unserer Zeit wurde, muss einen Blick in die Vergangenheit werfen. Viele Marker ebneten den Weg, bevor sich die globale Debatte über Sexismus, Übergriffe und sexualisierte Gewalt mit eruptiver Kraft weltweit Bahn brach. MeToo begann nicht in Hollywood und nicht mit den Berichten etablierter Medien über einflussreiche Männer. MeToo begann im Internet und mit einem Gedanken, bei dem es um Empathie ging: »Mir ist so was auch passiert. Me Too. Ich höre dich, ich sehe dich, und ich glaube dir.«[1] So formulierte es die US-amerikanische Aktivistin Tarana Burke, die den Begriff 2006 verwendete, im Schulunterricht und auf Myspace. Ihr Ziel war es, marginalisierten Schwarzen Frauen und Mädchen aus ihrer Community zu helfen, die wie sie selbst sexualisierte Gewalt erlebt hatten.

Über die Jahre waren in unterschiedlichen Ländern mehr oder weniger zufällig Zusammenschlüsse entstanden, die mit vergleichbaren Formeln auf das immer gleiche Problem aufmerksam machten: dass

Übergriffe zur Alltagserfahrung von Frauen und Mädchen gehörten und dass über Missbrauchserfahrungen viel zu wenig gesprochen wurde im Verhältnis dazu, wie häufig sie passierten. 2005 fuhr eine Frau mit Anfang 20 namens Thao Nguyen in der New Yorker U-Bahn, als ein Mann sich ihr gegenübersetzte und zu masturbieren begann. Mit ihrer Handykamera machte sie ein Foto von ihm. Dann ging sie zum nächsten Polizeirevier, erzählte sie später, doch erfuhr dort offenbar nur, dass man ihr nicht weiterhelfen könne. Ein Fehler, denn das Verhalten des Mannes war mindestens ordnungswidrig. Und so endete das Foto auf der Titelseite der *New York Daily News* mit der Titelzeile: »Enthüllt! Mutiges Opfer eines U-Bahn-Exhibitionisten dreht den Spieß um und knipst Bild des perversen Verdächtigen«.[2] Es war der Anlass für eine sehr viel größere Bewegung gegen öffentliche Belästigung, kurz darauf gründete sich die Organisation Hollaback!, übersetzt: Schrei zurück. Und im Internet entstanden unter diesem Schlagwort Blogs, auf denen Menschen Erfahrungen veröffentlichten, welche der von Nguyen ähnelten.

Als 2010 Vergewaltigungsvorwürfe gegen Wikileaks-Gründer Julian Assange öffentlich wurden, nutzte die schwedische Journalistin Johanna Koljonen den Anlass, eigene Erfahrungen eines mutmaßlichen Missbrauchs öffentlich zu machen. Sie setzte sich anhand persönlicher Erinnerungen mit der Frage auseinander, wo die Grenzen zwischen einer Vergewaltigung und einvernehmlichem Sex verlaufen. Assange bestritt die Vorwürfe damals und auch in den Jahren danach, ein Ermittlungsverfahren in Schweden dazu wurde 2019 wegen mangelnder Beweise eingestellt. Doch Koljonen hatte einen Nerv getroffen, der die schwedische Öffentlichkeit bewegte, und so entstand Ende 2010 in Schweden das Hashtag #prataomdet, übersetzt in etwa »sprich darüber«. Etablierte Medien griffen das Thema auf, es folgten Kolumnenbeiträge, später auch Preise für die Initiatorinnen der Kampagne, mit #talkaboutit eine englischsprachige Version des Hashtags. Schon damals war Beobachter:innen klar, dass sich etwas Neuartiges abzeichnete: Sie sehe etwas Historisches geschehen, zitierte die schwedische Zeitung *Svenska Dagbladet* eine Medienforscherin.[3]

Im Frühjahr 2012 trendete #ididnotreport auf Twitter. Unter dem Hashtag berichteten vor allem Frauen darüber, warum sie sexuelle Übergriffe in der Vergangenheit nicht gemeldet hätten. Etliche der Tweets sind auf Blogs wie Women's Views on News dokumentiert, viele kann man bis heute auf X (ehemals Twitter) nachlesen. *Weil ich ein Kind war*, steht dort. *Weil ich dachte, es sei normal. Weil ich niemanden hatte, an den ich mich wenden konnte. Weil ich glaubte, es sei meine Schuld. Weil ich mich schämte. Weil ich Angst hatte, dass mir Rache unterstellt wird.* Oder: *Weil ich erst später verstand, was geschehen war.* In Frankreich waren ähnliche Berichte unter #jenaipasportéplainte (übersetzt: Ich habe keine Anzeige erstattet) zu lesen, auch in Italien und Spanien gab es vergleichbare Einträge. International kamen unzählige solcher Schilderungen zusammen.

Frauenhilfsorganisationen, feministische Zusammenschlüsse oder Aktivistinnen aus unterschiedlichen Ländern hatten diese Internetkampagnen teils lanciert und unterstützt. Sie wollten das Schweigen brechen und der Öffentlichkeit bewusst machen, wie groß das Ausmaß sexualisierter Gewalt wirklich war. Auch in Deutschland wurden etliche Tweets unter dem Hashtag #ichhabnichtangezeigt veröffentlicht. Und auf dem Blog ausopfersicht.wordpress.com häuften sich kritische Berichte über das deutsche Justizsystem – nicht nur über Belästigung im öffentlichen Raum, sondern auch über schwerwiegende Straftaten. Nachzulesen waren dort mutmaßliche Auszüge von Einstellungsbescheiden wie in diesem Beitrag vom 30. Juli 2012: *»Sie empfanden die Handlungen des Beschuldigten als abstoßend und verkrampften sich für ihn erkennbar. Dass der Beschuldigte dennoch weiterhin versuchte, den Vaginalverkehr durchzuführen und dabei auch oberflächlich eindringen konnte, stellt jedoch keine gewaltsame Erzwingung dieser sexuellen Handlung dar. Es kann dahingestellt bleiben, ob das Spreizen Ihrer Beine durch den Beschuldigten objektiv eine Gewaltanwendung im Rechtssinne darstellt.«*[4]

Im gleichen Jahr gründete die britische Autorin und feministische Publizistin Laura Bates das Everyday Sexism Project: eine Plattform, auf der Frauen aus der ganzen Welt anonym oder mit Klarnamen ihre Erfahrungen von Alltagssexismus veröffentlichen können, bis heute ist die Webseite in mehr als einem Dutzend Sprachen verfügbar. Der Anlass dafür war eine persönliche Erfahrung in London, die Bates so erzählte: Im Bus auf dem Weg nach Hause telefonierte sie mit ihrer Mutter, als ein Mann anfing, ihr Bein zu berühren. »Und weil ich mit meiner Mutter telefonierte, sprach ich aus, was passierte, und sagte: ›Diese Person fasst mich an.‹ Und es hat mich wirklich getroffen, dass niemand in dem Bus etwas getan hat, sie haben alle weggeschaut.«[5] Danach habe sie ihre Freundinnen gefragt, ob sie schon einmal etwas Ähnliches erlebt hätten. Bates stellte fest, dass sie nicht allein war – und dass derartige Übergriffe offenbar so normalisiert waren, dass über sie nicht geredet wurde. Neben der Plattform lancierte Bates Anfang 2013 das Hashtag #ShoutingBack, was man mit »Zurückschreien« übersetzen kann. Dieses entsprach dem wachsenden Zeitgeist von vor allem Frauen, die sich gegen die alltäglichen Übergriffe zur Wehr setzten, statt sie weiter stumm zu ertragen – und die zu entdecken begannen, dass sie am meisten verändern konnten, wenn sie dies öffentlich taten.

Feministinnen aus Deutschland, die sich über Blogs und auf Twitter vernetzten, beobachteten sehr genau, wie sich Hunderte, dann Tausende Stimmen zu Bates' Aktionen mit eigenen Erfahrungen zu Wort meldeten und die Debatte an Fahrt gewann. Und sie verstanden, genauso wie andere feministische Aktivistinnen wie etwa die US-Feministin Jaclyn Friedman, wie sich digitale Medien erfolgreich nutzen ließen. Auf alltagssexismus.de (mittlerweile nur noch über Internet-Archive verfügbar) sammelten sich nach internationalem Vorbild die Berichte aus dem deutschsprachigen Raum, und etablierte Medien griffen die Themen auf.

SPIEGEL ONLINE berichtete über das Hashtag #YesAllWomen, das sich im Mai 2014 auf den Amokläufer von Santa Barbara bezog. Dieser tötete durch einen Amoklauf mit einer halbautomatischen Waffe sechs Menschen, verletzte mehr als ein Dutzend weitere und hinterließ ein rund 140-seitiges Manifest voller Frauenhass.[6] Mit dem Hashtag bezogen unzählige Nutzer:innen Stellung zu dem Argument, nicht alle Männer würden derartige Taten begehen – aber durchaus alle Frauen hätten gewalttätiges Verhalten gegen sich zu befürchten.

Auf Tagesschau.de war 2013 nachzulesen, wie sich One Billion Rising in Deutschland etablierte: eine globale Protestform, welche jährlich am Valentinstag darauf aufmerksam machte, dass nach einer UN-Statistik weltweit mehr als eine Milliarde Frauen Opfer von körperlicher oder sexueller Gewalt geworden waren – und dass auch in Deutschland Gewalt gegen Frauen öfter vorkam, als viele dachten.[7]

In der *Süddeutschen Zeitung* wurde in Anlehnung an das Hashtag #ichhabnichtangezeigt erklärt, warum so viele Vergewaltigungen in Deutschland nie ans Licht kamen. Weil viele Opfer unter anderem aus Scham gar nicht erst zur Polizei gingen, weil sie etwa den Täter gut kannten, weil viele Anzeigen nicht zu einer Anklage vor Gericht führten und Sexualdelikte sehr schwierig zu beweisen waren.[8] Und im Januar 2013 veröffentlichte Annett Meiritz, Journalistin bei SPIEGEL ONLINE, einen viel beachteten Artikel über ein frauenfeindliches Klima und Sexismus in der Piratenpartei. Darin beschrieb sie, wie männliche Parteimitglieder versucht hatten, sie als Journalistin zu diskreditieren, und als Prostituierte bezeichnet hatten. »Lange dachte ich, dass der Politikbetrieb, wie wir ihn heute in Berlin kennen, nichts mehr mit der Bonner Machowelt zu tun hat«, schrieb Meiritz. »Haben wir nicht eine Bundeskanzlerin? Beschreiben nicht Korrespondentinnen die Euro-Krise? Kümmern sie sich nicht längst um die sogenannten harten Themen, die einst als Domäne der Männer galten?« Im Text schilderte sie anonymisierte Erfahrungen aus ihrer Berufswelt: von einem Bundesminister, der sie zur Begrüßung extrafest an der Taille gepackt habe. Von einer Volontärin, der ein Spitzenpolitiker nach einem Arbeitsessen »Ich vermisse deine Nähe« gesimst habe. Von einem Europaparlamentarier, der ihr im Vorbeigehen eine Visitenkarte in die Hand gedrückt, sein Gesicht nah an sie herangeschoben und gemurmelt habe: Sie könne sich immer melden. Egal, worum es geht. »Passiert alles, noch immer, ist nicht vorbei«, resümierte Meiritz. Und fragte: »Hat sich wirklich so viel geändert?«[9]

Internationale Proteste

Wie bei One Billion Rising beschränkten sich öffentliche Protestformen in dieser Zeit nicht nur auf das Internet. Anfang 2011 hielt der Polizeibeamte Michael Sanguinetti zusammen mit einem Kollegen einen Vortrag über präventive Verbrechensbekämpfung an der Juristischen Fakultät der York Universität in Toronto, Kanada. Sein Rat wurde in den Medien wie folgt zitiert: »Man hat mir gesagt, dass ich das nicht sagen sollte – aber Frauen sollten es vermeiden, sich wie Schlampen zu kleiden, um nicht Opfer von Übergriffen zu werden.«[10] Der Polizist entschuldigte sich später, aber seine Sätze lösten weltweit Proteste aus. Viele Menschen, vor allem Frauen, zogen durch die Straßen, es wurde gesungen, gefeiert, protestiert. Einige trugen Schilder, auf denen sie eigene Missbrauchserfahrungen öffentlich machten, andere pochten auf ihr Recht auf körperliche Selbstbestimmung. Und wieder andere nahmen das selbsterklärte Ziel der Märsche, sich den Begriff Schlampe wieder anzueignen, wörtlich und kamen in Netzstrümpfen, Stilettos, Unterwäsche oder Badekleidung.[11] Kein noch so kurzer Minirock darf sexuelle Übergriffe rechtfertigen, lautete die Botschaft. Die sogenannten Slutwalks fanden in den großen Metropolen der Welt statt: in New York, London und Melbourne, in Genf und Buenos Aires, in Seoul und Neu-Delhi, in Singapur und Jerusalem.

Auch in Deutschland gingen Menschen auf die Straße. Am 13. August 2011 versammelten sich vor allem Frauen in rund einem Dutzend deutscher Städte, mitorganisiert unter anderem von der Autorin und feministischen Aktivistin Anne Wizorek. Bilder aus der Zeit zeigen junge, selbstbewusste Frauen, welche in diesem Sommer Anfang des Jahrzehnts Sprüche auf ihre teils halb nackten Körper geschrieben hatten oder Plakate in die Höhe hielten mit Slogans wie: »Nein heißt Nein« oder »Mein Arsch gehört mir«.

Nur wenige Jahre später gingen unter dem Slogan »ni una menos« (nicht eine weniger) Hunderttausende Menschen in Lateinamerika auf die Straße. Die 14-jährige Chiara Páez war in Argentinien von ihrem Freund erschlagen worden, weil sie keine Abtreibung vornehmen lassen wollte, wie Medien berichteten. Dieser Vorfall lieferte den Anstoß für Massenproteste gegen die steigenden Zahlen von Femiziden, also Ermordungen von Frauen aufgrund ihres Geschlechts. Seit über einem Jahrzehnt werden in Argentinien jährlich mehr als 250 Femizide registriert, die lateinamerikanische Frauenrechtsbewegung, die damals in Antwort auf diese Entwicklung entstand und auch weitere soziale Themen unter sich vereinte, gilt heute als eine der wirkmächtigsten der Welt.[12] Auch aus Deutschland sind derartige Zahlen bekannt, fast jeden dritten Tag wird hier eine Frau durch ihren Partner oder Ex-Partner getötet, ein Umstand, der bis heute aber weder Massenproteste bewirkte noch einen eigenen Straftatbestand darstellt.[13]

Im Dezember 2012 löste die Massenvergewaltigung einer Inderin in Neu-Delhi weltweit Wut und Erschütterung aus. Sechs Männer hatten die Anfang 20-jährige Jyoti Singh derart brutal vergewaltigt und gefoltert, dass sie an ihren inneren Verletzungen starb. Vier von ihnen wurden später zum Tode verurteilt. Auch in Neu-Delhi gingen Menschen auf die Straße, weil es sich nicht um einen Einzelfall handelte. Sondern weil Singhs Ermordung Ausdruck eines Systems war, das Frauen vor derartigen Misshandlungen nicht ausreichend schützte oder diese gar beförderte. Auch in den Jahren danach lösten weitere Gräueltaten immer wieder Proteste in Indien aus, darunter Berichte von durch Dorfräte angeordneten Massenvergewaltigungen minderjähriger Frauen als Form von Bestrafung.

#aufschrei

Sosehr alle diese verschiedenen Aktionen, Bündnisse und Artikel darauf hindeuteten, dass sich vor allem Frauen zunehmend gegen Gewalt und Übergriffe formierten, brauchte es immer wieder konkrete Geschichten und Gesichter, um Medien und die Öffentlichkeit aufzurütteln. In Deutschland geschah das am 24. Januar 2013. An diesem Tag kamen zwei Ereignisse zusammen. Die Social-Media-Strategin Maike Hank (mit der ich in dieser Zeit bei der Zeitung *der Freitag* zusammenarbeitete) hatte einen Artikel auf dem feministischen Blog kleinerdrei.org veröffentlicht, in dem sie auch von ihren eigenen Belästigungserfahrungen erzählte. Über das Hashtag #ShoutingBack von Laura Bates schrieb sie: »Was hält uns davon ab, dort mitzumachen? (…) Ebenso denkbar wäre es, einen deutschen Hashtag ins Leben zu rufen.«[14]

Kurz nach Mitternacht schrieb Anne Wizorek, eine der Mitgründerinnen des Blogs: »Wir sollten diese Erfahrungen unter einem Hashtag sammeln. Ich schlage #aufschrei vor.«[15] Wizorek arbeitet heute als Publizistin, in einem Gespräch für dieses Buch erinnert sie sich: »Ich wollte an diesem Abend eigentlich gerade schlafen gehen, als ich den Tweet der feministischen Bloggerin Nicole von Horst las. Sie schrieb: ›Der Arzt, der meinen Po tätschelte, nachdem ich wegen eines Selbstmordversuchs im Krankenhaus lag.‹ Das war wie ein Schlag in die Magengrube. Nicole sprach etwas aus, was wir viel zu oft versuchen wegzulächeln. Ich erkannte in ihrem Tweet das Schamgefühl sexueller Grenzüberschreitungen. Und ich dachte an die gesellschaftliche Botschaft an uns, dass so etwas zum Frausein dazugehört und wir kein großes Ding draus machen sollen.« Sie habe sich von Nicoles Mut anstecken lassen, sagte sie mir, und eigene Erfahrungen geteilt. Damit war sie nicht die Einzige. »Am nächsten Tag war meine Timeline voll mit dem Thema, und ich hatte schon Medienanfragen im Postfach.«

Während sich das Hashtag auf Twitter verbreitete, veröffentlichte der *Stern* den Artikel der Politikredakteurin Laura Himmelreich über den FDP-Politiker Rainer Brüderle, der für die anstehende Bundestagswahl als Spitzenkandidat aufgestellt war. Schon die Ankündigung des Textes kurz zuvor hatte misogyne Kommentare im Internet ausgelöst, Bloggerin von Horst hatte auf den Blogtext bei kleinerdrei und auch die Ankündigung des *Stern*-Textes mit ihren Tweets reagiert. Nun war er in Gänze erschienen. Eigentlich lautete die Kernfrage des Textes, ob Brüderle für das Amt geeignet war, eine klassische politikjournalistische Frage. Das war für die Autorin mindestens fraglich, denn anhand verschiedener Beispiele zeichnete sie in ihrem Artikel das Bild eines in Klischees verhafteten Mannes, der als Gesicht der Zukunft herhalten solle. Himmelreich berichtete in ihrem Text von einem Abend 2012 in Stuttgart, wo sich gemäß Tradition die FDP zum Feiertag Heilige Drei Könige traf und abends Presse und FDP-Mitglieder an der Bar des Hotels Maritim zusammenkamen. Sie gab folgenden Dialog wieder:

> *Brüderle möchte wissen, woher ich komme. »München«, antworte ich. Dort seien die Frauen eigentlich trinkfest, sagt er und blickt skeptisch auf die Cola Light in meiner Hand.*
> *Ich sage ihm, dass ich privat, zum Beispiel auf dem Oktoberfest, durchaus Alkohol trinke. Brüderles Blick wandert auf meinen Busen. »Sie können ein Dirndl auch ausfüllen.«*
> *Im Laufe unseres Gesprächs greift er nach meiner Hand und küsst sie. »Ich möchte, dass Sie meine Tanzkarte annehmen.«*
> *»Herr Brüderle«, sage ich, »Sie sind Politiker, ich bin Journalistin.«*
> *»Politiker verfallen doch alle Journalistinnen«, sagt er.*
> *Ich sage: »Ich finde es besser, wir halten das hier professionell.«*
> *»Am Ende sind wir alle nur Menschen.«*[16]

Es ist eine Episode in einem langen Porträt über Brüderle, in dem seine politische Kompetenz hinterfragt wird und mehrere Zitate zeigen sollen, wie sehr der Mann aus der Zeit gefallen ist. Darunter, dass er das pralle Euter einer Kuh als »Körbchengröße 90L« bezeichnet haben soll. Oder eine Szene, bei der Brüderle mit dem Gesicht sehr nah an Himmelreich herangekommen sein soll und eine Sprecherin ihn mit einer Entschuldigung an Himmelreich und den Worten »Zeit fürs Bett« aus der Bar weggeführt habe. Aber der Satz mit dem Dirndl war es, der in den kommenden Wochen und Monaten zu einer Art Schlagwort der Sexismus-Debatte wurde.

Himmelreichs Artikel und die zeitgleiche Debatte von Feministinnen auf Twitter leiteten das Wahljahr 2013 mit einem Paukenschlag ein. »Die #aufschrei-Debatte glich einer Intervention, es war die erste große Aktion des neuen Feminismus«, schreibt die Journalistin Stefanie Lohaus.[17] Innerhalb weniger Tage wurden rund 50 000 Tweets unter dem Hashtag verfasst, damals eine rekordverdächtige Menge. Plötzlich waren Sexismus und Übergriffe in Deutschland das Gesprächsthema Nummer eins – medial, politisch, öffentlich und privat. Die *Bild*-Zeitung druckte ein Bild von Himmelreich und Brüderle auf der Seite eins ab und titelte: »Brüderle und die Reporterin«.[18] Günther Jauch lud zum Thema »Herrenwitz mit Folgen – hat Deutschland ein Sexismus-Problem?« in seine Talksendung ein. Anne Will fragte in der ARD »Sexismus-Aufschrei – hysterisch oder notwendig?«, und bei Maybrit Illner hieß es: »Schote, Zote, Herrenwitz – Ist jetzt Schluss mit lustig?« Denn witzig war all das in der Tat lange für viele gewesen. Etwa für die Fernsehmoderatoren Joko und Klaas, als sie 2012 in ihrer ZDF-Sendung »neoParadise« eine Trau-dich-Wette geschlossen hatten, in der Klaas seinen Kollegen Joko herausforderte, einer Messehostess an Brüste (»Moppelklampen«) und Po zu fassen. Die Berührungen wurden laut ZDF nur angedeutet, Joko und der Frau war all das offenbar gleichermaßen unangenehm, er lief danach entschuldigend weg, die Frau lächelte gequält. Klaas sagte: »Gott, aber *der* war das auch so unangenehm. Die stand da wirklich und hat sich richtig entwürdigt gefühlt. Die fährt jetzt gleich nach Hause, und dann wird die schön heulen unter der Dusche, die steht jetzt sechs Stunden lang unter der Dusche.«[19] Die ganze Aktion fasst rückblickend den damaligen

Wissenstand zu dem Thema treffend zusammen. Sexualisierte Übergriffe, so die Annahme, waren etwas, worüber die Öffentlichkeit gern lachte.

Nach #aufschrei wurde diese These auf den Prüfstand gestellt, allerdings wurden längst nicht nur die vermeintlich humorlosen Feministinnen dazu befragt. Um eine mediale Plattform zu erhalten, schien es, brauchte es keine Expertise zu dem Thema - es reichte die Bereitschaft, über persönliche Erfahrungen und die eigene Sicht auf Dinge öffentlich zu plaudern, Teil des Geschlechterverhältnisses war schließlich jede und jeder. Vielfach ging es um Ängste, Wut, Gefühle und Meinungen, wenig um Fakten und fachliche Informationen.[20] Zugleich wurden weiterhin etliche teils anonyme Berichte über Missbrauchserfahrungen in den sozialen Netzwerken veröffentlicht. Über die Hand des einen Kollegen damals, den Spruch dieses Vorgesetzten, das unangenehme Familientreffen mit diesem bestimmten Onkel, die toxische Beziehung[21] mit diesem einen Ex-Partner, über die Erzählungen einer Nachbarin, eines besten Freundes, einer Arbeitskollegin, an all das wurde sich nun wieder erinnert. Und so formierten sich unterschiedlichste Haltungen und Meinungen aus einem dichten Geflecht aus persönlicher Nähe und Betroffenheit.

Musste die Debatte über Grenzüberschreitungen, Übergriffe und Missbrauch persönlich geführt werden, um Aufmerksamkeit zu erhalten? »Aus feministischer Perspektive finde ich: Keine betroffene Person sexualisierter Gewalt hat die Verpflichtung, sich so verletzlich und angreifbar zu machen«, sagte mir Anne Wizorek im Gespräch für dieses Buch. »Heutzutage kennen wir die ganzen Zahlen zu sexualisierter Gewalt, die sind omnipräsenter als damals. Und trotzdem verstehen wir erst über eine persönliche Erzählung, was das eigentlich konkret für eine einzelne Person bedeutet. Es ist ein schwieriger Spagat.«

FDP-Politiker sahen den Artikel des *Stern* als Tabubruch und als den Versuch, ihre Partei zu beschädigen, die Redaktion aber stand zu ihrer Berichterstattung. Etliche Kommentare wurden seinerzeit geschrieben, schon damals gab es gespaltene Lager: auf der einen Seite Wut und Unverständnis über sexistisches Verhalten. Auf der anderen Seite Vorwürfe eines »Opfer-Diskurses«.[22] Frauen sollten sich nicht als Betroffene stilisieren lassen, sondern wehren; man müsse aufpassen, den Empörern nicht zu viel Terrain zu überlassen; man solle über echte Belästigung am Arbeitsplatz diskutieren statt über Rainer Brüderle; man dürfe charmante Äußerungen nicht als Sexismus verunglimpfen. Und dann immer wieder die Frage: ob Männer jetzt Frauen keine Komplimente mehr machen dürfen oder ihnen gar »Sippenhaft« drohe.[23]

Bundespräsident Joachim Gauck schaltete sich in die Debatte ein und bezeichnete die Sexismus-Vorwürfe gegen Rainer Brüderle als »Tugendfuror«. Mit Sicherheit gebe es in der Frauenfrage noch einiges zu tun, so Gauck. »Aber eine besonders gravierende, flächendeckende Fehlhaltung von Männern gegenüber Frauen kann ich hierzulande nicht erkennen.«[24] Eine Gruppe jüngerer, vor allem über das Internet vernetzter Aktivistinnen und Initiatorinnen des Hashtags reagierte mit einem offenen Brief an den Bundespräsidenten: »Wir vermissen in Ihren Äußerungen vor allem Feingefühl und Respekt gegenüber all den Frauen, die sexistische Erfahrungen gemacht haben«, schrieben sie. Das Wort Tugendfuror werde verwendet, um die Wut von Frauen lächerlich zu machen, er bediene damit jahrhundertealte Stereotype über Frauen.[25] Kurz darauf sagte Gauck, er halte eine Debatte über Sexismus für notwendig, auch in Deutschland gebe es noch Benachteiligung, Diskriminierung und alltäglichen Sexismus. Hatte zu Beginn von #aufschrei noch die Frage zur Diskussion gestanden, ob Alltagssexismus überhaupt ein ernst zu nehmendes Problem war, wuchs langsam das Verständnis dafür, dass womöglich etwas im Argen lag.

ZWEI
ERINNERUNG

Wie erhält man mediale Aufmerksamkeit für Berichte über sexualisiere Gewalt und Übergriffe? Die #MeToo-Debatte aus den USA kommt in Deutschland an

Es ist rückblickend interessant, zu beobachten, welche Fragen die #aufschrei-Debatte bestimmten und welche nur am Rande verhandelt wurden. Gab es Sexismus? Wie sah er aus, und wenn ja: Wie schlimm war er überhaupt? Durfte man jetzt nicht mehr flirten? War es nicht unfair, Männer derart zu verunsichern? War das Ganze nicht ein bisschen überzogen? Und bitte: Profitierten Frauen nicht schließlich davon, wenn sie ihre Reize einsetzten? Weniger diskutiert wurden die Aspekte, die zuvor in sozialen Netzwerken oder von feministischen Kreisen, Frauenhilfsorganisationen und Fachberatungsstellen angesprochen worden waren: Inwiefern war Sexismus der Nährboden für ein sehr viel größeres Problem? Warum wurden Übergriffe oder auch Vergewaltigungen so selten angezeigt? Wer war davon betroffen? Warum wurden Täter so selten bestraft? Was trieb die Täter an? War das Strafrecht noch zeitgemäß? Wer war dafür verantwortlich, dass das Tabu, über all diese Missstände öffentlich zu sprechen, so wirkmächtig werden konnte? An wie vielen Orten fand noch immer Missbrauch statt, ohne dass die Verantwortlichen konkret benannt wurden? Und warum schienen all diese Fragen nur so wenige Menschen zu interessieren?

Was Brüderle gesagt hatte, war unangebracht, empörend vielleicht - aber nichts, was ihn vor Gericht bringen würde. Es gab nicht einmal Einigkeit darüber, ob es sich um eine »echte« Belästigung handelte, eine Grenzüberschreitung oder einfach nur einen schlechten Scherz. Himmelreich selbst hatte nie gesagt, dass sie sich belästigt gefühlt habe (sprach aber in den Jahren danach mehrfach öffentlich darüber, dass es sich bei Sexismus um ein flächendeckendes und ernst zu nehmendes Problem handelte und sie die Kommentare durchaus als respektlos empfunden habe). Die Episode zwischen der Journalistin und dem Politiker barg eine gewisse Harmlosigkeit, durch die man sich entscheiden konnte, die Sache nicht ernst zu nehmen oder scherzhaft abzutun. Das Online-Datingportal für außereheliche Affären, Ashley Madison, warb mit einem überdimensionalen Konterfei des FDP-Politikers. Es zeigte den lächelnden Mann Mitte 60, darunter der Spruch: »Diskreter als jede Hotelbar«.[1] Und wohl auch, weil das Ganze einigermaßen harmlos zu sein schien, boten die zwei Figuren für viele Menschen in einer schwer überschaubaren Debatte eine Projektionsfläche für eigene Erfahrungen und Verhaltensweisen und einen Anlass, all die komplizierten neuen Fragen durchzudeklinieren.

2013 zeichnete die Jury des Grimme-Preises mit #aufschrei erstmals ein Hashtag aus und begründete: »Groß ist die Chance, dass Einzelpersonen diesen Themen dank Hashtagging gemeinsam ein Gesicht und in der Vielzahl Gewicht geben.«[2] Die Initiatorinnen kamen in Interviews und Talkshows zu Wort. Brüderle äußerte sich lange nicht und nahm dann ein Jahr später in seinem Buch *Jetzt rede ich* Stellung. Ihm fehlte und fehle jedes Bewusstsein, sich danebenbenommen zu haben, schrieb er darin - das Cover zeigte passend dazu eine umgeworfene Bauernfigur eines Schachspiels.[3] In einem Interview bezeichnete er die Veröffentlichung des *Stern* als »rein politisch motivierte Attacke«.[4]

Die FDP verpasste in diesem Jahr erstmals seit 1949 den Einzug in den Bundestag, Brüderle beendete seine politische Karriere.

Sosehr #aufschrei zunächst als selbstbewusste oder gar unerhört laute Bewegung wahrgenommen wurde, so wenig glamourös stellte sich ihr Innenleben dar. »Auf Twitter hatte sich ein antifeministischer Mob zunehmend radikalisiert. Ich wurde angegriffen, bekam Morddrohungen und erhalte bis heute Hassnachrichten, es gehört heute zum Grundrauschen meines Internets dazu«, sagt Anne Wizorek. »Ich habe dann zum Beispiel meinen Twitter-Account an einen Freund abgegeben, der ihn betreute, um meine mentale Gesundheit zu schützen und weiter aktiv sein zu können. Der Hass war belastend, aber ich wollte nicht die Möglichkeit verstreichen lassen, das Thema groß und breit zu diskutieren. Mir war dann schnell klar, dass ich eine zentrale Person in dieser Debatte sein werde und ich diese Verantwortung übernehmen muss.« Und während sich das Thema vorübergehend auf der Tagesordnung etablierte, wurde deutlich, wie sehr die Sichtweisen darüber, was es bedeutete, sich unterschieden. »Aufgeschlossene Männer begriffen, in welcher Parallelwelt sie mitunter lebten und was sie alles nicht mitbekommen oder verharmlost hatten«, sagt Anne Wizorek rückblickend. Oder wie es die Journalistin und Autorin Teresa Bücker 2016 formulierte: »Auch wenn wir das Bett oder die Vorstandssitzung miteinander teilen, die Geschlechter in Deutschland leben nach wie vor in verschiedenen Realitäten.«[5]

USA

Auch in den USA hatten sich Menschen vermehrt mit Sexismus, Übergriffen, Missbrauch und den damit zusammenhängenden Missständen beschäftigt, anhand prominenter Fälle. Darunter waren etwa der inzwischen wegen schwerer sexueller Übergriffe verurteilte, aber wegen eines Verfahrensfehlers mittlerweile wieder freigelassene Schauspieler

Bill Cosby, der ehemalige Arzt des US-Turn-Olympiateams und Serien-Sexualstraftäter Larry Nassar oder die ehemalige Nachrichtenmoderatorin Gretchen Carlson, die 20 Millionen Dollar Entschädigung ihres ehemaligen Arbeitgebers Fox News erhielt, nachdem sie ihren vormals Vorgesetzten, den Medien-mogul und CEO von Fox News, Roger Ailes, wegen sexueller Übergriffe verklagt hatte. Ailes war nach diesen und weiteren Anschuldigungen bei Fox zurückgetreten, hatte die Vorwürfe aber stets bestritten. Unter #WhyWomenDontReport wurde 2016 abermals die Frage diskutiert, warum nur so wenige Täter zur Rechenschaft gezogen wurden. Unter dem Hashtag hatte die Schauspielerin und Aktivistin Rose McGowan eine Reihe von Tweets veröffentlicht, in denen sie beschrieb, warum sie nicht gegen eine Vergewaltigung durch einen Studioboss aus Hollywood vorgegangen sei. Es wurde später einer der ersten Anhaltspunkte für die Recherchen der *New York Times* über Harvey Weinstein.[6]

Megan Twohey, Reporterin der *New York Times* und eine derjenigen, die später auch die Vorwürfe gegen Weinstein öffentlich machten, hatte mit ihrem Kollegen Michael Barbaro zu Donald Trump und seinem Fehlverhalten gegenüber Frauen recherchiert. »Grenzüberschreitung: Wie Donald Trump sich privat gegenüber Frauen verhält«, hieß der Artikel, der am 14. Mai 2016 erschien und in dem etliche Frauen Trump vorwarfen, sie sexuell belästigt zu haben: wie er sie gewaltsam auf den Mund geküsst oder unter dem Tisch begrapscht habe.[7] Trump bestritt die Vorwürfe. Anfang Oktober veröffentlichte die *Washington Post* eine Videoaufnahme: In dem dreiminütigen Clip von 2005 unterhält sich Donald Trump mit dem TV-Star Billy Bush. Er sagt: »Ich nehme besser ein paar Tic Tacs, nur für den Fall, dass ich anfange, sie zu küssen. Weißt du, ich fühle mich automatisch angezogen von schönen ... ich fange einfach an, sie zu küssen. Es ist wie ein Magnet. Einfach küssen. Ich warte nicht mal. Und wenn du ein Star bist, dann lassen sie dich das tun.« Bush antwortet: »Was immer du willst.« Und Trump: »Fass ihnen an die Pussy. Du kannst alles machen.«[8]

Nach der Veröffentlichung entschuldigte und verteidigte sich Trump. Es handele sich um »locker room talk« – privates Gerede unter Männern. Er sei nicht stolz auf seine Worte, sagte er während einer der Präsidentschaftsdebatten mit Hillary Clinton im Oktober 2016. Niemand habe mehr Respekt vor Frauen als er. Die Vorwürfe, er habe Frauen belästigt, bestritt er.[9] Am 8. November 2016 wählte das US-amerikanische Volk ihn zum Präsidenten. Donald Trump wurde mittlerweile in einem Zivilverfahren wegen sexuellen Missbrauchs und Verleumdung einer Journalistin verurteilt und hat dagegen Berufung eingelegt, über die wohl erst nach der Wahl 2024 entschieden werden wird. Denn ungeachtet dieses und weiterer laufender Verfahren tritt Trump in diesem Jahr erneut an, Präsident der USA zu werden.

Wieder war es ein einziger Satz aus einem sehr viel größeren Kontext, der in der öffentlichen Wahrnehmung hängen blieb. Dass ein Präsidentschaftsanwärter vor vielen Jahren gesagt hatte, er könne Frauen einfach an die Pussy, also in den Schritt, greifen, war für große Teile der Bevölkerung nicht mehr mit dem wachsenden Verständnis über Sexismus zu vereinen. Einen Tag nach der Amtseinführung Trumps im Januar 2017 gingen an einem bewölkten Samstag in der US-Hauptstadt Washington, D.C., rund ein halbe Million Menschen auf die Straße, mehrere Millionen in den USA. Die »Women's Marches« wurden schnell zu einem Massenphänomen und die pinkfarbenen Pussyhats, handgestrickte Wollmützen, zu einem Erkennungszeichen der Demonstrationen, auch in Deutschland.

Schon zu Beginn der Bewegungen wurde Intersektionalität gefordert: Das bedeutet, verschiedene Formen von Diskriminierung und Benachteiligung zusammenzudenken und diejenigen nicht zu vergessen, die mehrfach davon betroffen sind, wie beispielsweise People of Color, Schwarze Personen oder Menschen mit Behinderungen. Viel zu oft werden sie ignoriert und übergangen, auch innerhalb von MeToo gab und gibt es diese berechtigte Kritik. Bei diesen ersten Märschen liefen unter feministischer Flagge viele verschiedene Menschen mit, die ihre Angst und Wut gegen Trump einte. Die keine Mauer zu Mexiko wollten, keine Verschlechterungen für Migranten, keine Streichungen im staatlichen Gesundheitssystem. Menschen, die die Kürzungen für Lehrmittel in den Geisteswissenschaften falsch fanden und denen Beratungsangebote für ungewollt Schwangere wichtig waren. Demokratie und Frauenrechte gehörten in diesen Tagen untrennbar zueinander, »Feminismus als Motor«, überschrieb ich meinen Leitartikel, den ich damals in der Wochenzeitung *der Freitag* veröffentlichte.[10]

Kurz darauf verlor der rechtskonservative Fernsehmoderator Bill O'Reilly bei Fox News seinen Job, als Anschuldigungen sexueller Belästigung gegen ihn öffentlich wurden. In der *New York Times* hatte man erkannt, dass sich ein neues publizistisches Fenster öffnete. Ein ganzes Reporterteam wurde zusammengestellt, um in anderen Branchen nach Belästigungsvorwürfen und deren Verschleierung zu recherchieren, in der akademischen Welt, Silicon Valley, in Niedriglohnsektoren und Hollywood.[11] Im Oktober 2017 erschien in der *New York Times* ein Artikel der Reporterinnen Jodi Kantor und Megan Twohey mit dem Titel »Harvey Weinstein zahlte jahrzehntelang Menschen aus, die ihn der sexuellen Belästigung beschuldigten«.[12] Dem Hollywood-Produzenten wurde darin nicht nur sexuelle Belästigung vorgeworfen, sondern ein ganzes System, um diesen Missbrauch geheim zu halten. Zehn Tage später twittert die US-amerikanische Schauspielerin Alyssa Milano den Aufruf: »Wenn alle Frauen, die sexuell belästigt oder angegriffen wurden, als Status Me too schreiben würden, könnten wir den Menschen ein Gefühl für das Ausmaß des Problems vermitteln.«[13] Der Tweet, unzählige Male zitiert und mitsamt seiner über 50 000 Kommentare bis heute auf X (ehemals Twitter) nachzulesen, katapultierte den Begriff MeToo in eine neue Umlaufbahn. Innerhalb weniger Tage wurde das Hashtag millionenfach verwendet.

Die Kunde, dass nun öffentlich über sexualisierte Gewalt gesprochen werden konnte, im Schutz eines weltweiten Kollektivs, verbreitete sich wie ein Lauffeuer über den Globus, von den USA bis nach Deutschland, von Japan bis nach Ägypten. Schmerz, Frust, Wut, Angst, Kränkung und ein tief verborgenes Unrechtsbewusstsein, all das entlud sich mit überwältigender und überraschender Kraft. In Frankreich stiegen die Anzeigen gegen sexuelle Übergriffe im letzten Quartal des Jahres 2017 im Vergleich zum Vorjahreszeitraum um mehr als 30 Prozent.[14] Das US-Magazin *Time* kürte die MeToo-Bewegung zur »Person des Jahres«. Selbst Angela Merkel - sonst zurückhaltend, was Kommentare zu Gleichberechtigung anging - begrüßte die Entscheidung, die Menschen hinter #MeToo auszuzeichnen. »Wir haben ihnen für den Mut zu danken, das Schweigen über sexuelle Übergriffe zu brechen, und für die weltweite Diskussion, die sie damit angestoßen haben«, zitierte sie ihr Sprecher.[15] In Schweden wurde das Sexualstrafrecht drastisch verschärft, in Großbritannien musste Verteidigungsminister Michael Fallon nach Vorwürfen zurücktreten, in Brüssel hielten im Europaparlament etliche Abgeordnete Papierschilder mit #MeToo in die Höhe, während eine Plenumsdebatte über sexualisierte Belästigung im eigenen Haus lief - mehr als ein Dutzend Mitarbeiterinnen von Abgeordneten hatten sich über sexuelle Belästigung durch ihre Chefs beklagt. Für einige kurze Momente schillerte MeToo als sagenhafte Erfolgsgeschichte.

#MeToo

Ich hatte zu dieser Zeit gerade angefangen, bei BuzzFeed News zu arbeiten, dem internationalen Nachrichtensegment einer großen Unterhaltungsmarke aus den USA, die in Deutschland so gut wie niemand kannte. Unser kleines fünfköpfiges Nachrichtenteam in Berlin hatte ehrgeizige Ziele: Wir wollten zu Themen recherchieren und berichten, die in anderen etablierten Medien häufig unter dem Radar liefen. Es war ein Prinzip der Medienmarke BuzzFeed, dort wurden deshalb viel über Themen marginalisierter Communitys geschrieben und zum Beispiel LGBT*-Schwerpunktreporterinnen und -reporter eingestellt – etwas, was es in Deutschland bis dahin kaum gab. Unter unserem Chefredakteur Daniel Drepper wurde ich zu dieser Reporterin, außerdem wurde eine Stelle für »sexualisierte Gewalt und Machtmissbrauch« besetzt, meine Kollegin Pascale Müller kam dafür in das Team. Sie hatte zu sexualisierter Gewalt in Gemeinschaftsunterkünften für Geflüchtete und im Niedriglohnsektor recherchiert, auch das Ausmaß des Missbrauchs in der katholischen Kirche wurde in diesen Jahren immer deutlicher. »Die Idee war, das auszuweiten und zu schauen, wie es um diese Themen in anderen Bereichen bestellt war, etwa im Sport«, erinnert sich Daniel Drepper in einem Gespräch für dieses Buch. Im Jahr 2017, noch vor der Weinstein-Enthüllung, war es in Deutschland eine ungewöhnliche Entscheidung, Kapazitäten mit so klaren Nischenthemen zu besetzen, die sich offenbar eher junge, risikofreudige Redaktionen zutrauten. Weder damals noch heute wäre mir jedenfalls eine derartige Stellenbeschreibung zu sexualisierter Gewalt im Journalismus bekannt, auch wenn es natürlich damals wie heute Journalistinnen gibt, die regelmäßig zu diesen Bereichen recherchieren und berichten.[16] Jedenfalls, so fasst es Pascale heute zusammen, »interessierte sich am Anfang keine Laus für diese Themen«.

In meinem Bereich ging es um queere Menschen und vielfach um feministische Fragestellungen, aber rasch wurde klar, dass sich meine und Pascales Recherchen immer wieder überschneiden würden, und so arbeiteten wir häufig zusammen. Der Grund war eine simple Erkenntnis: Das größte Unrecht auf dem Gebiet Frauenrechte war sexualisierte Gewalt. Und auch unter queeren Menschen waren Alltagsbelästigung, Diskriminierung und gewaltsame Übergriffe ein enormes Problem, über das weder ausreichend gesprochen noch berichtet wurde. Das Ausmaß dieser Gewaltformen war so allumfassend, nicht nur bei Frauen, dass wir schnell sehr viel mehr Themenhinweise erhielten, als wir bearbeiten konnten. Auch unsere Kollegin aus dem Entertainment-Team, Saba MBoundza, die den feministischen Kanal »Schwester« für BuzzFeed Deutschland betrieb, gab uns regelmäßig Hinweise zu Missständen weiter, die sie sah oder erhielt. Sich mit sexualisierter Gewalt zu beschäftigen, fühlte sich an, wie mit einer Pipette einen Ozean anzuzapfen. Es gab so viel zu tun, und es war nicht einfach, sich einen Überblick zu verschaffen. Wenn wir aber wirklich etwas bewegen wollten mit unserer Arbeit, war es wichtig, sich die Vorwürfe genauer anzuschauen und ihnen auf den Grund zu gehen: mit investigativer Recherche.

Pascale veröffentlichte Vorwürfe zu der weltweit anerkannten Empathie-Forscherin und Direktorin des Max-Planck-Instituts für Kognitions- und Neurowissenschaften Tania Singer. Singer habe Mitarbeiterinnen und Mitarbeiter gemobbt, angeschrien, festgehalten, unter Druck gesetzt, um sexualisierte Gewalt ging es nicht. Die Direktorin bestritt die Anschuldigungen, trat dann aber von ihrem Posten zurück.[17] Außerdem erschien eine Recherche von Pascale in Kooperation mit Correctiv. Es ging um Missbrauch im Niedriglohnsektor: Sie enthüllte mit einer Kollegin mutmaßliche Vergewaltigungen von schlecht bezahlten Arbeiterinnen auf europäischen Erdbeerplantagen.[18] Es folgten Straßenproteste in Spanien und Italien, Gerichtsverfahren und eine Sammelklage für über 400 mutmaßlich betroffene Frauen sowie viele journalistische Auszeichnungen in Deutschland.

Doch die Erntehelferinnen, einige von ihnen eingewandert aus Marokko, ohne lesen und schreiben zu können, verloren teilweise ihre ohnehin völlig prekären Jobs oder mussten den Kontinent verlassen. Erdbeeren der Plantagenbetreiber, gegen die die Vorwürfe erhoben wurden, kann man bis heute problemlos in deutschen Supermärkten kaufen. Es war eine niederschmetternde Erkenntnis, dass eine Recherche zwar viele Preise erhalten konnte, sich die Situation für mutmaßlich Betroffene aber zugleich erst einmal nur weiter verschlimmern konnte.[19] Wir recherchierten weiter, zu radikalen Abtreibungsgegnern, zu Gewalt im Pflegebetrieb und dazu, wie der Bundestag Beschwerden im eigenen Haus ignorierte, zu MeToo im Europaparlament und im Medizinbetrieb. Oftmals fragten wir uns nach diesen Veröffentlichungen, warum sie vergleichsweise so wenig gelesen wurden. Weil wir ein kleines, unbekanntes Medium waren? Weil wir die Texte nicht pointiert genug geschrieben hatten? Weil das Thema schlicht zu wenig Menschen interessierte?

Nachdem sich das Hashtag #MeToo verbreitete, wuchs das Interesse daran spürbar, auch in deutschen Redaktionen, beispielsweise beim SPIEGEL. Schnell war nach den Weinstein-Veröffentlichungen klar, dass man sich zu dieser neuen Bewegung würde verhalten müssen, nur wie? »Es war eine gemischte Stimmung im Haus, einige stellten die ganze Debatte infrage. In den ersten beiden Wochen, nachdem der Skandal aufgekommen war, waren einige Frauen beim SPIEGEL durchaus auch verzweifelt, welchen Verlauf das nahm«, sagte Susanne Beyer, damals stellvertretende Chefredakteurin, als sie sich in einem Gespräch für dieses Buch an diese ersten Tage nach den Weinstein-Enthüllungen erinnerte.[20] In einer größeren Konferenz wurde entschieden, auch nach Missständen in Deutschland zu recherchieren.[21] Zugleich löste MeToo auch eine Debatte über die Kultur im Verlag selbst aus. Mitarbeiterinnen hatten etwa über einen Arbeitskreis das Thema Gleichstellung im Haus ausreichend etabliert und erhielten dabei auch Rückhalt von Männern in Entscheidungspositionen. Jetzt wollten sie Aufklärung. Beyer setzte sich in dem Text »Wir müssen über Augstein reden« mit der sexistischen Vergangenheit des Verlags und seinem Gründer Rudolf Augstein auseinander, über Augsteins berüchtigte Einstellungsgespräche im Bademantel (in dem er auch Männer empfing) und seinen Umgang mit Frauen. Chefredaktion und die Geschäftsführung setzten eine 30-köpfige Kommission aus SPIEGEL-Mitarbeiterinnen und -Mitarbeitern ein, die Vorschläge machen sollte, wie mit dem Thema MeToo im Haus umzugehen sei. Die Freiburger Forschungsstelle für Arbeitswissenschaft wurde mit einer Mitarbeiterbefragung beauftragt, knapp die Hälfte der Belegschaft nahm an der Umfrage teil. Gut ein Drittel der Teilnehmenden gab an, in den vergangenen zwölf Monaten sexuelle Belästigung, unangemessene Witze eingeschlossen, erlebt zu haben. »Die Verursacher beobachteter Belästigungen waren sowohl aus der Sicht von Männern als auch von Frauen in nahezu allen Fällen Männer«, kam heraus.[22] Es folgte eine Betriebsvereinbarung zum Schutz vor sexueller Belästigung. Mehrere Redakteurinnen erwirkten, dass ein anonymer Briefkasten eingerichtet wurde, der es fortan ermöglichte, Übergriffe innerhalb des Verlags zu melden. Die Ergebnisse der Umfrage wurden Chefredaktion und Verlagsleitung vorgelesen. Justiziable Fälle habe es zwar nicht gegeben – »aber die ganze Bandbreite an Alltagssexismus und Machtmissbrauch: Angrabschen bei einer Feier, sexistische Sprüche im Fahrstuhl«, erinnerte sich später eine Redakteurin.[23] Auch im *Stern* machte eine Autorin des Magazins ihre Erfahrungen mit Kollegen öffentlich, von herabwürdigen Sprüchen bis zum Griff an den Hintern. Sie habe ihre Karriere als jüngere Frau im Ressort Erziehung und Gesellschaft begonnen. Redaktionsintern habe es unter dem Namen »Strick und Fick« firmiert.[24]

2018 war es erneut ein mächtiger Mann, als Name nicht unbedingt öffentlich geläufig, aber ein Schwergewicht im Kulturbetrieb, der dafür sorgte, dass in Deutschland eine eigene öffentliche MeToo-Debatte ernsthaft an Fahrt aufnahm: Anfang Januar machte das *Zeit-Magazin* schwere Vorwürfe gegen den Regisseur Dieter Wedel öffentlich. In dem Artikel »Im Zwielicht« und einer weiteren Veröffentlichung wurde detailliert geschildert, wie er Schauspielerinnen körperlich bedrängt haben soll, dem Regisseur wurden sexuelle Nötigung und Vergewaltigung vorgeworfen.[25] Wedel bestritt alle Vorwürfe, unter anderem mit einer eidesstattlichen Versicherung. Bevor das Landgericht München mitteilte, ob es deshalb zu einem Strafprozess gegen ihn kommen würde, verstarb Wedel im Juli 2022. Ein Beitrag in der ARD kommentierte jüngst: »Diese Verdachtsberichterstattung gilt bis heute als vorbildlich.«[26]

Hinter den Kulissen aber gab es heftige Konflikte über die Veröffentlichung. Die ehemalige Schauspielerin Jany Tempel hatte dem Regisseur vorgeworfen, sie 1996 bei einem Treffen für ein Vorsprechen in einem Hotelzimmer gewaltsam zum Sex gezwungen zu haben, zusammen mit der Schilderung einer anderen ehemaligen Schauspielerin hatte die *Zeit* ihre Erinnerungen ausführlich aufgeschrieben.

Drei Jahre nach der Veröffentlichung erhob die Staatsanwaltschaft München Anklage gegen Wedel wegen Vergewaltigung. Tempel aber äußerte, sie habe genau das nicht gewollt und sei dahingehend von der *Zeit* falsch beraten worden. Sie habe die traumatisierenden Erlebnisse nicht ein weiteres Mal durchleben wollen. Unstreitig war, dass die geschilderte Tat noch nicht verjährt war und die *Zeit* und mehrere der involvierten Anwälte das offenbar übersehen hatten. Der Anwalt der *Zeit* widersprach Tempels Darstellung auf Anfrage des Online-Magazins Übermedien, sie habe »vor der Veröffentlichung nicht deutlich gemacht, dass die Verjährungsfrage für sie von Bedeutung war«. Chefredakteur Giovanni di Lorenzo schrieb Tempel per E-Mail: »Wir haben nach bestem Wissen und Gewissen recherchiert, aber dass drei Anwälte übersehen könnten, dass Ihr Fall noch nicht verjährt ist, darauf wäre auch ich niemals gekommen.«[27] Tempel wurde mehrfach vernommen, ihr Anwalt, der sie im Strafverfahren als Zeugenbeistand beraten hatte, versuchte vor Gericht erfolglos einzuklagen, dass die Zeitung seine Anwaltskosten im Strafverfahren gegen Wedel übernehmen müsse. Später sammelte Tempel auf einer Spendenplattform Geld, um ihren Anwalt zu bezahlen.

Seither wurden gegen weitere prominente Personen wie Luke Mockridge, Julian Reichelt und Till Lindemann Vorwürfe unterschiedlicher Art erhoben. Viele andere Fälle scheinen heute in Vergessenheit geraten zu sein, auch, weil sie rasch wieder aus dem Licht der Öffentlichkeit verschwanden. Es gab 2018 einige Umfragen dazu, was MeToo verändert hatte. Nicht allzu viel, darin waren die Befragten mehrheitlich einer Meinung, nur die wenigsten berichteten von weniger Belästigung im privaten Umfeld – auch wenn der Großteil der Deutschen die Debatte positiv fand.[28] Handelte es sich nun um den Beginn einer gesellschaftlichen Umwälzung oder nur um einen kurzen Trend? Die Aufmerksamkeit für derartige Fälle schien oft nur von kurzer Dauer zu sein, solange es nicht um übermäßig prominente Personen ging.

Einigen sind vielleicht noch vage die Anschuldigungen im Gedächtnis, als mehrere Frauen einem ehemaligen WDR-Chef im SPIEGEL sexuelle Belästigung vorwarfen, darunter die Autorin und Moderatorin Charlotte Roche. Wer aber etwa erinnert sich heute noch daran, dass der ehemalige Präsident der Hochschule für Musik und Theater München unter anderem wegen sexueller Nötigung zu zwei Jahren und neun Monaten Gefängnis verurteilt wurde? Wer hat noch einen Überblick über die Anzahl der deutschsprachigen Universitäten, an welchen Studierende und Angestellte Vorwürfe gegen ihnen überstellte Professoren und Vorgesetzte erhoben haben? Wer hat die Vorwürfe von Mitarbeiterinnen der Stasiopfer-Gedenkstätte Berlin-Hohenschönhausen noch auf dem Schirm, die sich über strukturellen Sexismus und sexuelle Belästigung beschwerten? Wer spricht noch über die Soldatin Nora und die vielen anderen Frauen, die in Fernsehdokumentationen und Texten davon erzählten, wie sie vergewaltigt wurden und sich von Vorgesetzten und Justiz alleingelassen fühlten?[29] Was wurde aus den Vorwürfen, welche die Schauspielerin Alina Levshin oder Schachmeisterin Annmarie Mütsch erhoben? Was wurde aus den Stimmen, die sich zu Missbrauch im Handball, der Bundesliga, der Bundeswehr, der Tattoo-Szene äußerten? Was folgte auf die Berichte der Stewardessen und Stewards, der deutschen Boxerinnen?

Es ist einfach, große Thesen auszurufen, darüber, dass MeToo gescheitert sei, eine Hexenjagd, am Ende oder erst am Anfang. Dass Medien zu wenig berichten oder zu viel, dass sie nur Klicks wollen oder sich vor den Karren von Aktivistinnen spannen lassen. Es ist einfach, sich an prominenten Fällen abzuarbeiten, sie für Schuld und Unschuld zu instrumentalisieren, aufgrund eines Gefühls dazu, »wer die Wahrheit sagt«. MeToo zu verstehen, erfordert mehr Komplexität. Es erfordert, sich in komplizierte Details und Gefühlslagen hineinzuversetzen, Vorstellungen von Macht und Schuld zu entzerren, investigatives Handwerk von Medien zu verstehen, Grauzonen zuzulassen, sich verschiebende Diskurse und Erinnerungen zu berücksichtigen.

Und manchmal zu hinterfragen, wie Aufmerksamkeit verteilt wird – nicht nur durch die Medien, sondern auch durch Leserinnen und Zuhörer, am Stammtisch und in der Gesellschaft. Es geht nicht nur darum, welche Informationen öffentlich verfügbar sind, sondern auch, wer sich die Mühe macht, sie zu lesen. Und darum, wie schwierig es ist, konkrete Fälle überhaupt öffentlich zu machen.

»Man vergisst das nicht«

Die Erfahrungsberichte hinter MeToo, teils komprimiert auf wenige, persönliche Sätze auf Twitter, waren einfach zu verstehen. Was Frauenrechtsaktivistinnen und Feministen seit Jahren bekannt war, konnte nicht mehr übersehen werden. Es führte dazu, dass Menschen, oftmals Frauen, ein neues Bewusstsein und Selbstbewusstsein erlangten: War das, was ihnen in der Vergangenheit geschehen war, vielleicht nicht in Ordnung? Hatte es einen legitimen Grund, dass bestimmte Erinnerungen ein mulmiges oder auch schreckliches Bauchgefühl auslösten, und war es vielleicht notwendig, tief vergrabene Erinnerungen hervorzuholen, um sie neu zu bewerten? MeToo zeigte: Indem Menschen die Erfahrungen anderer wahrnehmen, erkennen sie selbst erlebten Missbrauch häufig überhaupt erst. Dies sind Sätze, die ich so oder so ähnlich oft gehört habe, wenn mich Quellen kontaktieren: »Ich habe lange gedacht, das, was mir passiert ist, wäre normal. Aber mit MeToo hat sich meine Sichtweise geändert. Deshalb melde ich mich jetzt.«

1998 wurde die Affäre zwischen US-Präsident Bill Clinton und seiner damaligen Praktikantin Monica Lewinsky öffentlich. Ich war zwölf Jahre alt und erinnere mich, wie wir uns als Teenager in einer merkwürdigen Gefühlslage aus voyeuristischer Aufgeregtheit, beschämter Empörung und einem sehr vagen Unrechtsbewusstsein darüber unterhielten, dass Clinton seine Praktikantin mit einer Zigarre penetriert und diese anschließend in den Mund genommen hatte. Die

Szene stammt aus dem Bericht des Sonderermittlers Kenneth Starr an den Kongress über die Clinton-Lewinsky-Affäre und hatte den Weg auf unseren Schulhof gefunden. Irgendetwas stimmte da nicht, das konnten wir als Jugendliche erahnen, aber was genau, dafür hatten wir keine passenden Worte.

Ich erinnere nicht, dass wir uns mit den Details beschäftigten. Dass Monica Lewinsky damals 22, Bill Clinton 49 Jahre alt gewesen war. Dass es Lewinskys erster Job nach dem College war. Dass sie die Praktikantin eines der mächtigsten Männer der Welt war und er ihr, während das Verhältnis lief, einen Job im Weißen Haus verschafft hatte. Dass eine Gruppe Ermittler, darunter FBI-Agenten, Lewinsky in einem Hotelzimmer gesagt haben soll, sie könne für 27 Jahre ins Gefängnis kommen, wenn sie nicht kooperiere. Dass am 11. September 1998 mit dem Bericht des Sonderermittlers 453 Seiten intimster Details öffentlich zugänglich wurden. Dass die Untersuchung wegen Behinderung der Justiz und Lügen unter Eid Clinton fast sein Amt gekostet hatte und Lewinksy dafür mit ihrer mentalen Gesundheit und ihrem öffentlichen Ansehen bezahlte. Aber selbst wenn wir all das gewusst hätten, wären wir wohl außerstande gewesen, zu formulieren, was Lewinsky 2018 in einem Artikel in der *Vanity Fair* schrieb. »Jetzt, mit 44 Jahren, beginne ich (gerade erst), über die Auswirkungen des Machtgefälles nachzudenken, das so groß war, zwischen einem Präsidenten und einer Praktikantin im Weißen Haus. Ich fange an, den Gedanken zu erwägen, dass unter solchen Umständen die Idee von Einvernehmlichkeit[30] hinfällig ist.«[31] Oft habe sie mit ihrem eigenen Gefühl zwischen Handlungsfähigkeit auf der einen und Opferrolle auf der anderen Seite gerungen, schreibt sie weiter. MeToo änderte offensichtlich ihre Sicht auf die Dinge. Wir wüssten heute, so Lewinsky, dass es sich um groben Machtmissbrauch gehandelt habe.[32]

Oft haben sich die Erinnerungen an mutmaßliche Übergriffe bei den Personen, mit denen ich spreche, wie ein Stempel in das Gehirn eingebrannt. Und oftmals haben sie Jahre, manchmal Jahrzehnte gebraucht, um überhaupt darüber sprechen zu können. Ende 2020 recherchierte ich zusammen mit drei Kolleginnen zum Thema Missbrauch im Medizinbetrieb. Wir arbeiteten von verschiedenen europäischen Ländern aus, um gemeinsam den Fragen nachzugehen, wie häufig es Missbrauch im Medizinbetrieb gab und warum scheinbar nur so selten darüber gesprochen wurde. Wir hatten Hinweise dazu erhalten, dass strafrechtliche verurteilte Ärzte trotz ihrer Taten weiter Patientinnen und Patienten behandelten, und wollten herausfinden, ob das stimmte, in welchem Ausmaß und wer dafür verantwortlich war. Um mit Quellen in Kontakt zu kommen, hatten wir mutmaßlich Betroffenen öffentlich angeboten, sich bei uns zu melden.

An einem Mittwochnachmittag redete ich mit einer der vielen Personen, von denen wir eine Nachricht erhalten hatten. Sie sprach mit weicher Stimme, geprägt von den Worten einer anderen Generation: Wenn sie über Vagina oder Vulva redete, sagte sie »da unten«. Sie sei gerade 70 geworden, eine pensionierte Studienrätin, sagte sie mir. »Soll ich chronologisch mit den ersten schlimmen Sachen anfangen, in meinem Leben?« Und dann begann sie von ihren Erinnerungen zu erzählen, die mehr als ein halbes Jahrhundert zurücklagen. Mit 16 habe ein Internist bei einer Untersuchung ihr »da unten reingefasst«, sie habe in einer Art Schocklähmung stillgehalten. Der Arzt habe ihre Beine gespreizt, er habe dann »da rumgefummelt«, angeblich habe er ihr Zysten in der Vagina ausdrücken müssen. Es habe ihr furchtbar wehgetan. Sie sprach von weiteren Erlebnissen, einer anderen Untersuchung, während der sich ein Arzt so fest gegen sie gepresst habe, dass sie seinen erigierten Penis an ihrem Körper spüren konnte. Sie erzählte, wie ihr ein anderes Mal ein Mediziner an die Brust gegriffen habe, wie sie mit Mitte 20 von einem Mann ihrer Universität vergewaltigt worden sei, und von der Gewalt, die sie bei der Geburt ihrer Tochter erlebt habe. »Sie können mir glauben«, sagte sie. »Ich weiß das alles noch sehr genau. Sie wissen genau, wie der Raum aussah, wo Sie gelegen haben. Alles das weiß man auch noch nach 50 Jahren. Man vergisst das nicht.«

Nach unserem Telefonat recherchierte ich, inwiefern sich ihre Erzählungen für eine Veröffentlichung in unserem Bericht überprüfen ließen. Einer der Ärzte, von denen sie berichtet hatte, war inzwischen verstorben, bei zwei anderen erinnerte sie sich nicht mehr an die Namen. Strafverfahren dazu hatte es nie gegeben, Beschwerdestellen, bei denen sie sich hätte melden können, habe sie damals nicht gekannt. Niemand würde die Schilderungen bezeugen können, mittelbar Beteiligte wie Arzthelferinnen zu suchen, würde einen enormen Aufwand mit geringen Erfolgschancen bedeuten. Die Schilderungen lagen so weit zurück, dass es unwahrscheinlich erschien, dass sie sich überhaupt belegen ließen. Und selbst wenn sich Hinweise darauf finden würden, wäre es nach so langer Zeit kaum möglich gewesen, über die Beschuldigten namentlich zu berichten[33] - erst recht nicht, wenn man sie nicht mehr zu den Vorwürfen befragen konnte. Zudem waren etliche anonymisierte Rückmeldungen bei uns eingegangen, wir aber suchten nach Fällen, die wir möglichst konkret und detailliert schildern konnten. So entschieden wir uns dagegen, ihre Erzählungen für unseren Bericht zu nutzen, veröffentlichten aber eine Reihe Artikel mit den Stimmen anderer Personen.

Die Frau sagte im Gespräch mehrfach, wie wichtig es ihr sei, dass ihr Name und ihre Adresse nicht öffentlich würden. Auch den Namen des Arztes, an den sie sich erinnerte, sollten wir auf keinen Fall veröffentlichen. Wovor sie sich fürchtete nach all den Jahren, konnte sie nicht genau beschreiben. Aber ihre Angst von damals, dass ihr nicht geglaubt werde oder sie vor Gericht chancenlos gewesen sei, wirkten offenbar bis heute nach. Und dann erzählte die alte Dame mir, warum sie über Jahrzehnte geschwiegen hatte, auch ihren Eltern und ihrem Ehemann gegenüber. »Das ging einfach nicht. Ich hätte eh keine Chance gehabt, es hätte mir auch keiner geglaubt«, sagte sie. »Damals konnte man überhaupt nicht über solche Sachen reden. Das war ein absolutes Stillschweigen.« Die MeToo-Debatte habe ihre Sicht darauf verändert. Sie spreche heute mit ihren Enkeltöchtern sehr ehrlich über Übergriffe und Belästigungen. Sie habe immer darauf gewartet, dass Beiträge über Missbrauch in der Medizin veröffentlicht würden, um mögliche Täter abzuschrecken und mutmaßlich Betroffene zu warnen. »Das ist einfach ein Schutz für jüngere Frauen oder auch Mädchen.«

Auch vor MeToo hatten Menschen, vor allem Frauen, über sexualisierte Gewalt gesprochen oder geschrieben, aber das System dahinter war lange im Verborgenen geblieben. Nun wurden Strukturen sichtbar, Stück für Stück, Branche für Branche. Das Sprechen über die Missstände hatte einen Domino-Effekt ausgelöst, und es ergaben sich immer mehr Möglichkeiten für Menschen, ihre Erfahrungen zu teilen oder das Unrecht insgesamt zu benennen. Nicht nur, weil soziale Netzwerke verfügbarer waren denn je, und nicht nur, weil Medien zunehmend berichteten – sondern auch, weil sich ein Verständnis und Bewusstsein über Missbrauch und Übergriffe entwickelten. Journalist:innen, die zu MeToo recherchieren, kennen diesen Mechanismus gut: Nach einer Recherche erhalten sie E-Mails und Anrufe von weiteren mutmaßlich Betroffenen, die sich melden, weil sie sich und bestimmte Muster in einem Bericht wiedererkannt haben. Im Sport spielt Leistungsdruck eine Rolle, in der Wissenschaft prekäre Arbeitsverhältnisse, in der Medizin das besondere Vertrauens- und Abhängigkeitsverhältnis zwischen Erkrankten und Ärzt:innen, bei der Polizei das Gefühl von Korpsgeist und unbedingter Loyalität, am Theater die körperliche und emotionale Nähe, in der Kunst die Idee eines Geniekultes, in der Kirche eine lange Tradition, Vorwürfe auf höchster Ebene systematisch zu verschleiern. Nicht nur Medien haben begonnen, sich all diese unterschiedlichen Bereiche genauer anzuschauen. Menschen haben angefangen, sich selbst zu organisieren, auch über Schlagworte im Internet. So entstand etwa #DeutschrapMeToo, #MeTooScience oder #dieNächste, ein Bündnis, das darauf aufmerksam macht, dass Frauen aus allen gesellschaftlichen Bereichen von häuslicher Gewalt betroffen sind, auch Topmanagerinnen oder Vorstandsvorsitzende.

DREI
GEWALT

Sexualisierte Gewalt, Missbrauch und Übergriffe sind weit verbreitet. Weil Macht gesellschaftlich ungleich verteilt ist, sind bestimmte Gruppen stärker betroffen als andere

Wurde zu Beginn von #aufschrei noch darüber diskutiert, wie groß das Problem von Belästigung und sexualisierter Gewalt überhaupt war, gibt es mittlerweile eine große Anzahl von Studien, Untersuchungen und Befragungen, welche diese Frage beantworten: sehr groß. Sehr viel größer, als man es sich lange Zeit vorstellen konnte – und wollte.

»Der gefährlichste Ort für eine Frau: ihr Zuhause«, schrieben wir Ende 2023 in einem Report für den SPIEGEL.[1] Geschlechtsspezifische Gewalt findet häufig im sozialen Nahbereich statt: Knapp 158 000 Menschen haben laut Bundeskriminalamt 2022 partnerschaftliche Gewalt erlebt, 80 Prozent davon waren Frauen, am häufigsten zwischen 30 und 40 Jahre alt, zwei Drittel von ihnen mit deutscher Staatsangehörigkeit. Umgerechnet erleben also etwa 346 Frauen am Tag diese Form von Gewalt. Die Täter waren in etwa 40 Prozent der Fälle Ex-Partner, in allen anderen die aktuellen Beziehungs- oder Ehepartner der Betroffenen.[2]

In Deutschland wurden im selben Jahr 133 Frauen von ihrem aktuellen oder ehemaligen Partner getötet. Femizide nennt man diese tödliche Gewalt gegen Frauen aufgrund ihres Geschlechts, die in Deutschland erst seit wenigen Jahren so benannt wird, aber anders als in anderen Ländern kein eigener Straftatbestand ist. Femizide bilden die Spitze einer Pyramide geschlechtsspezifischer Gewalt; seit 2020 steht der Begriff im Duden.[3]

2022 registrierte das Bundeskriminalamt knapp 12 000 Fälle von Vergewaltigung, sexueller Nötigung und sexuellem Übergriff im besonders schweren Fall einschließlich mit Todesfolge. Die Zahlen waren im Vergleich zum Vorjahr um 20 Prozent angestiegen, 2023 wurde erneut eine leichte Erhöhung verzeichnet.[4] »Die steigenden Fallzahlen im Bereich der Vergewaltigung, sexuellen Nötigung und sexuellen Übergriffe könnten auch Hinweis auf eine gestiegene Anzeigebereitschaft u. a. aufgrund der ›#metoo‹-Debatte und der Aufarbeitung von Missbrauchsskandalen sein (...)«, heißt es in einem Bericht des Bundesinnenministeriums. »Ein weiterer Grund könnte der Wegfall der Corona-Beschränkungen und damit einhergehend die Rückkehr ins öffentliche Leben sein, was wieder mehr Tatgelegenheiten schafft.«[5]

Eine Dunkelfeldstudie von 2020, ebenfalls vom BKA, ergab, dass aufgeschlüsselt in verschiedene Deliktgruppen wie Diebstahl oder Körperverletzung die niedrigste Anzeigequote den Sexualdelikten zufällt: Sie liegt bei einem Prozent.[6] Die Täter von Delikten im Bereich sexueller Missbrauch oder Vergewaltigung sind laut Studie in 99,4 Prozent Männer.[7] Eine 2023 veröffentlichte Dunkelfeldbefragung in Sachsen zeigte, dass neun von zehn Frauen bereits mehrfach Hinterherpfeifen, aufdringliche Blicke, als unangemessen empfundene Sprüche und Ähnliches erlebt hatten. 40 Prozent gaben an, Erfahrungen mit Stalking gemacht zu haben. Mehr als die Hälfte, dass jemand versucht hatte, sie zu sexuellen Handlungen zu zwingen. Die Täter waren laut Befragung fast ausschließlich Männer, der Tatort meist das eigene Wohnumfeld.[8] 68 Prozent der Frauen in Deutschland haben laut Daten des Thinktanks Foundation for European Progressive Studies im Laufe ihres Lebens Sexismus oder sexualisierte Gewalt am Arbeitsplatz erlebt.[9] Das Kriminologische Forschungsinstitut Niedersachsen e. V. führte im Herbst 2021 eine nicht repräsentative Online-Befragung zum Thema *Catcalling* durch.[10] Am meisten davon betroffen waren Mädchen und Frauen in der Altersgruppe 16 bis 19 Jahre.[11] An einer Schule in Niedersachsen befragten Jugendliche über 300 ihrer Mitschülerinnen. Mehr als jede zweite Befragte sagte aus, dass sie bereits Opfer von Catcalling geworden sei. 30 Prozent von ihnen waren erst elf bis zwölf Jahre alt.[12] In einer Studie aus dem Februar 2024 gaben 42 Prozent der befragten jungen Frauen an, bereits ungefragt ein Nacktfoto geschickt bekommen zu haben.[13]

Auch im europäischen und internationalen Vergleich sind die Zahlen drastisch: Jede dritte Frau in der Europäischen Union ist einer Studie von 2014 der EU-Grundrechte-Agentur zufolge seit ihrer Jugend Opfer körperlicher oder sexualisierter Gewalt geworden.[14] Ein Bericht der Vereinten Nationen von 2023 mit Daten aus 91 Ländern kam zu dem Ergebnis, dass es ein Viertel der Menschen für gerechtfertigt hält, wenn ein Mann seine Frau schlägt.[15]

Ein anderer Bericht des UN-Büros für Drogen- und Verbrechensbekämpfung geht einer Hochrechnung zufolge davon aus, dass im Jahr 2022 weltweit 48 800 Frauen und Mädchen von ihren Partnern oder Familienmitgliedern getötet wurden.[16] Und auch wenn Frauen sich trennen, endet die Gewalt nicht. Jüngst zeigte eine bundesweite Umfrage, wie gewalttätige Väter das Umgangs- und Sorgerecht nutzen, um auch nach dem Ende einer Beziehung Kontrolle und Gewalt über (Ex-)Frauen auszuüben, eine Form der sogenannten Nachtrennungsgewalt.[17]

Das ist nur ein Ausschnitt der Gewalt. Man könnte diese Aufzählung endlos weiterführen, aber der Punkt wird klar: Niemand kann heute ernsthaft mehr anzweifeln, dass Missbrauch und Übergriffe das

Geschlechterverhältnis prägen und dass die Leidtragenden mehrheitlich Frauen und weiblich gelesene Personen sind. Das Spektrum geschlechtsspezifischer Gewaltformen und Übergriffe umfasst verbale und körperliche Übergriffe. Es beginnt bei sexistischen Sprüchen im sozialen Nahbereich oder auf der Straße, es setzt sich im digitalen Raum mit Kommentaren und bildbasierter Gewalt fort, wie etwa dem ungewollten und unaufgeforderten Zusenden sexualisierter Bilder und Videos. Es geht weiter mit Exhibitionismus, unerwünschten Berührungen oder Handlungen, Stalking und Nachstellungen. Außerdem gehören erzwungene sexuelle Handlungen, sexuelle Nötigung und Vergewaltigung dazu sowie Genitalverstümmelung, sexualisierte Folter, Vergewaltigungen als Kriegswaffe, Menschenhandel und Zwangsprostitution.

All das kann unter dem Stichwort MeToo verhandelt werden. Häufig wird der Begriff verwendet, wenn es um Alltagssexismus oder mutmaßliche Übergriffe in Arbeitskontexten geht. In den vergangenen Jahren wurde unter MeToo auch vermehrt eine toxische Arbeitskultur mit Anbrüllen, verbalen Erniedrigungen, übermäßigem Leistungsdruck oder der Ignoranz gegenüber Bedürfnissen und Herausforderungen gefasst, Beruf und Familie unter einen Hut zu bekommen. Tatsächlich ist es richtig und notwendig, den Begriff MeToo sehr viel breiter zu denken. Denn all diese Grenzüberschreitungen und gewaltsamen Handlungen sind keine Ausrutscher, Versehen oder Einzelfälle – dahinter verbergen sich Strukturen: von Mittätern, Mitwissern, Menschen, welche diese Taten gezielt ausüben; solchen, die schweigen oder sie bagatellisieren; Institutionen, die nicht genau genug hinschauen, sie zu lange zulassen, zu wenig dagegen unternehmen und das Ausmaß der Gewalt und Übergriffe nicht glauben oder wahrhaben wollen. Um es auf eine einfache Formel zu bringen: Die MeToo-Bewegung richtet sich im Kern nicht gegen Einzelfälle. Sie richtet sich gegen ein System vielfältiger psychischer und physischer Gewalt- und Unterdrückungsformen. So breit das Spektrum all dieser

Taten ist, so kompliziert ist es auch, sich als Gesellschaft auf Lösungen für all diese Missstände zu einigen.

Dass von diesen Formen der Gewalt grundsätzlich so viel mehr Frauen und weiblich gelesene Personen betroffen sind, ist kein Zufall. Dieser Umstand spiegelt ein grundsätzliches Machtungleichgewicht, weshalb auch marginalisierte Personen entsprechend stärker davon betroffen sind. Menschen auf der Flucht, queere Personen oder Frauen mit Behinderung haben ein überproportional großes Risiko, sexualisierte Gewalt und Belästigungen zu erfahren, das zeigen etliche Studien und Untersuchungen seit vielen Jahren. Bei einem 2022 veröffentlichten Monitoring-Bericht in Berlin gab fast die Hälfte der befragten trans Personen[18] an, allein im vergangenen Jahr Gewalterfahrungen gemacht zu haben.[19] Eine Befragung des Familienministeriums ergab, dass minderjährige Mädchen mit Behinderung zwei- bis dreimal häufiger von sexuellem Missbrauch durch Erwachsene betroffen sind als die Frauen im Bevölkerungsdurchschnitt.[20] Es gibt offenbar keine bundesweite Studie, die untersucht, inwiefern sich Rassismus und sexualisierte Gewalt in Deutschland überschneiden. Dass People of Color und Schwarze Menschen besonders von sexualisierter Gewalt und Belästigung betroffen sind, lässt sich also nicht mit Zahlen belegen, aber zumindest vermuten – warum sollte es in diesem Fall anders sein als bei anderen marginalisierten Gruppen. Auch in anderen Ländern lässt sich das beobachten: Indigene Frauen in den USA und Kanada werden besonders häufig ermordet oder als vermisst gemeldet, Menschenrechtsgruppen dokumentieren in Datenbanken etliche Fälle.[21]

Gewalt gegen Männer

Auch Männer und Jungen oder männlich gelesene Personen sind von sexualisierter Gewalt betroffen, und es wird bis heute zu wenig darüber geredet. Diverse Untersuchungen haben gezeigt, dass die meisten Missbrauchsopfer der katholischen Kirche männlich sind. Über andere Gesellschaftsbereiche ist wenig bekannt. »Bis in die 1970er Jahre wurden Männer in Studien nicht einmal gefragt, ob sie jemals sexuell belästigt oder vergewaltigt worden wären«, schreibt die Kulturwissenschaftlerin und Journalistin Mithu Sanyal in ihrem Buch *Vergewaltigung*.[22]

Ich habe im Zuge meiner Recherchen mit vielen Männern gesprochen, die von sexualisierten Übergriffen erzählt haben, von Vergewaltigungen, ungewollten Berührungen, Sexismus und Stalking. Der überwiegende Teil von ihnen war schwul, was sicherlich damit zusammenhängt, dass ich viel zu queeren Themen recherchiert und veröffentlicht habe. Trotzdem ist es auffällig, wie verhältnismäßig selten ich heute Hinweise von Männern erhalte. Wenn es passiert, schildern Quellen darin häufig Erinnerungen aus der Kindheit – oder wollen lediglich darauf hinweisen, dass auch Männer von sexualisierter Gewalt betroffen sein können, ohne selbst konkrete Informationen zu nennen. Etwas häufiger habe ich in den letzten Jahren Hinweise von Männern erhalten, die Informationen zu mutmaßlichen Missständen aus ihrem Umfeld weitergeben wollten, die sie beobachtet haben, aber auch sie bleiben deutlich in der Unterzahl.

Das Tabu, über sexualisierte Gewalt gegen Männer zu sprechen, ist auch deshalb so übermächtig, weil es nicht vereinbar ist mit gesellschaftlich und kulturell geprägten Vorstellungen von Männlichkeit: dominant zu sein, stark, unverletzlich, wehrhaft, sexuell aktiv. Das Schimpfwort Schlappschwanz oder der Spruch »keine Eier in der Hose haben« etwa zeigen, wie sehr Potenz mit Erfolg verknüpft ist. Wer schwach ist, dem wird die Männlichkeit abgesprochen. Sanyal hat in ihrem Buch nachgezeichnet, wie sich Vorstellungen und auch die Bewertung von Vergewaltigungen in vor allem westlichen Kulturkreisen über die Jahrtausende verändert haben. »Männliche Opfer sind nicht deshalb so ein diskursives Minenfeld, weil weibliche Opfer durch sie weniger beachtet werden könnten, sondern weil sie das Konzept Mann bedrohen«, schreibt sie.[23] Dabei sieht man an den Zahlen des Bundeskriminalamtes, dass fast ein Drittel der Opfer von häuslicher Gewalt Männer sind.

Es gibt Untersuchungen, die zeigen, dass dort, wo Hierarchien und gewaltsame Machtausübung besonders ausgeprägt sind, wie beispielsweise in Gefängnissen oder beim Militär, auch Männer sehr häufig sexualisierter Gewalt ausgesetzt sind.[24] Nicht zuletzt zeigt die Aufarbeitung von Missbrauchsfällen in der Kirche, dass Jungen in besonders verletzlichen Positionen zu Betroffenen werden. So befragte eine Pilotstudie des Bundesfamilienministeriums von 2019 Menschen zu »Sexismus im Alltag«. Sexismus war darin als Sammelbegriff verstanden worden, von der ungleichen Bezahlung von Frauen und Männern bis hin zur Vergewaltigung, wobei Männer tendenziell eher schwerwiegende Übergriffe als Sexismus verstanden. 44 Prozent aller Frauen und 32 Prozent aller Männer gaben an, Situationen erlebt zu haben, in denen sie Adressatin oder Adressat sexistischer Zeichen und Übergriffe wurden. Interessanterweise sagte ein Großteil der Frauen, 68 Prozent, dass sie eine Debatte über Sexismus befürworteten, aber nur etwa die Hälfte der befragten Männer – obwohl auch viele von ihnen angegeben hatten, selbst betroffen zu sein. »Das führt zur Hypothese, dass die aktuelle Sexismusdebatte nur unzureichend (oder gar nicht) die Erfahrungen von betroffenen Männern aufnimmt und zu sehr auf Frauen fokussiert ist«, heißt es in der Auswertung.[25]

Vergewaltigungen sind kein Naturgesetz, argumentiert Sanyal. Sie kommen in kulturellen und institutionellen Kontexten vor, je nachdem, wie Hierarchie und Macht verteilt und Geschlechterrollen besetzt sind. »Allerdings finde ich es einen entlastenden und auch versöhnlichen Gedanken, dass sexuelle Gewalt eben nicht auf ein Geschlecht beschränkt ist, da sie dadurch überhaupt erst als veränderlich denkbar wird«, schreibt die Wissenschaftlerin.[26] Mehrfach schon wurde ich gefragt, ob die Recherchen zu männlichen und weiblichen Quellen sich unterscheiden. Die Antwort ist einfach: Nein. Handwerklich gelten dieselben Regeln, es gibt gleichermaßen Hürden und

Risiken. Wie es Quellen geht, wie viel Angst oder Mut sie haben, wie verletzt oder resilient sie sind, all das unterscheidet sich meiner Erfahrung nach je nach Mensch, nicht je nach Geschlecht.

Umgekehrt können auch Frauen Täterinnen sein oder des Missbrauchs beschuldigt werden, wenn auch deutlich seltener als Männer. 2018 war in der *New York Times* Folgendes nachzulesen: Aus Dokumenten ging hervor, dass ein junger Schauspieler der 20 Jahre älteren italienischen Schauspielerin Asia Argento vorgeworfen hatte, ihn sexuell missbraucht zu haben. Danach soll sie ihm Geld im Rahmen einer außergerichtlichen Einigung gezahlt haben, was Argento zunächst nicht kommentierte und später bestritt. Sie war eine der Hauptakteurinnen der MeToo-Bewegung gewesen und hatte ebenfalls Vorwürfe gegen Harvey Weinstein erhoben. Der Produzent habe Argento in einem Hotelzimmer zu Oralverkehr gezwungen, später habe sie Sex mit ihm gehabt aus Angst, dass er sonst ihre Karriere zerstören würde, was Weinstein bestritt.

Unter Berufung auf Unterlagen, welche die Vereinbarungen einer Zahlung von 380 000 Dollar dokumentierten, berichtete die *New York Times* nun über eine außergerichtliche Einigung zwischen Asia Argento und dem jüngeren Schauspieler Jimmy Bennett. Argento war 37, der Schauspieler 17 Jahre alt, als es im Jahr 2013 zu einem mutmaßlichen Übergriff gekommen sein soll. Beide hätten sich lange zuvor gekannt und über Jahre ein enges Verhältnis zueinander gehabt. Argento sei für Bennett eine Mentorin und wie eine Mutter gewesen. Als Bennett sieben Jahre alt war, hatte er in einem Film Argentos mitgespielt, sie spielte darin eine drogenabhängige Prostituierte, er ihren Sohn.

In der betreffenden Nacht habe Argento dem 17-Jährigen in einem Hotelzimmer Alkohol gegeben, ihn geküsst, aufs Bett geworfen, Oralverkehr an ihm verübt, sich dann auf ihn gelegt und Sex mit ihm gehabt. Später an diesem Tag postete sie offenbar ein Foto von sich und Bennett auf Instagram (es ist heute nicht mehr auf ihrem Account verfügbar) und schrieb, Jimmy werde in ihrem nächsten Film mitspielen. Einige Wochen darauf soll Bennett der Schauspielerin eine Nachricht geschickt haben, in der »Vermisse dich Mama!!!!« gestanden habe. Laut der Dokumente hatte Bennett ausgesagt, er habe sich nach dem mutmaßlichen Missbrauch im Hotel »extrem verwirrt, beschämt und angeekelt« gefühlt, das Erlebte habe seiner Karriere geschadet und ihn traumatisiert. Er forderte 3,5 Millionen Dollar Schadenersatz, schließlich einigten sich die Parteien offenbar auf die sehr viel niedrigere Summe. Im Bundesstaat Kalifornien, in dem all dies stattgefunden haben soll, beträgt das gesetzliche Mindestalter für einvernehmlichen Geschlechtsverkehr 18 Jahre.[27] »Asia Argento beweist einmal mehr, dass Frauen menschliche Wesen sind«, kommentierte die Zeitung später. »Kein Geschlecht hat ein Monopol auf Heuchelei oder Schaden.«[28]

In Deutschland veröffentlichte die Unabhängige Kommission zur Aufarbeitung sexuellen Kindesmissbrauchs 2021 Forschungsergebnisse über sexuellen Kindesmissbrauch durch Frauen.[29] Laut der Unabhängigen Beauftragten für Fragen des sexuellen Kindesmissbrauchs, dem Amt der Bundesregierung für die Anliegen von Betroffenen und deren Angehörigen, sind in etwa zehn bis 25 Prozent dieser Fälle Frauen die Täterinnen. »Es ist davon auszugehen, dass sexueller Missbrauch durch Frauen seltener entdeckt wird, weil ihnen solche Taten weniger zugetraut werden.«, schreibt das Amt.[30] Und in einem Artikel über »toxische Weiblichkeit« wurde über die Art der Gewalt durch Frauen erklärt: »Generell richtet sich weibliche Gewalt deutlich häufiger gegen Kinder und Jugendliche. Femizid ist ein männliches, Infantizid ein eher weibliches Verbrechen. Was die Frage aufwirft: Sagt uns Gewalt eigentlich mehr über die Verteilung von Verantwortung und Macht – manche Männer misshandeln Frauen und Kinder, weil sie stärker sind und sich aus Verantwortung berechtigt und womöglich überfordert fühlen, manche Frauen misshandeln Kinder aus genau den gleichen Gründen – als über inhärente Geschlechterunterschiede?«[31]

Immer wieder haben Kommentatorinnen und Kommentatoren in den Medien gefordert, die Männer bei der Debatte mehr zu involvieren, was auch teilweise geschah. Es wurden sehr viele Meinungsstücke dazu geschrieben, warum Männer Opfer *der Debatten* über Sexismus geworden waren, weniger darüber, dass sie Opfer *von Gewalt* wurden. Die Floskel »Auch Männer können Opfer werden« ist bekannt, investigative Recherchen dazu gibt es selten. Mir ist kein Fall bekannt, in dem ein Mann sich namentlich dazu bekannt hat, Opfer sexualisierter oder häuslicher Gewalt geworden zu sein, und dafür ähnlich viel Aufmerksamkeit erhalten hätte wie die großen MeToo-Enthüllungen.

Weitestgehend unter dem Radar lief etwa eine Passage in dem Buch *Noch wach?* des Schriftstellers Benjamin von Stuckrad-Barre, welches 2023 als Schlüsselroman oder MeToo-Roman über den Axel-Springer-Konzern und den mutmaßlichen Machtmissbrauch unter Vorstandschef Mathias Döpfner interpretiert wurde. Im Roman erlebt der Ich-Erzähler sexuellen Missbrauch: Ein mächtiger Mann aus der Kulturbranche will nach einer durchfeierten Nacht Sex in einem Hotelzimmer und bedrängt ihn. In einem Interview mit dem SPIEGEL bejahte der Autor die Frage, ob es sich bei der Szene um eine reale Begebenheit handele, und wiederholte im *Tagesanzeiger* Ende 2023: »Ja, diese Missbrauchserfahrung ist wahr.«[32] Viel war über den Wahrheitsgehalt des Romans spekuliert worden und darüber, ob Stuckrad-Barre sich die Geschichten von Frauen aneigne, die laut Recherchen bei Axel Springer unter Machtmissbrauch gelitten hätten. Dass Stuckrad-Barre darin eine eigene Missbrauchserfahrung verarbeitete, war nicht in den Schlagzeilen zu lesen. Er sei 19 gewesen, erzählte der Schriftsteller nun dem *Tagesanzeiger*, den Übergriff eines Mannes in einer machtvollen Position in der Musikindustrie habe er als »für mich peinliche Geschichte« abgespeichert. Warum peinlich?, wollte die Journalistin wissen. »Ich habe sozusagen körperlich nicht abgeliefert«, sagt Stuckrad-Barre. »Ich habe den Zudringlichen enttäuscht.« Als ich ihn für dieses Buch fragte, ob er für diese Enthüllung zusätzliche Medienanfragen erhalten habe, sagt er: »Meiner Erinnerung nach keine.« Ihm sei es aber auch ganz recht gewesen, dass die Episode keine weitere Aufmerksamkeit erhielt. »Ich hatte Zweifel, diese Passage überhaupt zu veröffentlichen, weil ich befürchtete, man werde sie mir um die Ohren schlagen. Irgendwie hatte ich das Gefühl, es gehört sich vielleicht nicht, dass ich darüber schreibe, weil es eben ein grundsätzliches Machtungleichgewicht zwischen Männern und Frauen gibt.« Warum er es dann doch aufschrieb? »Psychologisch gehörte es da hinein, als eine mögliche Motivation des Erzählers, der plötzlich bemerkt, dass er zeitversetzt einen eigenen Kampf geführt hat.«

Hass

Warum ist es einfacher, über bestimmte Formen von Gewalt zu sprechen als über andere? Weil es auch innerhalb des gewaltsamen Spektrums Abstufungen gibt, wie tabuisiert bestimmte Verbrechen sind. Vergewaltigungen zu verurteilen oder Sexismus abzulehnen, hat, wie es in einer Studie des Bundesfamilienministeriums von 2019 heißt, »den Rang des sozial Erwünschten erreicht«, Antisexismus könne als soziale Norm betrachtet werden.[33] Je stärker bestimmte Gewaltformen mit Vorurteilen belegt sind, umso schwieriger wird es, über sie zu sprechen. Rassistische Stereotype nicht befördern zu wollen, kann Menschen verstummen lassen, um nicht als Nestbeschmutzer innerhalb der eigenen Minderheit zu gelten. Wenn es zum Beispiel 40 Prozent der Deutschen eklig finden, wenn schwule Männer sich in der Öffentlichkeit küssen, wie eine Studie 2016 ergab – wie schwer ist es dann erst, darüber zu sprechen, dass man aufgrund der eigenen Sexualität angegriffen, gedemütigt oder missbraucht wurde? Wenn Jüdinnen und Juden ohnehin mit Anfeindungen zu kämpfen haben, kann man dann Missbrauchsvorwürfe an einer wichtigen Rabbinerausbildungsstätte öffentlich machen, ohne Antisemitismus weiter zu befeuern?[34]

Umgekehrt scheint über Gewalt zu sprechen einen gruppenübergreifenden Effekt zu haben, zumindest hat MeToo Diskussionen auch über andere Formen von Diskriminierung ausgelöst. Unter #schauhin wurden einige Monate nach #aufschrei Erfahrungen mit Alltagsrassismus öffentlich, ebenso wie unter dem Hashtag #MeTwo im Jahr 2018. Der Autor und Aktivist Ali Can hatte das Schlagwort als Reaktion auf den rassistischen Umgang mit Fußballspieler Mesut Özil initiiert, das #two stand dafür, sich mit mehr als einer kulturellen oder nationalen Identität verbunden zu fühlen. Erneut teilten etliche Menschen in sozialen Netzwerken ihre Erfahrungen mit Vorurteilen und Alltagsrassismus, über vermeintliche Witze, verächtlichmachende Klischees, herabwürdigende Sprüche, Probleme bei der Wohnungssuche. Und unter #mequeer erzählten Personen im gleichen Jahr von Lesben- und Schwulenhass, von Ausgrenzung und Gewalt gegen trans Personen, bi- und intersexuelle Personen oder Angehörige anderer queerer Communitys.

Zu dieser Zeit recherchierte ich bei BuzzFeed News zu Hassgewalt gegen queere Menschen. Es gab wenig Zahlen und Aufmerksamkeit dafür, wie viele Übergriffe sie in Deutschland erlebten, auch international blieben die Zahlen oft bruchstückhaft. Das Bundesinnenministerium hatte die Anzahl der Straftaten veröffentlicht, die sich gegen die sexuelle Orientierung richteten: 2017 waren es 313.[35] Aus eigener Erfahrung und meinem direkten Umfeld wusste ich, dass diese Zahlen die Realität nicht ansatzweise widerspiegelten – Hassgewalt und Übergriffe, besonders im öffentlichen Raum, gehörten (und gehören) zum Alltag queerer Menschen, so zeigen es auch internationale Befragungen und Studien. Bei einer Erhebung der Agentur der Europäischen Union für Grundrechte von 2012 gab fast die Hälfte der Befragten an, innerhalb des letzten Jahres vor der Erhebung persönliche Erfahrungen mit Diskriminierung oder Belästigung aufgrund ihrer sexuellen Ausrichtung gemacht zu haben.[36] Wie andernorts auch gehen Experten in Deutschland von einer hohen Dunkelziffer bis um die 90 Prozent aus.[37]

Laut der Online-Plattform Statista identifizieren sich rund sieben Prozent der Bevölkerung als dem LGBTQ*-Spektrum zugehörig, anderen Schätzungen zufolge sind es noch mehr.[38] Sehr viele Menschen erlebten also vermutlich dumme Sprüche und Anfeindungen im Alltag, wurden angespuckt und verprügelt, missbraucht und erpresst. Sie verdienten im Durchschnitt weniger Geld und werden im Job oder auf dem Wohnungsmarkt diskriminiert, alles aufgrund ihres Geschlechts, ihrer Geschlechtsidentität und der Art und Weise, wen sie wie lieben. Der letzte umfangreiche Report aus Deutschland über das Ausmaß der Hassgewalt stammte von der NGO Maneo und lag über zehn Jahre zurück. Also starteten wir 2018 die Recherche mit einem Online-Fragebogen. Mehr als 650 Personen meldeten sich innerhalb weniger Wochen. In ihren Antworten zeigte sich eine Masse an Hass und Gewalterfahrungen, die deutlich machte: »LGBT*s können in diesem Land nicht so gleichberechtigt und sicher leben, wie sie sollten.«[39]

Wir veröffentlichten eine Reihe von Artikeln über die Ergebnisse der Umfrage, jede vierte teilnehmende Person etwa hatte erklärt, sie sei im vergangenen Jahr körperlich attackiert worden. Ich schrieb alle Landespolizeibehörden an, strukturierte die Hunderte Antworten mutmaßlich Betroffener, sprach mit Expert:innen. Wir veröffentlichten Artikel zu den Ursachen und Konsequenzen; darüber, dass mehrere Bundesländer diese Form von Gewalttaten nicht einmal gesondert erfassten (was sich heute teils geändert hat). Und Erfahrungsberichte wie diese: »Mit 14 wurde ich geohrfeigt, mir wurde gesagt, ich habe alle Geschlechtskrankheiten, die es nur gibt, jeder würde mich vögeln dürfen und ich sei nichts wert« oder »In der Schule als Lesbe und Zwitter beleidigt zu werden und zu hören, ich müsse mal richtig gefickt werden, damit ich normal werde« und »Dann hat er uns eine Eisenstange gezeigt, die er in der Hand hält, und meinte, er gehe heute Abend noch auf Jagd«.[40]

Im Juli 2018 sprach ich mit einer der Personen, deren Kontakt ich über die Umfrage erhalten hatte. Max O. war 19 Jahre alt. Er war ein reflektierter, höflicher und fröhlicher junger Erwachsener, der bereitwillig und gefestigt von einer dunklen Zeit in seiner Jugend erzählen konnte und sie gewissenhaft dokumentiert hatte. »Na klar«, antwortete er, ohne zu zögern, als ich ihn in diesem Frühjahr anrief, um zu fragen, ob ich in diesem Buch seine Geschichte noch einmal ausschnittsweise erzählen dürfe. Sie lautet wie folgt:

Als 17-Jähriger wurde Max aufgrund seiner Homosexualität von einem aggressiven Stalker über Monate terrorisiert. Den Kontakt von Max hatte sich der Täter über ein digitales queeres Jugendnetzwerk erschlichen. Max war, würde sich später vor Gericht herausstellen, einer von mehreren jungen Männern, die zum Opfer eines psychisch kranken und homohassenden Täters geworden waren, der seine Opfer teils fanatisch verfolgt hatte.

In vielen Gesprächen und aus etlichen Screenshots und Fotos puzzelte ich während der achtmonatigen Recherche aus einem verworrenen Dickicht langsam ein Bild zusammen: 2016 hatte Max O. über Monate Tausende Nachrichten und Drohungen des Täters erhalten, online und offline. Von Fake-Profilen auf Facebook, die sich mit geklauten Fotos als er selbst ausgaben, Nachrichten von fremden Facebook-Accounts, SMS, kruden Beschuldigungen und Versuchen, Max mit privaten und öffentlichen Nachrichten unter Druck zu setzen. Dazu kamen Telefonanrufe, Betrugsfälle, Morddrohungen, falsche Notrufe, eine Todesanzeige, Plakate in der Stadt mit einem Foto von Max, auf denen stand: »JA ICH BIN SCHUWL UND DAS IST AUCH GUT SO.« Ein Post auf Facebook mit einem Link auf das Profil von Max lautete: »Jeder der Ihn in die Fresse schlägt bekommt 20 Euro sofort adresse auf anfrage oder wo er zur schule geht«. So ging es immer weiter, dutzendfach, teilweise täglich. Immer mehr Menschen wurden über Monate hinweg in diesen Strudel des Psychoterrors hineingezogen, Familie und Freunde, Mitwisser, Fremde. Und dann schickte der Täter Max einen Trauerkranz in die Schule, an ihn adressiert. Schwarze und dunkelrote Rosen, dazu ein weißer Engel aus falschem

Marmor an einem Kreuz. In der beiliegenden Karte stand: »wir trauern um max o.«

Es war einer der Momente, in denen aus den Schilderungen von Max die Überwältigung herauszuhören war. Wie ging es ihm in dieser Zeit? »Max sagt, dass er keine Angst hat. Vielleicht ist es seine Art, sich selbst stark zu machen. Überhaupt lebensfähig zu bleiben. Aber man fragt sich, wo der ganze Schmerz eigentlich hingeht«, schrieben wir. Er erzählte mir damals: »Ich dachte, ich krieg das hin, das zieht an mir vorbei. Erst mit der Zeit habe ich gemerkt, dass das nicht stimmt.« Schleichend bemerkte er Veränderungen an sich, schaute sich häufiger auf der Straße um, fühlte sich beobachtet. Max hatte versucht, die Straftaten zu dokumentieren und sein Umfeld zu schützen, und war dabei an seine eigenen Grenzen geraten. Zwischenzeitlich tauchte er unter, verschwand für einige Tage völlig von der Bildfläche, ohne Handy oder Kontakt zu irgendjemandem. Wo er gewesen war, wusste niemand – nicht seine beste Freundin, nicht einmal seine Mutter. Nur die Polizei war offenbar eingeweiht. Wohin er verschwand, war eine der wenigen Fragen, die Max mir in unseren vielen Gesprächen bis heute nicht beantwortet hat.[41]

»Die Geschichte von Max ist eine Geschichte darüber, wie schwer es ist, einem aggressiven Stalker zu entkommen – vor allem im Internet«, hatten wir in der Reportage über seinen Fall geschrieben. »Es ist eine Geschichte, die zeigt, dass es auch noch heute Menschen in Deutschland gibt, die Homosexuelle für nicht lebenswert erachten. Und die illustriert, wie weit für Opfer der Weg zu echter Hilfe ist – und zu Gerechtigkeit.« Immer wieder war der Jugendliche zur Polizei gegangen, und immer wieder, so erzählte er es, hatten die Beamten ihn nach Hause geschickt und gesagt, erst wenn es eine konkrete Bedrohungslage gebe, könnten sie ihm weiterhelfen. Drei Jahre lang hatte Max zum Zeitpunkt der Veröffentlichung schon darauf gewartet, dass der mutmaßliche Täter vor Gericht kommt. Anfang 2020 begann schließlich der Strafprozess. Die Gerichtsverhandlungen verliefen meiner Wahrnehmung nach weitestgehend respektvoll. Der damals 31-jährige Täter kam aus der Untersuchungshaft in den Saal, war für insgesamt 68 Taten angeklagt (darunter: Volksverhetzung, Nachstellung, Nötigung, Bedrohung, Räuberische Erpressung, Betrug, Urkundenfälschung und viele andere mehr) und gab die Taten weitgehend zu. Er habe »Stress machen« wollen, sagte er aus und erzählte von seiner eigenen zerrütteten Vergangenheit, von Spielsucht und Alkoholkrankheit im Elternhaus. Seinen Hass auf Schwule könne er sich nur durch seine Zeit im Gefängnis erklären, in der er Erfahrungen gemacht habe, von denen er nur unter Ausschluss der Öffentlichkeit erzählen wolle. Später im Prozess wurde klar, dass er mutmaßlich von einem Mithäftling sexuell misshandelt worden sein soll. Dass der Mithäftling schwul gewesen sei, wollte der Täter daran erkannt haben, dass dieser ein rosa T-Shirt getragen habe.

Der Täter wurde aus der Untersuchungshaft in ein psychiatrisches Krankenhaus überwiesen. Das Gericht attestierte ihm eine verminderte Steuerungsfähigkeit aufgrund einer Persönlichkeitsstörung, verurteilte ihn aber letztlich im Sommer 2020 zu viereinhalb Jahren Haft. Es handele sich um ein außergewöhnliches Verfahren, sagte der Vorsitzende Richter bei der Urteilsverkündung. Ein Verfahren, »bei dem man beim ersten Lesen der Akte die Hände über dem Kopf zusammenschlägt und fragt: Warum? Warum?«

Die Opfer hatten vor Gericht von schwerwiegenden Folgen berichtet: von Schlafstörungen, Panikattacken, Vertrauensverlust und Verfolgungsängsten, einem Leben in ständiger Alarmbereitschaft, zerrütteten Familien. Einer der jungen schwulen Männer hatte ausgesagt, dass er begonnen habe, sich selbst zu verletzen. Ein anderer gab an, dass er das Haus nur noch in Notfällen verlassen habe. Ein weiterer Mann hatte beschrieben, wie sein Vater sich nach dem Zwangsouting von ihm abgekehrt habe. Er sei daraufhin als 16-Jähriger allein nach Süddeutschland gezogen. Max O. hatte sich für ein Studium im Ausland entschieden – nicht nur, aber auch, um mit all dem abzuschließen. »Die Taten waren geeignet, junge Menschen in die Verzweiflung zu treiben«, fasste es die Staatsanwältin in ihrem Plädoyer zusammen.[42] Nach dem Urteil sagte Max, dass er nicht wisse, was er fühlen solle. »Ich habe vier Jahre Arbeit in dieses Verfahren gesteckt. Jetzt bekomme ich eine Pause. Ob es ein Schlussstrich ist, wird sich in vier Jahren zeigen.« Weitere vier Jahre später erzählte er mir am Telefon: »Mir geht es gut. Aber was mich bis heute stört, ist das System, das nicht funktioniert hat. Ich hatte das Glück, nach einiger Zeit jemanden von der Polizei zu finden, der mich ernst genommen und mir geholfen hat.«

Opfer von digitaler Gewalt wurden lange allein gelassen oder nicht ernst genug genommen. Das ist kein MeToo-spezifisches Problem, Hass im Internet zeigt sich auch als Rassismus, Klassismus, in allen denkbaren Schattierungen von Beleidigungen und Drohungen. Oft aber ist diese Form der Gewalt geschlechtsspezifisch, und Frauen sind davon stärker betroffen als Männer. Eine repräsentative Umfrage ergab 2021 außerdem, dass sich vor allem Frauen aus Angst vor Angriffen aus den sozialen Netzwerken zurückziehen.[43] Vor über einem Jahrzehnt bezeichnete die Feministin und Autorin Laurie Penny die Meinung einer Frau als den Minirock des Internets. »Eine [Meinung] zu haben und zur Schau zu stellen, bedeutet, dass man eine amorphe Masse von fast ausschließlich männlichen Keyboard-Bashern auffordert, einem zu sagen, wie sie einen vergewaltigen, töten und anpinkeln wollen«, schrieb sie.[44]

Das ist bis heute so, doch es werden inzwischen mehr Gegenmaßnahmen ergriffen. Seit einigen Jahren gibt es die gemeinnützige Betroffenenorganisation Hate Aid, wo sich Betroffene beraten und unterstützen lassen können. »Digitale Gewalt verdrängt Frauen aus dem Internet, einem unserer wichtigsten Debattenräume, und gefährdet somit unsere Demokratie«, schreibt die Beratungsstelle.[45] 2021 trat in Deutschland das Gesetz zur besseren Bekämpfung des Rechtsextremismus und der Hasskriminalität in Kraft, um unter anderem Hasskriminalität in sozialen Netzwerken einzudämmen. 2023 legte das Justizministerium ein Eckpunktepapier für ein Gesetz gegen digitale

Gewalt vor, mit einer neuen EU-Richtlinie soll die ungewollte Verbreitung sexualisierter Deepfakes, Cyberstalking und Belästigungen im Netz sowie das unaufgeforderte Versenden von pornografischen Inhalten europaweit wirksamer bekämpft werden. Frauen des öffentlichen Lebens wehren sich gegen Anfeindungen und Hass, darunter mehrere Politikerinnen, wie die österreichische Grünen-Politikerin Sigrid Maurer oder die deutsche Grünen-Politikerin Renate Künast. Letztere begann einen Prozess, um durchzusetzen, dass »Drecksfotze« und weitere herabwürdigende Kommentare als strafbare Beleidigung gelten und juristisch verfolgt werden können, und zog dafür bis vor das Bundesverfassungsgericht, wo sie 2022 in Teilen einen Erfolg errang. 2023 veröffentlichte die frühere Staatssekretärin und SPD-Politikerin Sawsan Chebli ein Buch über Hate Speech, in dem sie schildert, wie sie rassistische, klassistische und sexistische Shitstorms erlebte.[46]

Hass im digitalen Raum kann Menschen genauso verletzen wie ein körperlicher Übergriff. Es hat einige Zeit gedauert, bis diese Erkenntnis bei Konzernen, Behörden und in der Politik angekommen ist, und noch immer bleiben rechtliche Regelungen hinter dem zurück, was Betroffene und Expert:innen seit Jahren fordern. Es fehlt an Personal bei Beratungsstellen, an Zeit für Fortbildungen, und vor allem fehlt es noch immer an Wissen: dass etwa sogenannte *Dickpics* strafbar sind oder wie man sich vor bildbasierter Gewalt schützen kann.[47] Gefälschte pornografische Bilder, teils mithilfe von KI generiert, sind ein ernsthaftes Problem, seit Jahren schon warnen Fachleute vor sogenannten Deepfakes. Und häufig wird falsch verstanden, dass es sich bei all dem nicht um neue Phänomene handelt, sondern um digitale Varianten von allem, was unter MeToo diskutiert wird: Sexismus, Übergriffe, Belästigung, sexualisierte Gewalt. Die Umstände zwischen digitaler und analoger Welt mögen sich unterscheiden, die Gründe hinter diesen Formen von Fehlverhalten und Verbrechen tun es nicht.

Im Fall von Max O. war der Täter nicht in einer größeren Gruppe organisiert, aber seine schwulenfeindlichen Taten sind nicht im luftleeren

Raum entstanden. Hassrede im Internet wird als Strategie eingesetzt, um Menschengruppen einzuschüchtern, zum Schweigen zu bringen und auch um rechtskonservative oder rechtsextreme Interessen durchzusetzen. »Wir können in Echtzeit beobachten, wie der Diskurs immer weiter nach rechts verschoben wird und Frauen als politische Gegnerinnen fertiggemacht werden, weil sie Frauen sind, die ihre Stimme erheben«, schreibt die Journalistin und Autorin Susanne Kaiser in ihrem Buch *Backlash*.[48] Manchmal ist es leider notwendig, sich abscheuliche Taten konkret vor Augen zu führen, um wirklich zu begreifen, worum es eigentlich geht. 2019 schickte eine unbekannte Person eine E-Mail an die feministische Journalistin und Autorin Sibel Schick mit dem Betreff: »Deine Abschlachtung«. Sie offenbart nicht nur ein widerwärtiges Ausmaß an Frauenhass, sondern zeigt auch, wie sich Misogynie und Rassismus vermischen. Der folgende Absatz ist schwer zu ertragen (falls Sie sich schonen wollen, springen Sie direkt in das nächste Kapitel):

> *Hallo Sibel! Schönen Artikel hast du da geschrieben heute. Die Drohungen gegen dich sind aber real. Wir werden dich kleinen Kanaken bald abschlachten – aber nicht einfach so, sondern auf ganze [sic!] besondere Weise. Da du ja doch ein Fickloch hast das man sich noch gönnen kann wirst du natürlich erst vergewaltigt und kurz bevor ich komme werde ich dir die Kehle durchschneiden. Die letzten 10 Sekunden die dein Gehirn ohne Blut noch funktioniert wirst du spüren wie mein abspritzender Penis in dir zuckt. Ist das nicht schön?*
>
> *Ich weiß ja wo du wohnst. Du kannst dir nicht vorstellen wie gerne ich in deinem Blut tanzen würde. Ich bin so scharf darauf.*
>
> *MfG*
> *Ein *Freund**[49]

VIER
MACHT UND MACHTMISSBRAUCH

Bei sexualisierter Gewalt geht es nicht um Sex – sondern um Macht und Machtmissbrauch. Ein Fall aus dem Wissenschaftsbetrieb zeigt, was damit gemeint ist

Bei derartigen Androhungen von Gräueltaten wie im zuletzt geschilderten Fall sollte klar sein, wie sie zu bewerten sind. Es ist deshalb verwunderlich, dass sie keine lautere Empörung auslösen im Vergleich dazu, wie häufig sie vorkommen. Wenn hingegen öffentlich besonders heftig über MeToo diskutiert wird, geht es häufig um Grauzonen – dessen, was sagbar ist, was moralisch vertretbar, und die Bereiche, in denen die Grenzen von einvernehmlichen Handlungen und Übergriffen verhandelt werden. Oberflächlich betrachtet, könnte man meinen, es werden Fragen von Sex und Sexualität ausgelotet. Doch bei sexualisierter Gewalt geht es nicht um Sex, es geht nicht zuvorderst um sexuelle Befriedigung. Es geht um Macht und Machtmissbrauch und darum, sich an dieser Macht zu berauschen oder sich mächtig zu fühlen, um Demütigung, Erniedrigung und Bestrafung, um die Abwertung des anderen und die Aufwertung der eigenen Person.[1] Es wird Gewalt durch sexualisierte Handlungen ausgeübt. Deshalb sprechen Expert:innen häufig von »sexualisierter Gewalt«, nicht »sexueller Gewalt«. Wenn man sexualisierte Gewalt und damit auch eines der zentralsten Themen der MeToo-Bewegung begreifen will, ist es nötig, sich mit dem Begriff von Macht zu beschäftigen. Wie sind Macht und Privilegien zwischen den Geschlechtern verteilt? Und in welchem Zusammenhang steht das damit, wer Gewalt ausübt und wer sie erleidet?

Machtungleichgewicht

Es wäre schön, wenn alle Geschlechter gleichgestellt wären. Aber das ist nicht der Fall. Die Zeiten, in denen Frauen ihre Ehemänner um Erlaubnis bitten mussten, um arbeiten zu gehen oder ein Konto zu eröffnen, oder Vergewaltigungen in der Ehe straffrei blieben, sind in Deutschland zwar seit einigen Jahrzehnten vorbei. Auf wirtschaftlicher und gesellschaftlicher Ebene aber bestehen die Ungleichheiten zwischen den Geschlechtern de facto fort.

Zum Beispiel? Frauen erhalten durchschnittlich einen niedrigeren Bruttostundenlohn als Männer. Sogenannte frauentypische Berufe aus dem sozialen Bereich sind deutlich schlechter bezahlt als andere Tätigkeiten: Wer etwa Kinder betreut, alte oder kranke Menschen pflegt, in der Sozial- oder Sonderpädagogik arbeitet, verdient weniger als in anderen Berufsfeldern. Führungspositionen werden in vielen Unternehmen weiterhin mehrheitlich von Männern besetzt. Wenn Paare heiraten, profitieren sie davon, wenn eine Person sehr viel mehr als die andere verdient. Die Mehrheit der Väter in Deutschland beantragt gar keine Elternzeit, die anderen meist nur einige Wochen. Frauen übernehmen umgekehrt einen größeren Teil der Care-Arbeit und des damit einhergehenden Mental Load. Sie besorgen häufiger

Geburtstagsgeschenke, Kinderkleidung, erledigen die Wocheneinkäufe. Sie betreuen ihre Kinder mehr als ihre Partner, bringen sie häufiger zum Arzt und helfen ihnen öfter mit den Hausaufgaben. Frauen übernehmen insgesamt mehr Haushalts- und Sorgearbeit. Sie werden am Arbeitsplatz häufiger herabgewürdigt oder benachteiligt, wenn sie Kinder bekommen. Sie leben sehr viel öfter als Alleinerziehende in prekären Verhältnissen, und sie haben im Alter ein sehr viel höheres Risiko, zu verarmen. All diese Faktoren sind durch viele Studien und Untersuchungen belegt.[2] Durch dieses Machtungleichgewicht geraten Frauen häufiger in Abhängigkeitsverhältnisse.

Das Argument, Frauen seien mittlerweile emanzipiert und selbstbewusst genug, um sich gegen die Gewalt und Belästigung einfach wehren zu können, greift daher zu kurz. Die Familienrechtsanwältin Asha Hedayati hat in ihrem Buch beschrieben, wie ökonomische Abhängigkeiten Frauen daran hindern, gewaltvolle Beziehungen zu verlassen.[3] Im Spätsommer 2023 interviewten eine Kollegin und ich sie für den SPIEGEL in ihrem Büro in Berlin-Neukölln. »Es gibt viele Betroffene, die können sich eigentlich nur zwischen der Gewaltbeziehung oder Armut entscheiden«, sagte Hedayati. »Wenn ich sie berate, muss ich ihnen sagen: Wenn du dich jetzt trennst, bekommst du wahrscheinlich kaum Unterhalt. Du wirst intensiver besteuert, fast wie ein Single. Und du findest wahrscheinlich keine Wohnung. Es ist nicht verwunderlich, wenn eine Frau dann sagt: ›Na gut, ich überleg's mir vielleicht doch noch mal mit der Trennung.‹«[4]

Natürlich gibt es auch Beziehungskonstellationen, in denen Betroffene oder mutmaßlich Betroffene mehr Macht haben. Weil sie etwa finanziell unabhängig sind, weil sie von funktionierenden sozialen Netzwerken umgeben sind, unterstützende Eltern, ein stabiles Einkommen und Freundinnen mit großen Wohnungen und Gästezimmern für Notfallübernachtungen haben. Weil sie von Behörden ernster genommen werden als andere (z. B. wenn sie weiß sind), weil sie genügend Geld für Kinderbetreuung und Anwältinnen aufbringen können oder weil sie über vertrauensvollen Zugang zur Medienbranche oder Reichweite verfügen, die sie für sich nutzen können.

Es ist dennoch nicht immer einfach, Nein zu sagen, auch wenn manchmal so getan wird, als handele es sich dabei nur um ein Wort oder eine nebensächliche Geste. Nein zu sagen, hat Konsequenzen: Es kann als Zurückweisung empfunden werden, als Kränkung, als Unhöflichkeit, als Anfang vom Ende. Grenzen zu ziehen, kann das Gegenüber wütend machen oder als illoyales oder respektloses Verhalten empfunden werden. An einer Zurückweisung kann eine Beziehung zerbrechen, oder sie kann einen den Job kosten. Minderheiten und Frauen haben über Generationen erlernt und trainiert, wie sie sich am unteren Ende eines Machtgefälles zu verhalten haben, und dieses Wissen wirkt teils bis heute nach. Carolin Emcke hat das in ihrem Buch *Ja heißt ja und … – ein Monolog* präzise beschrieben: Es bedeute, kein Aufsehen zu erregen, Herabsetzungen und »das ausfallende Benehmen von anderen auszubalancieren und zu dulden, nachzugeben und Konflikte zu vermeiden«. Und Emcke beschreibt, wie schwer es sein kann, Avancen abzuwehren: »(…) wie vielfältig, wie fragil, wie kompliziert es ist, aus dem Repertoire an Absagen eine auszuwählen, die eindeutig genug, aber nicht unhöflich und verletzend ist (…). Oder umgekehrt eine Absage zu finden, die hinreichend freundlich ist, aber nicht so ambivalent, dass sie doch als Aufforderung umgedeutet werden könnte.«[5] Nein zu sagen, Avancen abzuwehren oder mit der unerwünschten Lust einer anderen Person konfrontiert zu sein, so Emcke, verlange Mädchen und Frauen dauernd »eine Kunstform aus Codes und Normen« ab. Ob es hingegen Männer verunsichere, dass sie – offenbar anders als Frauen – nicht wüssten, »wie auf diesem unübersichtlichen Gelände des Neinsagens zu navigieren ist, ohne Gefahr, ohne Bestrafung, ohne Gewalt«?[6]

Oft wurde zu Beginn der MeToo-Debatte argumentiert, dass Männer nun verunsichert seien. Eine Studie von 2018 zeigte jedoch, dass die meisten Männer ebenso wie Frauen genau wissen, was sexuelle

Belästigung ist, zumindest am Arbeitsplatz. Etwa, eine weibliche in der Hierarchie unterstellte Mitarbeiterin weiterhin nach einem Date zu fragen, wenn sie bereits Nein dazu gesagt hat – oder einer unterstellten Mitarbeiterin sexualisierte Witze per E-Mail zu schicken. »Die Vorstellung, dass Männer nicht wissen, dass ihr Verhalten schlecht ist, und dass Frauen aus einer Mücke einen Elefanten machen, ist weitgehend unwahr. Wenn überhaupt, dann sind Frauen bei der Definition von Belästigung nachsichtiger«, sagte eine der Autorinnen der Untersuchung.[7] Wenn man zu MeToo recherchiert, stößt man immer wieder auf Hinweise, dass die Beschuldigten sich womöglich sehr bewusst sind, dass ihr Verhalten nicht okay ist. Ein Verhältnis soll dann geheim gehalten werden, damit es keinen Ärger für beide gibt; ein Treffen soll »unser Geheimnis« bleiben, Nachrichten sollen gelöscht, Spuren verwischt werden.

Zugleich kann man das Argument ernst nehmen, dass sich zumindest einige Männer (und auch Frauen) im Alltag neu orientieren mussten und müssen, weil MeToo bisher normalisierte Verhaltensweisen infrage stellt. Über diese Art der Unsicherheit ist viel geschrieben und geschimpft geworden, seltener wurde sie in der Vergangenheit als Chance begriffen. Kann es nicht eine gute Sache sein, wenn sich Menschen, mehrheitlich Männer, ihrer Macht gewahr werden? Wenn sie reflektieren, wie sich ein Kommentar, eine Forderung, eine Annäherung für das Gegenüber anfühlt? Dass alle etwas mehr darüber nachdenken, was »männliches Verhalten« sein soll und wie es aussieht? Bedeutet es nicht auch, diese Codes und Normen verstehen zu wollen, zu hinterfragen, zu durchbrechen? Und aus der Kunstform des »Neinsagens«, wie Emcke es beschreibt, eine sehr viel respektvollere und ungefährliche Kommunikation zu entwickeln, die auf Augenhöhe stattfinden kann? Darüber nachzudenken, inwiefern eine binäre Geschlechterordnung mehr schadet als nützt, weil sie Verhaltensschubladen schafft, die Geschlechterstereotype zementiert, statt Veränderungen ermöglicht? »Das Problem ist sicher nicht, dass Mädchen stärker werden und in manchen Bereichen besser abschneiden«, schreibt die Schriftstellerin Jagoda Marinić in einem Artikel über neue Männlichkeit. »Das Problem ist, dass wir Jungs nicht beibringen, wie sie auch neben stärkeren Mädchen stark sein können, weil es zwischen den Geschlechtern nicht um Dominanz geht, sondern ums Miteinander.«[8]

Gewiss, es hat sich in den letzten Jahren und seit Entstehung der MeToo-Bewegung viel getan. Über Jahrhunderte gab es eine Geschlechterordnung, in der Frauen auf den zweiten Platz gehörten und als minderwertig galten. Nun können sie als Astronautin den Mond umrunden, sie können Compliance-Verfahren gegen Männer in milliardenschweren Unternehmen leiten, eine ganze Generation ist in Deutschland mit der Selbstverständlichkeit herangewachsen, dass eine Frau Kanzlerin sein kann. Frauen können heute im Durchschnitt annähernd gleich viel verdienen wie Männer, solange sie keine Kinder bekommen. An den teils einflussreichen Frauen, die namentlich öffentlich MeToo-Vorwürfe erhoben haben, kann man jedoch sehen, dass ihre Macht sie nicht vor Teilen einer aufgebrachten Öffentlichkeit geschützt hat. Stattdessen erlebten sie digitale Gewalt, erhielten Nachrichten mit Morddrohungen und Vergewaltigungsfantasien. Und zugleich sind die Zahlen des Bundeskriminalamtes zu partnerschaftlicher Gewalt in den vergangenen Jahren gestiegen, von 2021 auf 2022 um neun Prozent. Das muss nicht zwangsläufig heißen, dass die Gewalt tatsächlich zugenommen hat – es gibt die These, dass sich Betroffene häufiger trauen, zur Polizei zu gehen, dass Behörden zugänglicher für das Problem sind und besser ermitteln. Eine andere Theorie geht davon aus, dass die steigenden Zahlen eine Reaktion auf die zunehmende Macht von Frauen in der Gesellschaft sind. Sich vom Macht- und Einflussverlust bedroht fühlende Menschen, vor allem Männer, schlagen zurück. Was auch die Gründe für die Zunahme partnerschaftlicher Gewalt sein mögen: Derartige Statistiken zeigen, dass es nach wie vor ein massives Gefälle in der Verteilung von Macht und Gewalt gibt und dass Frauen sehr viel häufiger die Leidtragenden sind.

»Der auch noch. Wo gibt es das eigentlich nicht?«, höre und lese ich häufig als Reaktion, wenn Medien wieder einmal über Vorwürfe berichten. Dabei sind diese unzähligen Fälle von Gewalt und Machtmissbrauch kein neues Phänomen, das sich seit MeToo wie eine Krankheit oder ein Trend ausbreitet. Es handelt sich um ein altes Phänomen, das immer sichtbarer wird, weil sich Betroffenengruppen emanzipieren und etablierte Machtstrukturen verschieben. Einfacher gesagt: Je mehr Macht Frauen – und insgesamt Menschen aus diskriminierten Gruppen – gesellschaftlich erlangen, umso weniger sind sie bereit, sich wie Menschen zweiter Klasse behandeln zu lassen.

Machtmissbrauch

Macht bemisst sich an unterschiedlichen Faktoren: Jemand, der sehr viel Geld hat, hat Macht, aber auch jemand, der sehr erfolgreich ist, eine große Reichweite in sozialen Netzwerken oder Hunderttausende Fans hinter sich stehen hat, ist mächtig. Ein Influencer mit wenig Geld, aber einer großen Followerschaft hat Macht; genauso wie ein Landtagsabgeordneter, dessen Namen vielleicht kaum jemand kennt, der aber politisch sehr viel mehr Einfluss nehmen kann als andere. Ein Psychotherapeut hat Macht über seine Patientinnen und Patienten, ein Guru über seine Anhängerschaft. Ein akademischer Abschluss ist ein Privileg, das oft Respekt und Macht verschafft. Und auch ein Altersunterschied von 30 Jahren zwischen zwei Personen in einer Beziehung bedeutet ein Machtgefälle, wenn etwa die eine Person über sehr viel mehr Wissen und Erfahrung verfügt als die andere. Sehr charismatisch zu sein, andere gut überzeugen oder anführen zu können, verleiht eine Art von Macht. Männer haben – nicht im Einzelfall, sondern gesamtgesellschaftlich gesehen – mehr Macht als Frauen und weiblich gelesene Personen. Macht bemisst sich ökonomisch, sozial oder politisch, und natürlich spielen Ethnie, Körper, Geschlecht, Identität, Nationalität und Staatsbürgerschaft eine Rolle. Kurzum: Ein Machtgefälle entsteht, wenn zwei Menschen sich nicht auf Augenhöhe begegnen. Und nutzt jemand seine Macht, um sich oder anderen Vorteile zu verschaffen oder Nachteile zu bereiten, und zwar entgegen festgelegten Regeln oder einem Verhaltenskodex, spricht man von Machtmissbrauch.

Der Begriff Machtmissbrauch ist zunächst einmal keine juristische Kategorie, sondern eine moralische. Niemand muss für »Machtmissbrauch« ins Gefängnis. Tauscht der Chef eines Milliardenunternehmens mit einer Berufsanfängerin sexualisierte Nachrichten aus und verhandelt zugleich ihr Einstiegsgehalt, macht er sich nicht strafbar – verstößt aber womöglich gegen die Compliance-Regeln des Unternehmens oder gegen moralische Vorstellungen von Fürsorge und Verantwortung. Dennoch kann Machtmissbrauch mit strafrechtlich relevanten Handlungen einhergehen. Drängt ein Priester seinen minderjährigen Messdiener zu sexuellen Handlungen, missbraucht er seine Macht – und begeht zugleich ein Verbrechen, für das er vor Gericht zur Verantwortung gezogen werden kann.

Manchmal sind sogenannte Machtasymmetrien leicht zu erkennen, manchmal werden sie erst bei genauerem Hinschauen sichtbar. Es ist eines der größten Missverständnisse von MeToo, dass es in einvernehmlichen Beziehungen keinen Machtmissbrauch geben kann. Hat sich eine Person freiwillig auf eine Beziehung eingelassen, darf sie sich später nicht darüber beklagen, darunter gelitten zu haben, so die vermeintliche Logik. »Warum hat sie dann mitgemacht?«, wird in diesen Fällen häufig gefragt. »Warum hat sie sich nicht beschwert?« oder »Es gehören immer zwei dazu«. Wie einvernehmlich aber ist eine sexuelle Begegnung oder eine intime Beziehung, wenn eine der Parteien jederzeit sagen kann: Ich will das nicht mehr. Die andere aber befürchten muss, den anderen damit so zu verärgern, dass es ihr beruflich schaden, sie womöglich sogar den Job kosten könnte. Auch das Argument, die betroffene Person »hat doch selbst davon profitiert«, wird oft bemüht, wenn erklärt werden soll, warum es sich in solchen Fällen nicht um ein missbräuchliches Verhältnis handelt. Machtmissbrauch aber wirkt in unterschiedliche Richtungen. Nicht nur, wer anderen Nachteile verschafft, missbrauch seine Macht. Auch wer sie nutzt, um bestimmte Menschen zu fördern. Bleiben wir beim Beispiel des mächtigen Unternehmenschefs: Verschafft er der Berufseinsteigerin, in die er zugleich verliebt oder an der er sexuell interessiert ist, einen prestigeträchtigen Posten, kann auch das eine Form von Machtmissbrauch sein. Nur weil die Berufseinsteigerin davon profitiert, ist eine solche Beförderung kein Kavaliersdelikt. Im Gegenteil: Auch solche vermeintlichen Vorteile können die Geförderten in erhebliche Bedrängnis bringen.

Immer wieder haben mir oftmals jüngere Frauen erzählt, dass sie sich zu Beginn ihrer Karriere auf Verhältnisse mit ihren oft sehr viel älteren Chefs einließen, die zumindest auf den ersten Blick und nach gängigen Schönheitsidealen nicht übermäßig begehrenswert erschienen. Warum also sollten sie sich auf eine Beziehung einlassen – nicht selten ein geheimes Verhältnis, weil noch Ehefrau oder Partnerin im Hintergrund waren –, von der sich mehr Ärger als Vorteile erwarten ließen? Die Vorstellung von karrieregeilen Frauen, die sich hochschlafen, ist eine unterkomplexe Mär. Es mag Fälle geben, in denen Personen am unteren Ende der Machtasymmetrie von unlauteren Vorteilen profitiert und sich dabei blendend gefühlt haben. Persönlich kennengelernt habe ich sie nicht. Bei den Fällen, die ich über die Zeit recherchiert habe, waren diese Verhältnisse immer auch mit Nachteilen für die Geförderten verbunden. Mit Ängsten, Scham, Abhängigkeiten, oft auch Unterbrechungen oder einem Ende der Karriere. Vor- und Nachteile für Opfer von Machtmissbrauch gehen mitunter Hand in Hand – doch am Ende stehen die Betroffenen sehr häufig vor einem Trümmerhaufen.

Es gibt sehr viel banalere, zwischenmenschliche Gründe dafür, dass Mitarbeitende für ihre Vorgesetzten schwärmen oder sich in sie verlieben. Das Gefühl von Aufwertung und Anerkennung, genau von dieser Person in gehobener Stellung und mit so viel Macht ausgewählt worden zu sein, spielt dabei häufig eine Rolle. »Ich habe mich geschmeichelt gefühlt«, wurde mir wiederholt als Grund genannt. Geschmeichelt von der Aufmerksamkeit einer höhergestellten Person, teils verbunden mit Formen von sogenanntem Love Bombing,[9] überschwänglichen Nachrichten voller Zuneigung und Begehren, teils bis tief in die Nacht, in denen sich Komplimente zu beruflichen Fähigkeiten und privaten Vorzügen vermischten. Von der Anziehungskraft eines besonderen Charismas, das mit der Führungsstärke einhergeht. Manchmal war der Grund auch schlicht der Wunsch nach Liebe und Zuneigung, etwa nach einer gescheiterten Beziehung oder toxischen Erfahrungen in der Vergangenheit. Und schließlich spielt auch der Kontext eine Rolle. Häufig haben mir Quellen geschildert, dass die Verhältnisse kurz nach dem ersten Kennenlernen begonnen haben, als sie noch aufgeregt waren über den neuen Job, das frische Arbeitsumfeld, ein wenig orientierungslos vielleicht, aber euphorisch über den Reiz des Unbekannten.

2022 und 2023 recherchierten und berichteten mein Kollege Lukas Eberle und ich zu MeToo im Wissenschaftsbetrieb, unter anderem an einer renommierten deutschen Universität.[10] Eine Frau hatte uns in vielen Gesprächen erzählt, wie und warum sie eine Beziehung mit ihrem Vorgesetzten, einem damaligen Dozenten auf dem Weg zum Professor, begonnen hatte. Wie sie einerseits gefördert, andererseits von dem Dozenten ausgebeutet worden sei, für dienstliche und sexuelle Zwecke. Der Dozent und sein Anwalt, der ihn strafrechtlich vertritt, ließen unsere SPIEGEL-Anfrage zu allen Vorwürfen unbeantwortet. Auch auf eine erneute Bitte um Stellungnahme für dieses Buch reagierte er nicht. 2019 hatten sich der Dozent und die Studentin an der Uni in einem seiner Seminare kennengelernt. Der Dozent war ein junger Aufsteiger, mit Anfang 30 bereits erfolgreich, gut vernetzt, und machte der Frau Avancen, die bei ihr verfingen. Sie begannen ein einvernehmliches Verhältnis. Der Dozent beschäftigte die Frau als Hilfskraft, während sie eine Klausur bei ihm schrieb, eine Hausarbeit bei ihm einreichte und ihre Abschlussprüfung bei ihm plante.

Schon bald begannen laut unserer Recherchen die Grenzen zwischen beruflich und privat zu verschwimmen. Er soll der Studentin auch eine Promotionsstelle in Aussicht gestellt haben. In einer E-Mail an einen Kollegen, einen Professor der Uni, lobte er die Frau: »Sie fliegt momentan quasi noch unter dem Radar. Sie wird im kommenden Semester als Hilfskraft an der Professur beginnen, will ihre Abschlussarbeit auch zu diesem Thema verfassen und bekundete an einer anschließenden Dissertation Interesse. Ich habe sie im Proseminar und erst recht in ihrer Klausur als kluge, eloquente und kreative Person wahrnehmen können.« Einmal schrieb er ihr per WhatsApp: »Will dich fördern, wo ich nur kann.« Vermutlich bezüglich seiner eigenen Karriere an der Uni schickte er ihr ein andermal eine Nachricht: »Jetzt bringen wir mich in Position und dann dich.« In einer weiteren Chatnachricht schrieb er ihr: »Am meisten staune ich darüber, dass mir so eine wunderbare, schöne, kluge, talentierte, engagierte, charismatische, charmante, attraktive, bezaubernde, eloquente, devote, faszinierende, großartige, humorvolle, intelligente, joviale, lachende, magisch anziehende, umwerfende, sexy, genussliebende, trinkfeste, freudenvollen, kennenswerte und phantastische Frau geschenkt wurde, wie genau du (...) es bist. Ich begehre Dich! Ich hüte Dich! Ich fördere Dich! Ich fordere Dich! Ich liebe Dich! Ich bin für dich Dich!«

Während der Corona-Zeit, als die Lehre an Bildungseinrichtungen vielfach auf virtuelle Formate umstellen musste, verlagerte sich vieles ins Private. Damit fiel auch ein Stück der sozialen Kontrolle weg. In dieser Zeit, so ergaben es unsere Recherchen, nahm das mutmaßliche Fehlverhalten des Dozenten besonders perfide Formen an: Einmal etwa soll er im Laufe eines Seminars seine Hose geöffnet und onaniert haben, ohne dass es im Bildausschnitt seiner Webcam für die Studierenden zu sehen gewesen sei, während sie anwesend gewesen sei. Ein andermal soll er während eines Online-Seminars eine Peitsche aus Leder in die Hand genommen und ihr damit auf den Oberschenkel geschlagen haben. Die Frau soll dabei auf dem Schreibtisch des Dozenten gesessen haben, direkt neben seinem Laptop, mit zusammengebundenen Händen. Er soll sie vorab gefesselt haben, wogegen sie keinen Einspruch erhoben haben soll. Die sexualisierte Situation habe sich spontan und Stück für Stück im Büro entwickelt, erzählte die Frau, doch ihr sei nicht klar gewesen, dass sie auch während des Seminars weitergehen würde. Zu dem Zeitpunkt aber habe sie sich nicht mehr getraut, sich zu bewegen, aus Sorge, während des Seminars auf dem Bildschirm des Dozenten für die anderen Teilnehmenden sichtbar zu werden. Also habe sie dort verharrt. Diese mutmaßlichen Situationen hatten sich aus einer einvernehmlichen Beziehung ergeben, bei der systematische und scheinbar unbedeutendere Grenzüberschreitungen zu einem toxischen Abhängigkeitsverhältnis gewachsen waren, so schilderte es die Frau. Und folgte man ihren Schilderungen, ließ sich daraus eine Vielzahl an Vorwürfen ableiten: Machtmissbrauch, Grenzüberschreitungen, emotionaler Missbrauch und eine perfide Form von Größenwahn.

Der Dozent zwang die Frau nicht zum Geschlechtsverkehr, der Sex, die Peitschenhiebe und Fesselspielchen geschahen einvernehmlich. Trotzdem sagte die Frau im Rückblick, die Situationen seien erniedrigend gewesen. Dazu kam, dass der Dozent intime Fotos von ihr aufgenommen und gegen ihren Willen im Internet veröffentlicht hatte, um für sexuelle Kontakte zu werben, wofür er später von einem Amtsgericht per Strafbefehl verurteilt wurde und 4500 Euro zahlen musste. Was genau ihn antrieb, blieb in unserer Recherche offen. Auch den Dozenten genauer zu beschreiben, war weder bei unserer Veröffentlichung noch hier möglich, da seine Persönlichkeitsrechte geschützt werden sollen, zudem hatte er unser Gesprächsangebot nicht angenommen. Wir konnten ihn also nur anhand der Schilderungen unserer Quellen sowie auf Basis der Nachrichten und Informationen im Internet beurteilen.

Als die mutmaßlich betroffene Frau 2023 bei dem ersten persönlichen Treffen und noch Monate vor der Veröffentlichung vor mir saß, erschien sie mir als kluge und reflektierte Person, attraktiv, emanzipiert, ehrgeizig. Sie war Mitte 20, am Beginn ihrer Karriere. Ich suchte eine diplomatische Formulierung, fragte sie dann aber geradeheraus, wieso sie sich auf diese Beziehung, die sie zudem rückblickend als Fehler und manipulativ bezeichnete, überhaupt eingelassen hatte. Es fiel ihr schwer, die richtigen Worte zu finden. Er sei nicht einmal ihr Typ gewesen, wenn auch charismatisch. Sie habe auch während der Beziehung immer wieder ein schlechtes Bauchgefühl gehabt. Der Dozent habe sie mit systematischen Grenzüberschreitungen in derartige Situationen hineinmanipuliert. Ihr Nein zu bestimmten Situationen oder Forderungen habe er spielerisch umgangen. In einem späteren Gespräch erzählte sie, noch bevor sie ein sexuelles Verhältnis begonnen hatten, habe er ihr etwa private pornografische Fotos von sich und seiner Ehefrau auf das Handy gesendet. Ihr sei schlecht geworden, so falsch habe sich das angefühlt. Sie habe sich gefragt, wie sie darauf reagieren sollte, ohne ihn zu verärgern, und schließlich mit der Begründung von Datenschutz argumentiert. Es sei nicht das einzige Mal gewesen, dass sie von ihm explizite Bilder oder Videos gegen ihren Willen erhalten habe, sagte sie.

Ihre Schilderungen wirkten klar und schlüssig, sie hatte etliche Indizien, Hinweise und Belege für das, was sie erzählte.[11] Es gab keine erkennbaren Anzeichen, dass ihre Schilderungen nicht glaubwürdig waren. Und doch fiel es mir schwer, auf einer persönlichen Ebene nachzuvollziehen, wie der Dozent sie in diese mutmaßlichen Situationen habe bringen können und wie sie letztlich hineingeraten war. Auch alles so aufzuschreiben, dass es für die Leserschaft verständlich wäre, würde eine Herausforderung werden. Denn sie schilderte

Szenen wie diese: Im Juli 2020, erneut während eines digitalen Seminars, soll die Frau unter dem Schreibtisch des Dozenten gesessen haben und ihn von dort in gegenseitigem Einverständnis mit dem Mund befriedigt haben. Der Dozent soll sie dabei von oben und ohne ihr Wissen mit seinem Smartphone gefilmt und das Video später an sie geschickt haben. Das Video gehörte damals zu den Hinweisen, die von den Verantwortlichen der Universität im Zuge des Beschwerdeverfahrens ausgewertet wurden. Darin ist auch zu hören, wie der Dozent die Frage eines Studenten aus seinem Online-Seminar beantwortet, während die Frau an ihm Oralsex praktiziert.

Immer wieder fragte ich sie, wie es zu diesen mutmaßlichen Situationen gekommen sei. »Es fühlte sich nach einem totalen Kontrollverlust an«, sagte sie mir. Sprechen konnte die angehende Wissenschaftlerin über all das mit niemandem, erzählte sie. Die fragwürdige Beziehung habe ein Geheimnis bleiben müssen. »Und wenn man keine Bewertung von außen hat, fehlt eine zusätzliche Instanz, um zu sagen: Irgendwas ist da nicht richtig.« Die intimen Bilder, das Machtgefälle zwischen den beiden und die Abhängigkeiten im Studium hätten dazu geführt, dass es ihr schwergefallen sei, sich von dem Dozenten zu lösen. Sie mache sich Vorwürfe, dass sie viele Angebote und Anforderungen ihres damaligen Chefs nicht mit einem deutlicheren Nein abgewiesen habe, sowohl im beruflichen als auch im privaten Kontext. »Ich habe nicht um diese Karriereangebote gebeten«, sagte sie, »ich habe sehr hart gearbeitet, aber ich hatte Sorge, dass man meine Leistungen anzweifeln würde, wenn die Beziehung öffentlich wird.« Nachdem die Frau erfuhr, dass der Dozent gegen ihren Willen offenbar sexualisierte Fotos von ihr im Internet veröffentlicht hatte, brach sie den Kontakt ab. Sie erhob gegenüber der Universität Beschwerde, der Dozent verlor seinen Job, machte aber danach zunächst in einem anderen Berufsfeld weiter Karriere. Die Frau aber hatte uns geschildert, wie sie trotz aller Karriereoptionen unter dem Verhältnis, dem mutmaßlichen Machtmissbrauch und dessen Folgen – einem aufwendigen Beschwerdeverfahren an der Uni und weiteren rechtlichen Auseinandersetzungen – gelitten hatte.

Schon während der Beziehung sei ihr Leben aus dem Gleichgewicht geraten: Ihr Arbeitspensum sei gestiegen, da der Dozent ihr immer wieder Aufgaben übertragen habe, die sie nicht habe ablehnen wollen: Er war ja nicht nur ihr Chef, sondern auch jemand, mit dem sie ein intimes Verhältnis hatte und dem sie eine Bitte oder einen Gefallen schwer abschlagen konnte. Ihre Arbeitszeiten hätten sich teils auf die Nacht verschoben, da sie sich tagsüber nur noch schlecht habe konzentrieren können. Dazu sei die Geheimnistuerei über die Beziehung gekommen. In dieser Zeit hätten auch ihre Schlafstörungen begonnen, teilweise sei sie ganze Nächte lang wach gewesen. Als schließlich aufflog, dass der Dozent gegen ihren Willen intime Aufnahmen von ihr im Internet geteilt hatte, und auch von »anderen Betroffenen« die Rede war, sei sie zunächst ungläubig gewesen, dann in ein dunkles Loch gefallen. »Ich dachte, mein Leben ist vorbei, weil ich nicht wusste, was mit diesen Bildern passiert und was das auch für mein berufliches Leben bedeutet. Auch die Stigmatisierung, die damit einhergeht – diese Scham, die erdrückt einen einfach. Mit wem hätte ich darüber reden können? Dass du überhaupt darauf reingefallen bist, dass du dich so sehr da hineinbegeben hast, ohne dich ausreichend zu wehren. Mein Zustand war so eine Mischung aus absoluter Paranoia und Angst, weil du nicht weißt, zu was er in der Lage ist. Und weil du gleichzeitig den Glauben an dich selbst verlierst. In deine Kompetenzen und Fähigkeiten, in alles, was du kannst und was du machst. Und ich wusste nicht, wie ich da wieder rauskomme.«

Das Beschwerdeverfahren an der Universität zog sich über lange Zeit, etliche Personen verschiedener Abteilungen waren darin involviert, und immer wieder brauchte es Gespräche, Telefonate und E-Mails, um das mutmaßlich Geschehene zu erklären und nachzuweisen. Dazu kamen Rechtsstreitigkeiten. All das zermürbte die Frau. Zu dieser Zeit habe sie starkes Untergewicht gehabt und nur noch 38 Kilo gewogen, sagte sie. Auch habe sie viele Abende lang geweint und sei wochenlang krankgeschrieben gewesen. Sie erzählte von ihren Panikattacken, Verfolgungsängsten und ihren Zweifeln daran, ob sie ihren Abschluss an der Uni überhaupt noch schaffen würde. Ihr Studium habe sich aufgrund der Sache um Monate verzögert, Abgabetermine habe sie verstreichen lassen, ihre Abschlussprüfung verschoben. »Ich war wie taub«, sagte sie. »Die Kraft, die es gekostet hat, sich da rauszuarbeiten, war immens.«[12] Erst als es ihr wieder etwas besser ging, sprach sie mit dem SPIEGEL. Auch andere mutmaßlich Betroffene sprachen mit uns, denn trotz seiner Kündigung an der Universität konnte der Dozent seine Karriere an anderer Stelle weiterverfolgen – weil all das nie öffentlich geworden war. Doch auch bei seinem neuen Arbeitgeber waren dann ähnlich lautende Beschwerden gegen ihn erhoben worden, ohne dass es aber zu Anklagen oder sonstigen Verfahren kam.

Einige Monate nach der Veröffentlichung des Beitrags im SPIEGEL, an einem warmen Tag im Mai, trafen wir uns in einem Park, um für dieses Buch die Erfahrungen der Frau Revue passieren zu lassen. Sie trug Freizeitkleidung, hatte etwas Make-up aufgelegt und sich auf dem Weg einen Smoothie gekauft. Und sie schleppte in einem Jutebeutel einen dicken, roten Ordner mit zu unserem Treffen, in dem sie über die Jahre die wichtigsten Unterlagen abgeheftet hatte: Geschenkgutscheine für ungewöhnliche Sexabenteuer des Mannes, etwa »auf einer Orgel«, die sie mit spitzen Fingern aus einer Klarsichthülle zog, neben Polizeivermerken. »Die ganze Aufarbeitung hat mich mehr Kraft gekostet als das Erlebte selbst«, erzählte sie. »Alle Ressourcen gehen dafür drauf, irgendwann erkennt man schon die Telefonnummern auf dem Handydisplay: Kriminalpolizei, Beschwerdestelle oder Antidiskriminierungsbeauftragte der Universität. Ich habe mein Leben auf Pause gestellt, um das machen zu können.« Das Sammeln und Sortieren des Beweismaterials habe ihr geholfen, die Kontrolle zu behalten und Struktur in das Chaos zu bringen. Die meisten Materialien aus dem roten Ordner kannte ich bereits, aber einiges war neu – besonders intime Details, welche für uns nicht weiter relevant gewesen waren, um die Vorwürfe zu beurteilen, teilte sie erst jetzt.

Die Frau wirkte entspannt, sie befand sich inzwischen in einer Beziehung, die sie glücklich machte, und hatte beruflich Fuß gefasst. Wie sie rückblickend die Veröffentlichung betrachte, fragte ich. »Es war die richtige Entscheidung«, antwortete sie. Die monatelange Recherche, unsere vielen Anrufe und Nachfragen hatten sie viel Zeit gekostet, aber all das habe auch ihr Vertrauen in die Arbeit der Medien gestärkt, weil sie bemerkt habe, wie sehr jedes einzelne Wort überprüft werde, bevor es veröffentlicht werde. Die größte Herausforderungen sei für sie gewesen, die Bewertung über ihre Schilderungen freizugeben. »Da musste ich aushalten, dass ihr für mich besonders unangenehme Situationen rausgegriffen habt, weil sie eben aus Mediensicht am relevantesten waren«, sagte sie und meinte damit etwa die sexualisierten Situationen im Büro. Auch die Entscheidung, dass wir mit ihrer Einwilligung anonymisierte Fotos von ihr veröffentlicht hatten, fand sie nach wie vor richtig, auch wenn ihr engeres Umfeld sie darauf erkennen konnte. »Das war mein Beitrag für eine größere Sache«, sagte sie und meinte damit die Bekämpfung von sexualisierter Gewalt und Machtmissbrauch weltweit.

Ich fragte sie, was ihr über die Jahre besonders geholfen habe. »Vorbilder«, sagte sie, »und die Gespräche mit anderen mutmaßlichen Betroffenen.« Über die Zeit hatten mehrere Frauen zueinandergefunden, die von ähnlichen Erfahrungen mit dem Dozenten erzählten, einige von ihnen waren Teil unserer Recherchen gewesen. »Sobald man mit anderen Betroffenen spricht, braucht man nicht mehr so viele Worte, um zu erklären, was passiert ist und wieso man überhaupt in solche Situationen reingeraten ist«, sagte sie mir. »Es gibt niemanden, der mich so verstehen kann wie sie.«[13]

Hinter Machtmissbrauch verbergen sich oftmals komplexe Gefühlslagen, das habe ich in dieser und vielen anderen Recherchen immer wieder erlebt. Dankbarkeit für einen Posten kann sich mit einem schlechten Gewissen vermischen. Das Gefühl, eine Förderung verdient zu haben, mit der Angst, sich abhängig zu machen. Man kann einen Menschen zugleich lieben und hassen. Man kann sich zu einem Menschen hingezogen fühlen und zugleich Angst vor ihm haben. Man kann einen Menschen bewundern und seine tiefsten seelischen Abgründe kennen. Man kann sich entscheiden, ihm zu vertrauen, und dennoch ein schlechtes Bauchgefühl haben. Man kann einen Menschen begehren und sich ihm gegenüber ohnmächtig fühlen. Man kann sich vor ihm ekeln und dennoch Sex mit ihm haben. Man kann sich von ihm trennen wollen und zugleich auf eine Versöhnung hoffen. Man kann sich bedroht fühlen und zugleich selbst Drohungen aussprechen. Man kann abgeklärte und emotionslose Nachrichten schreiben, während man weinend auf dem Sofa sitzt. Und man kann in Nachrichten von Liebe und Zuneigung schreiben, während man Hass und Wut empfindet.

Es ist wichtig, zu versuchen, diese Komplexität journalistisch abzubilden, aber es ist oft eine große Herausforderung. Viele Quellen haben Hemmungen, intimste Gefühle in aller Öffentlichkeit auszubreiten, auch wenn sie anonym bleiben. Manchmal erscheinen ihre Empfindungen oder Handlungen irrational, sodass sie der Öffentlichkeit schwer zu vermitteln sind. Manchmal muss ein Gleichgewicht gehalten werden zwischen dem Platz, den die Gefühlslage einer mutmaßlich betroffenen Person in einem Text einnehmen kann, und der Leerstelle, die der Beschuldigte hinterlässt, weil er zu keinem Gespräch bereit ist oder Fragen nicht beantwortet. Manchmal kann der Eindruck einer Betroffenen nicht umfassend veröffentlicht werden, weil sich Vorwürfe nicht ausreichend belegen lassen. Dann muss man erklären, wie schlecht es einer Person geht, ohne etwa einen Vergewaltigungsvorwurf zu erwähnen. Erklären, wie moralisch fragwürdig sich ein Beschuldigter verhalten hat, und dabei verschweigen, wie er Frauen zum Sex ohne Kondome drängte unter dem Vorwand, die Betroffene sei »die Einzige«. Ich habe im Laufe der Zeit sehr viele

Schilderungen gehört über Geschlechtskrankheiten, Fetische, bevorzugte Sexstellungen und auch über schlicht widerwärtiges Verhalten im Schlafzimmer. Einiges davon würde ich gerne wieder vergessen, doch bei der Recherche hat es mir dabei geholfen, Muster zu erkennen und Aussagen zu verifizieren (wenn verschiedene Quellen beispielsweise intime anatomische Details unabhängig voneinander gleichlautend beschreiben konnten). In den allermeisten Fällen können derartige Details nicht veröffentlicht werden, damit die Intimsphäre[14] der Beschuldigten geschützt bleibt oder weil sie sich nicht gut genug belegen lassen. Und manchmal ist es egal, wie differenziert man versucht, Formen und Facetten von Machtmissbrauch zu erklären: Teile der Öffentlichkeit bilden sich anhand der Schlagzeile eines Textes ihre Meinung, ohne überhaupt weiterzulesen.

FÜNF
TRAUMA

Missbrauchserfahrungen verändern Menschen und ihre Erinnerungen. Wie Journalist:innen das bei ihrer Arbeit berücksichtigen

Wir Journalist:innen haben die Aufgabe, die Schilderungen von Betroffenen unabhängig einzuordnen. Deshalb muss für jeden einzelnen Fall individuell abgewogen werden: Wie schwer ist der Machtmissbrauch? Wie systematisch ist das Vorgehen des mutmaßlichen Täters? Besonders, wenn es um womöglich strafrechtlich relevante Vorwürfe geht, müssen wir oft externe Expertinnen und Experten um ihre Einschätzung zu den Vorwürfe bitten. Diese Bewertung unabhängig vom Erleben der Betroffenen ist sehr wichtig. Dafür ist es notwendig, sich mit der psychischen Verfasstheit der Quellen auseinanderzusetzen – und manchmal auch mit der eigenen.

Mit von Gewalt betroffenen Personen zu sprechen, bedeutet mitunter, in die Abgründe menschlicher Seelen hinabzusteigen. Einige Zeit nach unserem Start bei BuzzFeed News verabredeten Pascale Müller und ich uns, um draußen eine Runde um den Block zu laufen. Wir hatten bedrückende Gespräche für unterschiedliche Recherchen geführt und wollten uns darüber austauschen, wie wir mit diesen

Informationen weiter umgehen wollten, natürlich ohne Vertraulichkeitsvereinbarungen mit unseren jeweiligen Quellen zu brechen. Es ging um teils verstörende Details, Schilderungen von sadistischen Praktiken einer Medizinerin, psychischen Missbrauch, Abhängigkeit und perfide Formen von Gewalt. Aus der Runde um den Block wurde ein längerer Spaziergang nahe der Spree, eine idyllische Kulisse, aber wir waren düster gestimmt. Wir tauschten uns darüber aus, wie betroffen uns diese Informationen machten, wie schwer die Verantwortung wog, sie zu kennen, wie wenig wir dazu würden veröffentlichen können und dass oftmals die Zeit fehlte, nach einem schweren Gespräch das Gehörte kurz zu verarbeiten. Dass wir miteinander sprachen, tat zunächst gut, würde uns aber auf Dauer zusätzlich belasten. Menschen aus unserem sozialen Umfeld wollten wir erst recht von diesen dunklen Themen fernhalten. Wir kamen zu dem Schluss, dass wir Unterstützung benötigen würden, wenn wir weiterhin zu derartig belastenden Themen recherchieren sollten.

Wir sprachen darüber mit unserem Chefredakteur Daniel Drepper, der uns Hilfe zusagte. Daraufhin kontaktierten wir die deutsche Sektion des Dart Centers for Journalism and Trauma, einen Thinktank für Journalist:innen, die über Gewalt, Konflikte und Katastrophen berichten. Das Dart Center half uns, zu entscheiden, wie wir weiter vorgehen würden. Wir suchten und fanden eine Trauma-Therapeutin, bei der wir je nach Bedarf eine Art mediale Supervision besuchen konnten. Natürlich galten auch ihr gegenüber alle Vertraulichkeitsvereinbarungen, die wir mit unseren Quellen getroffen hatten, aber dort konnten wir über unseren Umgang, manchmal auch die eigene Betroffenheit mit besonders aufwühlenden oder brutalen Informationen sprechen. Wir ließen uns vom Dart Center fortbilden und lernten, wie wir etwa in Interviewsituationen besser mit traumatisierten Personen umgehen konnten oder wie Sekundärtraumatisierung entstehen konnte, indem man durch Erzählungen indirekt mit traumatischen Ereignissen konfrontiert wird.

Wunden

Das Wort Trauma bedeutet auf Altgriechisch »Wunde«. Man spricht von einer Traumatisierung, wenn eine äußere oder innere Bedrohungssituation nicht mit psychischen Mitteln verarbeitet werden kann und vom Körper eine Art Notfallmodus eingeleitet wird. Bekannt ist bei Vergewaltigungen oder sexualisierten Übergriffen das sogenannte *Freezing*,[1] auch primäre Dissoziation genannt. Wenn Menschen sich ohnmächtig und unterlegen fühlen, können sie in eine Art Schockstarre verfallen. Es handelt sich dabei um einen biologischen Schutzmodus als Reaktion auf extremen Stress, den es auch in der Tierwelt gibt und der uns in anderen Situationen reflexhaft zur Flucht bewegt oder in den Kampfmodus versetzt. Wiederholte Zustände von Schuld, Scham, Angst und Schweigegebote können zu sogenannten komplexen Traumata führen. Seit den 1980er-Jahren werden mit dem Begriff Trauma neben körperlichen zunehmend auch seelische Wunden bezeichnet. In dieser Zeit waren es in Deutschland von Frauen organisierte, feministisch geprägte Anlauf- und Beratungsstellen wie Wildwasser e. V., die sich des Themas mit Blick auf sexualisierte Gewalt verstärkt annahmen. Heute gehört es zur Umgangssprache, dass ein Erlebnis traumatisch war. Fachlich gesehen ist eine Traumatisierung eine psychiatrische Diagnose, die unter anderem im Zusammenhang mit sexualisierter Gewalt gestellt wird, diese kann sich zu einer posttraumatischen Belastungsstörung oder einer komplexen Trauma-Folgestörung entwickeln.

Ich habe die Psychologin und Trauma-Therapeutin Marianne Rauwald für dieses Buch interviewt und sie gebeten, aus ihrer fachlichen Sicht zu erklären, wie Missbrauchserfahrungen Menschen verändern. Rauwald arbeitete am feministischen Frauengesundheitszentrum in Frankfurt am Main (FFGZ) und ist Mitgründerin von Wildwasser im FFGZ. Heute leitet sie das Institut für Trauma-Bearbeitung und Weiterbildung in Frankfurt am Main. »Sexueller Missbrauch richtet sich gegen den Kern der Persönlichkeit und Identität und zerstört sie«, sagte sie. Nicht jede Missbrauchserfahrung aber führe zu langfristigen Trauma-Folgestörungen: Es hänge vom Umfeld eines Menschen ab, davon, wie schnell und welche Hilfe er erhalten könne und wie stark das Selbstwertgefühl eines Menschen ausgeprägt sei. Wichtig für die Betroffenen sei auch die soziale Anerkennung von sexueller Gewalt und dem Erlebten, was auch Aufgabe von Presse und Öffentlichkeit sei. Was sie einer Klientin raten würde, die überlegt, mit der Presse zu sprechen und mit ihrem Fall an die Öffentlichkeit zu gehen, wollte ich von ihr wissen. »Vorsicht«, antwortete Rauwald. Die Aufdeckung von Täterstrukturen sei gesellschaftlich wichtig. »Aus psychotherapeutischer Sicht sehe ich, dass nicht alle die Stärke haben, das auszuhalten, und es kann zu weiteren Traumatisierungen führen. Und es kann eine Gefahr sein, sich so zu entblößen und sich einer Bewertung auszusetzen, bei der jemand die eigenen Erfahrungen anzweifelt oder hinterfragt.«

Unsere journalistische Aufgabe ist es nicht, die Wunden der Betroffenen zu heilen. Unsere Aufgabe liegt darin, herauszufinden, welche Geschichten hinter ihren Schilderungen stehen. Doch natürlich sollten Quellen dabei nach aller Möglichkeit keinen zusätzlichen Schaden nehmen, also mussten wir besser verstehen, was im Umgang mit ihnen zu beachten war. Zugleich forderten wir bei BuzzFeed News dieses Wissen und diese Gespräche ein, um unsere eigene mentale Gesundheit zu schützen – und damit auch langfristig professionell zu diesem Themengebiet arbeiten zu können. Sich mit Traumatisierung zu beschäftigen und auch mit den eigenen Grenzen, war für uns ein wichtiger Teil dieser fachlichen Spezialisierung. Das heißt nicht, dass es nicht weiterhin schwierige Gespräche gab, die Quellen oder uns an Grenzen brachten – derartige Situationen lassen sich leider nie vermeiden. Aber zumindest wollten wir versuchen, uns und die Quellen bestmöglich durch mitunter heikle Gespräche zu navigieren.

Rückblickend würde ich sagen, dass ich diese Informationen schon früher hätte gebrauchen können und dass sie in jede journalistische Grundausbildung gehören sollten. Traumatische Erlebnisse beschränken sich nicht auf sexualisierte Gewalt, auch Kriege, Migration und Flucht, katastrophale Naturereignisse oder die Folgen des Klimawandels können mit traumatischen Erfahrungen verknüpft sein. Wie hart die Berichterstattung darüber für Quellen und auch für Reporterinnen und Reporter sein kann, wurde und wird von Redaktionen nicht immer ausreichend bedacht. Stattdessen hielt sich hartnäckig das Bild des Reporters als harter Hund, der im Helikopter todesmutig über Kriegsgebiete fliegt oder aufgeputscht durch Kaffee, Alkohol oder sonstige Wachmacher seiner Story hinterherjagt, getrieben von der Sucht nach Wahrheit und Aufmerksamkeit. Solche klischeehaften und teils einfach nur fahrlässigen Vorstellungen von guter journalistischer Arbeit veralten glücklicherweise. Es ist weder sinnvoll noch zeitgemäß, so zu tun, als wären Journalist:innen reibungslos funktionierende Maschinen, die ohne Verluste 24-Stunden-Schichten schieben. Vor allem jüngere Kolleginnen und Kollegen sind mitunter nicht mehr bereit, ihre mentale Gesundheit für aufreibende Arbeitsbedingungen aufs Spiel zu setzen, erst recht nicht für Gehälter, die teils so niedrig sind, dass sie kaum mehr für stetig steigende Mieten reichen.

In den letzten Jahren hat umgekehrt die Aufmerksamkeit für mentale Gesundheit zugenommen, auch in journalistischen Berufen. Einige große Medienhäuser lassen ihre Reporterinnen und Reporter mittlerweile vom Dart Center zu traumasensibler Berichterstattung weiterbilden, was wiederum auch für MeToo-Recherchen hilfreich ist. Seit November 2023 können sich Journalist:innen an eine kostenlose Helpline von Netzwerk Recherche e. V. wenden, und in Podcasts wie »Druckausgleich«, der vom Branchenmagazin *Journalist* betrieben wird, sprechen junge Kolleginnen und Kollegen über Druck, Anspruch und Lösungen im journalistischen Berufsalltag.

Glauben und Wahrheit

Nicht immer ist es einfach, zu erkennen, ob Interviewpartner:innen womöglich traumatisiert sind – in manchen Fällen legen sie selbst offen, dass bei ihnen eine posttraumatische Belastungsstörung diagnostiziert wurde oder sie unter anderen Trauma-Folgestörungen leiden. Während einer Recherche sprach ich mehrfach mit einer Person, die mir etliche persönliche Unterlagen zur Verfügung stellte. Daraus ging auch hervor, dass sie offenbar unter einer Persönlichkeitsstörung litt. Die Gespräche, die ich mit der Person führte, gaben mir aber keinen Anlass, ihr nicht zu glauben. Sie erschien fragil, ja, aber auch bestimmt. Die Quelle konnte detailliert die Räumlichkeiten beschreiben, in welchen der mutmaßliche sexuelle Missbrauch stattgefunden haben soll, sie brachte Unterlagen mit handschriftlichen Einträgen mit, welche Details aus der Vergangenheit dokumentierten, sie konnte sogar sexuelle Vorlieben des Beschuldigten benennen, welche sich mit den Schilderungen anderer Quellen deckten. Die Details stimmten also mit den Informationen überein, die ich überprüfen konnte. Dennoch entschieden wir uns dagegen, diesen Fall als Teil eines größeren Berichts zu veröffentlichen, auch wenn die Vorwürfe besonders drastisch waren. Wir entschieden uns unter anderem dagegen, weil wir ahnten, dass die Glaubwürdigkeit der Person von den gegnerischen Anwälten in der Luft zerrissen worden wäre, auch bei einer möglichen Auseinandersetzung vor Gericht. Und ob dort ein Richter oder eine Richterin gesessen hätte, welche die Person trotz ihrer psychischen Erkrankung für glaubhaft gehalten hätte, war zweifelhaft.

Zu einem regelrechten »Trauma-Zoff«[2] kam es bei der Verhandlung gegen den später freigesprochenen Wettermoderator Jörg Kachelmann. Ein Traumatologe und ein Psychiater sollten klären, ob die vermeintliche Vergewaltigung bei der Frau eine Traumatisierung verursacht habe, aufgrund welcher sie sich an zentrale Details der angeblichen Tat nicht mehr erinnern könne. Ein Traumatologe (selbst Psychologe und Therapeut der Frau) vertrat diese These, der Psychiater sah es umgekehrt: »Das Kerngeschehen bleibt im Regelfall lebenslang ein fest verankerter Teil der Erinnerung«, wurde er zitiert.[3] Unabhängig von der Auseinandersetzung in diesem konkreten Fall hatte sich hier aber ein Gericht überhaupt ausführlich mit dem Thema Trauma und Erinnerung beschäftigt. Nicht selten erfährt bei Befragungen vor Gericht eine mögliche Traumatisierung wenig oder gar keine Beachtung. Die Strafrechtsanwältin Christina Clemm schreibt: »Es gibt zahlreiche Richter:innen, die zwei gute Staatsexamina haben, aber ihre Lebenswelt hat sehr wenig mit der Lebenswelt zu tun, über die sie richten. Nie müssen sie sich psychologisch schulen lassen, geschweige denn profunde Kenntnis über den Umgang mit traumatisierten Menschen erwerben.«[4] In der Justiz verlasse man sich bei der Beurteilung der Aussagen traumatisierter Quellen teils einfach auf den gesunden Menschenverstand, schreibt eine ehemalige Oberstaatsanwältin des Deutschen Juristinnenbundes e. V. auf Anfrage für dieses Buch – »der, wie alle wissen, sehr trügen und von Vorurteilen beeinflusst sein kann«. Seit Jahren fordert der Verband Fortbildungen in der Justiz über Gewalt gegen Frauen, so verlangt es auch die Istanbul-Konvention.[5] Stattdessen gäben Richter:innen die Verantwortung an aussagepsychologische Gutachter:innen weiter. Die wiederum seien nicht selten geneigt, den Weg des geringsten Widerstandes zu gehen. »Dann heißt es, dass Zweifel an der Realitätsbezogenheit der Aussage nicht völlig auszuschließen sind, um scharfe, teils persönliche Angriffe seitens der Verteidigung auf die Gutachter:innen auszuschließen.«[6]

Eine weitere Herausforderung ist, dass traumatische Erinnerungen einer eigenen Logik folgen. Durch Traumata kann ein sogenanntes Puzzlegedächtnis entstehen, so die Psychologin Rauwald. Fragmente oder bestimmte Wahrnehmungsreize bleiben dabei im Gehirn eingeschrieben. Ein anderer Teil des Erlebten entzieht sich der Erinnerung.

Traumatische Erfahrungen werden zudem nicht im autobiografischen Gedächtnis gespeichert, wie eine Art Abdruck sind sie kontextlos im Gehirn festgeschrieben. Sie sind deshalb auch nicht willentlich abrufbar, sondern können sich plötzlich melden.

Wie kann man sich also sicher sein, dass etwas, was traumatisierte Personen erzählen, stimmt? »Das Trauma-Gedächtnis hat bestimmte Charakteristiken«, sagt Rauwald. »Die Erinnerung bleibt immer gleich, über Jahre. Aber das Gedächtnis ist oft sehr widersprüchlich, und das, was Menschen erzählen, ist teils schwer nachzuvollziehen. Manchmal stimmt etwa die Chronologie von Abläufen nicht. Bestimmte Facetten können stark in den Vordergrund geraten, andere ausgeblendet werden. Oft wird von Betroffenen sehr sachlich berichtet, ohne emotionalen Widerhall. Dieses Abspalten der Gefühle ist ein Teil der Dissoziation und eher ein Zeichen von Glaubhaftigkeit.« Trotzdem, so Rauwald, könne man traumatisierten Menschen natürlich glauben, ihre Aussagen vor Gericht verwenden oder mit ihnen als Quellen für Presseveröffentlichungen arbeiten. Aber es müsse mitunter ein anderer Umgang mit ihnen gelten und mit dem, was sie sagen.

Oft teilen mir Menschen Informationen über psychische Krankheiten oder das Ausmaß einer Verletzung erst nach einiger Zeit mit, manchmal erst im zweiten, dritten oder vierten Gespräch, wenn sich ein gewisses Vertrauensverhältnis aufgebaut hat. Manchmal ist es aber auch sinnvoll, sie gleich zu Beginn einer Recherche zu fragen, wie es ihnen geht und ob sie psychologische Behandlungen in Anspruch genommen haben. Ich habe mit Menschen gesprochen, die aufgrund mutmaßlicher Missbrauchserfahrungen depressiv geworden sind, arbeitsunfähig, suizidal oder über lange Zeit nicht in der Lage waren, neue intime Partnerschaften einzugehen. Solche Folgen fließen in die Bewertung darüber ein, wie schwerwiegend der mutmaßliche Missbrauch eines Beschuldigten ist, und sie gehören – sofern die Quellen zustimmen – womöglich in die Öffentlichkeit. Manchmal ist es für mutmaßlich Betroffene der richtige Weg, eine laufende Therapie abzuschließen oder eine Therapie zu beginnen, bevor sie mit der Presse sprechen, denn diese Räume sind in der Regel sehr viel geschützter, als Journalismus und Öffentlichkeit es sein können. Umgekehrt kann aber eine therapeutische Behandlung hilfreich dafür sein, Missstände an die Öffentlichkeit zu bringen. Schon mehrfach haben Quellen ihre Therapeutinnen und Therapeuten von der Vertraulichkeit entbunden, damit diese auch mit mir sprechen durften. Als Expert:innen können sie oftmals wichtige Informationen bestätigen und genießen durch ihren Beruf ein hohes Ansehen als Zeuginnen und Zeugen bei einer möglichen presserechtlichen Auseinandersetzung.

Umgang mit Quellen

Zu Beginn eines Gespräches mit einer Quelle liegen all solche Informationen im Verborgenen, und es geht darum, sich erst einmal anzunähern. Weil es nicht nur die journalistische Sorgfaltspflicht, sondern auch eine Fürsorgepflicht gegenüber Quellen gibt, dürfen und müssen für Gespräche von Personen, die mutmaßlich sexualisierte Gewalt erlebt haben, andere Regeln gelten als etwa mit einem medienerfahrenen Politiker, der womöglich noch einen Pressesprecher neben sich sitzen hat. Das Dart Center for Journalism and Trauma hat einige Leitfaden für traumasensible Interviewführung veröffentlicht. »Wenn Ihr Gesprächspartner zu weinen beginnt und das Gespräch unterbrechen muss, geben Sie ihm Zeit und Raum, um sich zu beruhigen, und bieten Sie ihm an, das Gespräch bei Bedarf ein anderes Mal fortzusetzen«, steht in einem davon.[7] Was zwischenmenschlich wie eine Selbstverständlichkeit klingt, ist für die journalistische Arbeit nicht unbedingt immer einfach umzusetzen (beispielsweise wenn Quellen für Videoformate oder sogar live interviewt werden). Die Zeit ist oft knapp, der Druck kann hoch sein.

Abgesehen von der konkreten Interviewführung können Journalist:innen aber eine ganze Menge tun: Ich habe gelernt, dass es für Betroffene von Gewalt besonders wichtig ist, möglichst viel Kontrolle über ihre eigene Geschichte zu behalten. Das ist eine Herausforderung, denn die eigene Geschichte öffentlich zu machen, bedeutet für diese Menschen auch, die Kontrolle an die Presse abzugeben. Es gibt aber gewisse Regelungen, die Quellen helfen können, Vertrauen zu gewinnen und sich möglichst selbstbestimmt zu fühlen. Zum Beispiel, wenn sie Ort und Zeit des Gespräches selbst festlegen dürfen, und auch, ob das erste Gespräch per Telefon, Video oder persönlich stattfindet. Ob gesiezt oder geduzt wird. Ob eine Vertrauensperson, ein Partner, eine Anwältin oder Psychologin beim Gespräch dabei ist (meistens lehnen Quellen das Angebot ab, aber ich habe schon Interviews geführt, bei denen es ihnen sehr geholfen hat). Es kann sinnvoll sein, wenn Quellen Unterlagen wie Gedächtnisprotokolle oder dokumentierte Aussagen bei der Polizei oder bei Gericht vorab schicken, sodass sie nicht alle gewaltvollen Erinnerungen noch einmal im Detail nacherzählen müssen. Es ist in Ordnung, wenn sie besonders intime Fragen nicht beantworten wollen. Außerdem ist es wichtig, vorab zu skizzieren, wie lange eine Recherche voraussichtlich dauern wird, welche Form von Veröffentlichung darin geplant ist und welche Rolle ihre Erzählungen darin haben. Manchmal fällt es mutmaßlich Betroffenen schon schwer, den Namen des Beschuldigten zu hören oder auszusprechen. Einige Male habe ich mich deshalb mit Quellen darauf geeinigt, einen Beschuldigten nur bei seinem Anfangsbuchstaben oder einem Kürzel aus Vor- und Nachnamen zu benennen, wenn wir über ihn sprachen. Es gilt weiterhin, dass Informationen nie gegen den Willen einer Quelle veröffentlicht werden, dazu gehören natürlich auch Namen oder sonstige identifizierende Details der Person selbst. Auch sollte selbstverständlich der Zeitpunkt einer Veröffentlichung besprochen werden, damit sich eine Quelle möglichst darauf vorbereiten kann.

Umgekehrt gibt es auch von journalistischer Seite Grenzen: Journalist:innen sind zuallererst der Wahrheit und der Öffentlichkeit, ihren Zuhörern und Leserinnen verpflichtet. Natürlich müssen die Äußerungen von Quellen überprüft werden, und dazu gehört es auch, kritische Nachfragen zu stellen oder nachzuhaken, wenn etwas unschlüssig ist oder zu ungenau geschildert wird - auch, wenn es für die Quelle besonders unangenehme Details betrifft. Nur sollte sorgfältig überlegt werden, wie und wann diese Nachfragen gestellt werden. Einzelne Passagen oder Zitate legen Medienvertreter:innen in der Regel zur Freigabe vor, ganze Texte meist nicht. Gibt es Material, das eine Quelle belastet oder zeigt, dass sie sich selbst falsch verhalten hat, kann das - sofern bekannt - nicht der Quelle zuliebe weggelassen werden. Im besten Fall steht am Ende der Aufarbeitung ein sauber recherchierter Text, welcher die Öffentlichkeit bewegt und Veränderungen in Gang setzt. Im schlechtesten Fall gibt es überhaupt keine Veröffentlichung, weil etwa Quellen ihre Informationen zurückziehen. »Ich bin im 7. Monat schwanger, und so ein gezielter, intimer und provokanter Text - in dem ich klar zu erkennen und somit easy angreifbar bin - ist einfach nicht der richtige Weg für mich«, schrieb eine Quelle per E-Mail, deren Vorwürfe gegen eine Person des öffentlichen Lebens wir gerne öffentlich gemacht hätten - auch wenn vorhersehbar war, dass der Fall eine Menge Arbeit und Ärger einbringen würde. Wir hatten mehrere lange Gespräche mit der Frau geführt, etliche Nachrichten gesichtet, Argumente und Sichtweisen ausgetauscht. Am Ende fanden wir keinen Weg, der für uns alle funktionierte. Hätten wir die Vorwürfe so stark anonymisiert, wie die Frau sich aus nachvollziehbaren Gründen wünschte, hätte der Text seine Schlagkraft verloren. Also beerdigten wir die Recherche und gingen im Guten auseinander.

So verschieden die Schicksale und die Persönlichkeitsstrukturen der Quellen sind, so sehr unterscheidet sich auch ihr Umgang mit dem Erlebten. Ob es sich nun um Formen von Machtmissbrauch, psychische oder physische Gewalt handelt, von der Menschen berichten: Wie stark ihre Erfahrungen sie verstört oder beeinträchtigt haben, ist sehr individuell. Ich habe schon mit Menschen gesprochen, die Telefonate mit den Worten einleiteten, was ihnen passiert sei, sei vermutlich gar nicht so schlimm oder berichtenswert – die dann im Gesprächsverlauf aber Situationen schilderten, die womöglich strafrechtlich relevant waren. In anderen Fällen fällt es Menschen sehr schwer, über mutmaßliche Übergriffe zu sprechen. Sie wählen manchmal drastische Worte, um ihre Vorwürfe auszuführen, obwohl das, was sie beschreiben, eher im unteren Bereich dessen liegt, was gesellschaftlich als Gewalt verstanden wird.

Alle Empfindungen aber haben ihre Berechtigung. Wie Menschen auf Erlebnisse aus dem MeToo-Spektrum reagieren, hängt von ihren vorherigen Erfahrungen ab, von ihrer psychischen Kondition und auch von den Ressourcen, die sie zur Verfügung haben, um das Erlebte zu verarbeiten. Wer aus einem stabilen sozialen Umfeld kommt, finanziell abgesichert ist oder selbstständig kostenlose Beratungsstellen für schnelle Hilfe ausfindig macht und in Anspruch nimmt, hat bessere Voraussetzungen, weniger Schaden davonzutragen und schneller zu heilen. Manchen Menschen fällt es daher sehr viel leichter, über ihre Erinnerungen zu sprechen, als anderen. All das ist wichtig für die Entscheidung darüber, ob der Gang an die Öffentlichkeit der richtige Weg ist. Manchmal fühlen sie sich bei einem ersten Gespräch sehr mutig und sichern zu, die Recherche unterstützen zu wollen – merken dann aber erst, dass sie doch keine Kapazitäten dafür haben oder es sie zu sehr belastet, immer wieder Nachfragen zu beantworten, alte Unterlagen zu durchforsten. So kommt es mitunter vor, dass man wochenlang miteinander spricht und sich eine Quelle dann wieder zurückzieht. Umgekehrt passiert es, dass Menschen zu Beginn einer Recherche äußerst zurückhaltend sind, dann aber ihr Vertrauen wächst und damit auch das Bedürfnis, ihre Geschichte öffentlich zu erzählen, sodass sie sich zu sehr widerstandsfähigen und mutigen Informant:innen entwickeln. Manchmal werden im redaktionellen

Alltag Schilderungen gekürzt oder ganz gestrichen, die zuvor für eine Veröffentlichung vorgesehen waren – und verständlicherweise führt auch das teils zu Frust oder Enttäuschung. Dass die eigene Geschichte gehört und anerkannt wird, ist ein wichtiger Schritt auf dem Weg zur Heilung eines Traumas. Medienveröffentlichungen können dabei helfen, aber auch alles verschlimmern. Am Ende kommt es darauf an, wie eine Veröffentlichung abläuft, und auch, wie die Öffentlichkeit und andere Medien darauf reagieren.

Retraumatisierung

Journalistische Veröffentlichungen können hart sein – sowohl für die Beschuldigten als auch für die mutmaßlich Betroffenen. MeToo-Recherchen können sich über Wochen oder Monate hinziehen, immer wieder müssen Quellen in dieser Zeit Nachfragen beantworten. Auch wenn schon lange vorher Gespräche über intime Gefühle stattfanden, kann es sein, dass ein Blattmacher oder eine Ressortleiterin kurz vor der Veröffentlichung noch eine konkrete Frage zu einer bestimmten Situation hat und die Quelle nach einem langen Arbeitstag erneut in ihren schmerzhaften Erinnerungen wühlen muss, um der Journalistin am Abend weitere Details zu schildern. Oder dass sie alte Chats durchforsten muss, um diese eine Nachricht zu suchen, welche für die Beleglage notwendig ist. Diese Prozesse können lange dauern und viel Zeit in Anspruch nehmen. Oft lässt es sich nicht vermeiden, dass dabei auch alte Wunden wieder aufreißen.

Psychologisch spricht man von Retraumatisierungen, die durch sogenannte Trigger ausgelöst werden, eine Stimme, ein Geruch, Geräusche oder bestimmte Worte. Die betroffene Person wird dadurch, ohne dass sie es kontrollieren könnte, in Gefühlszustände der Vergangenheit zurückgesetzt, fühlt sich panisch, bedroht oder hilflos. Als Gesprächspartnerin kann man es möglicherweise daran erkennen, dass eine Person etwa zu zittern oder schwitzen anfängt. Umgangssprachlich verwendet man den Begriff auch, um zu erklären, dass alte Erinnerungen an schreckliche Erlebnisse wieder im Gedächtnis hochkommen.

Kurze Zeit nach einer Veröffentlichung zu einem mutmaßlichen Missbrauch im Wissenschaftsbetrieb rief mich eine Quelle an. Es war ein Nachmittag unter der Woche, ich war gerade auf dem Weg, um mein Kind von der Kita abzuholen. Wir hatten viel und oft miteinander gesprochen, deshalb hörte ich schon nach wenigen Worten, dass etwas nicht stimmte, und fragte sie, was los sei. Die Frau am anderen Ende der Leitung begann zu weinen, ihre Stimme brach, und ich musste den Hörer an mein Ohr pressen, um sie verstehen zu können. Andere Medien hatten unsere Recherche aufgegriffen und bei der Berichterstattung besonders die mutmaßlichen sexualisierten Handlungen in den Vordergrund gestellt, allerdings ohne den Machtmissbrauch, der damit einherging, so detailliert zu beschreiben, wie wir es in der Veröffentlichung im SPIEGEL getan hatten. »Es fühlt sich an, als würde ich einfach nur sexualisiert«, sagte die Frau, sie begann zu schluchzen. Sie fühle sich ähnlich beschämt wie vor vielen Jahren schon, als all die Handlungen mutmaßlich stattgefunden hätten und sie begonnen hatte, sich dagegen zu wehren. »Ich wollte nur fragen, ob man da was machen kann.« Ich versuchte, tröstende Worte für sie zu finden, musste ihr aber auch sagen, dass wir nichts machen können. Zur Freiheit der Presse gehört, dass andere Medien über unsere Recherchen so berichten können, wie sie es für angemessen halten. Und solange sie dabei nicht die presserechtlichen Regeln brachen, gab es für die Frau keine Möglichkeiten, etwas dagegen zu unternehmen. Ich konnte ihr wenig mehr raten, als ihr Handy einige Zeit zur Seite zu legen und sich erneut Unterstützung zu suchen, auch aus ihrem sozialen Umfeld. Wenige Tage später ging es der Frau wieder besser. »Nach drei Jahren kann man seine Coping-Strategien doch recht schnell wieder abrufen :)«, schrieb sie.

Es gibt gut dokumentierte Fälle, in denen Frauen, die mit Namen und Gesicht an die Öffentlichkeit gingen oder gebracht wurden, den Umgang der Presse mit ihnen als traumatischer empfunden haben als die geäußerten Vorwürfe selbst. Monica Lewinsky ist einer dieser Fälle. Samantha Geimer, die als 13-Jährige mutmaßlich von Roman Polanski vergewaltigt wurde, als Polanski sie während eines Probe-Fotoshootings für die *Vogue* im Haus von Jack Nicholson fotografierte, ist ein anderes Beispiel. Geimer hat ihre Erinnerungen in einem Buch niedergeschrieben und sich auch mehrfach in der Presse geäußert. Sie sprach darüber, wie Journalisten vor ihrem Haus campierten, wie sie Jahrzehnte später ihren Söhnen und anderen Familienmitgliedern für Statements hinterherstiegen, als Polanski für einen Oscar nominiert wurde (und gewann). Wie ihr Charakter infrage gestellt und Medien über das erhöhte Krebsrisiko spekuliert hatten, das eine anale Vergewaltigung nach sich zieht. Polanski war vor einer möglichen Verurteilung in Geimers Fall aus den USA geflüchtet und hatte zugegeben, dass er Sex mit dem Mädchen gehabt habe, eine Vergewaltigung aber stets abgestritten.[8] 2003, knapp ein Vierteljahrhundert nachdem Medien erstmals über sie berichtet hatten, schrieb Geimer in der *Los Angeles Times* über ihre Erlebnisse als Teenagerin: »Und, ehrlich gesagt, die Öffentlichkeit, die damit verbunden war, war so traumatisch, dass das, was er mir angetan hat, im Vergleich dazu zu verblassen schien.«[9]

In Deutschland gab es im Gegensatz zu den USA vergleichsweise wenig Fälle, in denen Menschen freiwillig oder unfreiwillig mit offenem Visier in die Öffentlichkeit gingen oder gerieten, während auf der anderen Seite eine Person des öffentlichen Lebens – ebenfalls namentlich – beschuldigt wurde. Warum das so ist, wird später in den Kapiteln Öffentlichkeit und Backlash thematisiert. Im Jahr 2021 aber erhob die Influencerin Nika Irani Vergewaltigungsvorwürfe gegen den Rapper Samra, die er bis heute bestreitet. Es muss wenige Stunden oder Tage später gewesen sein, dass mein Handy klingelte und eine mir unbekannte Nummer anzeigte. Eine Nika war dran, ich verstand im ersten Moment überhaupt nicht, um wen es sich handelte. Sie wusste offenbar auch nicht, mit wem sie sprach. Irgendjemand hatte ihr meine Nummer gegeben und gesagt, sie solle sich bei mir melden. Ich erinnere mich, dass wir versuchten herauszufinden, warum wir überhaupt miteinander sprachen. Ihre Stimme klang panisch. Ihre Vorwürfe hatten sofort heftige Reaktionen ausgelöst, und sie schien überfordert damit zu sein, was sie jetzt tun musste oder sollte. Schnell wurde während unseres kurzen Gesprächs klar, dass Nika Irani zu diesem Zeitpunkt keine Journalistin suchte, sondern jemanden, der ihr helfen konnte. Ich habe immer wieder Gespräche geführt, in denen es zunächst einmal darum ging, herauszufinden, was eine mutmaßlich Betroffene überhaupt braucht: Hilfe von einer Psychologin, einer Anwältin oder einfach einer Freundin. Oder eine Journalistin, der sie vertrauen kann. Manchmal ist es dann richtig zu sagen: »Ich kann Ihnen nicht weiterhelfen. Ich kann nicht leisten, was Sie brauchen. Wir können später noch einmal sprechen, wenn Sie mögen.«

Einige Zeit später las ich im SPIEGEL, wie es ihr in diesen Tagen erging: In den ersten zwei Tagen seien die Reaktionen auf ihre Vorwürfe überwiegend positiv gewesen. Seit einem Statement des Rappers erhalte sie jeden Tag Nachrichten mit Beleidigungen wie »Du Lügnerin«, »Ich hoffe, du wirst wirklich vergewaltigt, damit du weißt, was eine wahre Vergewaltigung ist« oder »Ich schlachte dich und deine Mutter ab«. Wenn sie durch die Straßen laufe, riefen ihr fremde Leute nach: »Wie war's, als man dich vergewaltigt hat? War geil?« Irani sagte: »Die merken gar nicht, dass sie mein Trauma immer wieder hochholen.«[10]

Auch der beschuldigte Rapper Samra äußerte in einem Interview mit der *Welt* 2023, dass er unter den Folgen der Anschuldigungen zu leiden hatte. Der Vergewaltigungsvorwurf habe ihm den Boden unter den Füßen weggerissen, sein Label habe ihn gecancelt. »Ich stand vor dem größten Bruch in meinem Leben.« Von einem derartigen Ausmaß an Hass, wie Irani es als mutmaßlich Betroffene erlebte, stand in dem Interview nichts.[11]

Im SPIEGEL erzählte Irani außerdem, dass jemand sie in der Woche zuvor mitten auf der Straße geschlagen habe, am helllichten Tag: »Ich kam gerade aus einem Kiosk, da hörte ich hinter mir eine männliche Stimme, die schon wieder was wegen der Vergewaltigung sagte. Eigentlich ignoriere ich das, aber nach Dutzenden solcher Sprüche konnte ich es nicht auf mir sitzen lassen. Ich bin also zu der Gruppe Jungs und habe gefragt, wer was über mich gesagt hat. Da haben sie mich beschimpft. Einer hat gefilmt. Als ich meine Hand vor die Kamera gehalten habe, hat mir einer mit der Faust ins Gesicht gehauen. Ich fiel nach hinten, der Typ hat mich an den Haaren gezogen und auf mich eingetreten. Seine Freunde schauten einfach zu. Niemand hat was gemacht, bis ein Mann um die 60 dazwischenging. Ich überlege mir im Moment sehr genau, wann ich vor die Tür gehe und wann nicht.«[12] Nika Iranis Fall zeigt erneut, wie heftig die Reaktionen ausfallen können, wenn Menschen MeToo-Vorwürfe öffentlich machen – mitten am Tag, auf der Straße, irgendwo in Deutschland.

SECHS
ÖFFENTLICHKEIT

Die Entscheidung, wann und wie man MeToo-Vorwürfe veröffentlicht, ist für Quellen und für Medien meistens nicht einfach

»Man exponiert sich mit MeToo-Vorwürfen auf eine Art und Weise wie mit kaum einer anderen Äußerung«, sagte mir Laura Himmelreich im Frühjahr 2024, als ich sie im Rahmen meiner Recherche für dieses Buch anrief. Schließlich war sie einer der wenigen Menschen, die sich – lange vor MeToo, freiwillig und namentlich – zum Thema in die Öffentlichkeit begeben hatten. Auch wenn es nicht ihre Absicht gewesen war, eine nationale Debatte über Ungleichbehandlung und Übergriffe auszulösen, sondern ein politisches Porträt zu schreiben, das von einem Spitzenpolitiker handeln sollte, den sie als aus der Zeit gefallen wahrnahm. »Ich wollte mich nicht als Person in diesem Artikel exponieren. Das war aus heutiger Sicht vielleicht naiv, aber mir waren die Folgen einfach nicht klar. Es gab ja kaum Debatten, die mir als Vorbild gedient hätten«, sagte sie mir nun am Telefon. Als ich sie fragte, wie sie sich damals von Medien und der Öffentlichkeit behandelt gefühlt hatte, erinnerte sie an die heftigen und teils schlicht kuriosen Reaktionen. Sie habe »die üblichen

Vergewaltigungsdrohungen« erhalten, Empfehlungen für Schönheits-OPs und künstliche Schamhaare per Post geschickt bekommen (ein Päckchen mit haarähnlichen Borsten), außerdem eine mehrere Quadratmeter große Collage aus Pornobildern. Die Bundespressekonferenz lud ihre Mitglieder Anfang 2013 zu einem internen Gespräch zum Thema »Die Sexismus-Debatte und ihre Folgen für die Arbeit der Hauptstadtpresse« ein. Ein Pressefrühstück Brüderles in Berlin begleitete die *Bild* mit einem Liveticker und der Meldung »Das erste Treffen nach Beginn der Sexismus-Affäre im Video«.[1] Die dpa schrieb eine Meldung zum Treffen: »›Showdown‹ in Berlin«. Als Himmelreich wenige Wochen später vom FDP-Bundesparteitag berichtete, sagte Spitzenpolitiker Wolfgang Kubicki anscheinend amüsiert in seiner Rede, dass man mit seiner Wortwahl aufpassen müsse, er habe gesehen, dass Himmelreich heute anwesend sei. Die Menge im Saal buhte und johlte ausgiebig.[2]

»Ich würde sagen, ich habe es gut weggesteckt«, erzählte Himmelreich mir. Mittlerweile arbeitet sie als stellvertretende Chefredakteurin in der Zentralredaktion der Funke Mediengruppe, ihre Karriere konnte sie weiterverfolgen. Doch ihr sei mittlerweile klar, dass wenige Minuten beruflicher Interaktion, die für ihre Karriere eigentlich keine große Rolle hätten spielen sollen, bis ans Lebensende mit ihrem Namen verknüpft sein werden. »Will man, dass die eigene Biografie mit dem Thema Alltagssexismus oder Schlimmerem für immer verbunden ist, wenn der berufliche Werdegang und die eigene Persönlichkeit doch aus so viel mehr bestehen?«, fragte sie mich am Telefon. Eine klare Antwort hatte sie selbst nicht. Sie wisse jedenfalls nicht, sagte sie, ob sie anderen Frauen dazu raten könne, mit derartigen Vorwürfen an die Öffentlichkeit zu gehen.

Heute, etliche öffentliche MeToo-Debatten später, wissen Quellen oft sehr viel genauer, was auf sie zukommt. Dann sind nicht mehr wochen- oder monatelange vertrauensbildende Maßnahmen notwendig, sondern es geht direkt ans Eingemachte. Es gibt immer gute Gründe, sich für eine Veröffentlichung zu entscheiden (die Chance, dass sich etwas an den mutmaßlichen Missständen verändert) und dagegen (Anfeindungen oder juristische Konsequenzen). Wenn ich frage, warum sich jemand entschieden hat, sich an die Presse zu wenden, höre ich oft Sätze wie: *Weil ich will, dass der Täter gestoppt wird. Weil ich andere vor dem Täter schützen will. Weil ich will, dass der Täter bestraft wird. Weil ich will, dass der Täter versteht, was er getan hat. Weil ich jetzt den Mut und die Kraft gefunden habe, darüber zu sprechen. Weil ich einen Bericht gelesen habe, in dem ich mich wiedererkannt habe. Weil ich dazu beitragen will, dass andere wissen, dass sie nicht die Einzigen sind, denen so etwas passiert ist. Weil ich hoffe, dass man uns zuhört, wenn wir viele sind. Weil ich mich verpflichtet fühle, nicht länger zu schweigen, damit sich etwas verändert.*

Manchmal erhoffen sich Betroffene und mutmaßlich Betroffene auch sehr konkrete Konsequenzen von einer Veröffentlichung: eine Entschuldigung, dass jemand seinen Job verliert oder ins Gefängnis muss. Doch Journalist:innen können die Folgen einer Berichterstattung nicht vorhersehen oder beeinflussen, und das sollten sie auch nicht. Der Job ist es, einen mutmaßlichen Missstand an die Öffentlichkeit zu bringen. Über die Konsequenzen müssen Gerichte, zuständige Institutionen oder Arbeitgeber entscheiden.

So war es auch im Fall eines renommierten HIV-Spezialisten, über den Thomas Vorreyer für das Online-Medium Vice und ich für BuzzFeed News 2019 berichteten. Der Arzt, weltweit bekannt und finanziell gefördert für seine Forschungsarbeit, soll bei Untersuchungen seiner vielfach schwulen Patienten deren Vertrauen ausgenutzt haben, um sie sexuell zu missbrauchen.[3] Es ging um Analuntersuchungen, Prostatamassagen mutmaßlich ohne ersichtlichen Grund, um mutmaßliche Küsse und versuchten Oralverkehr im Untersuchungszimmer. Über die Jahre berichteten wir umfangreich, auch über den Strafprozess gegen ihn. Über die Zeit hatte ich mit mehr als 70 mutmaßlich betroffenen Männern Kontakt, die sagten, dass sie sich missbraucht oder übergriffig behandelt gefühlt hatten. Der Arzt bestritt all dies.

Bevor wir die Vorwürfe im Herbst 2019 öffentlich machten, waren sie bereits über etliche Jahre wie ein offenes Geheimnis innerhalb der Schwulenszene Berlins bekannt gewesen. Mitarbeiter der Schwulenberatung hätten bei der Ärztekammer Vorwürfe vorgetragen, bei anderen HIV-Organisationen und in der Praxis des Arztes selbst, um ihn direkt mit den Anschuldigungen zu konfrontieren. Es kursierten Beschwerden in den sozialen Netzwerken, auf Facebook hatte jemand geschrieben: »Es ist Berlins am schlechtesten gehütetes Geheimnis.«[4] Nach unseren Recherchen waren zu diesem Zeitpunkt mehrere Beschwerden gegen den Arzt bei der Ärztekammer eingegangen, und er hatte eine Selbstverpflichtungserklärung unterschrieben: Er werde künftig Patienten nur noch untersuchen und behandeln, wenn eine weitere Person dabei anwesend sei. Schon 2014 hatte die Polizei ihre Ermittlungen beendet, 2016 war Anklage wegen sexuellen Missbrauchs unter Ausnutzung des Behandlungsverhältnisses in fünf Fällen gegen den Arzt erhoben worden. Er praktizierte weiter. 2019 waren viele Menschen bereit, der Presse ihre Informationen weiterzugeben in der Hoffnung, dass sie dort mehr bewirken konnten. Das Vertrauen in die offiziellen Stellen war bei vielen Quellen beschädigt, einige hatten es ganz verloren.

Im Zuge unserer Recherche hatten wir verschiedene Anfragen an die zuständigen Behörden aus dem Medizinbereich und der Justiz gestellt. Alle beriefen sich auf geltende Regelungen, niemand hatte grundlegend dagegen verstoßen. Und dennoch war für die Männer nicht verständlich, warum kaum jemand ihre teils leidvollen Erzählungen anerkannte. Hatte es etwas damit zu tun, dass sie schwul waren und die mutmaßliche Gewalt gegen sie nicht ernst genommen wurde? Weil ihre Art, Sex zu haben, stigmatisiert war? »Wir glauben, dass es längst zu einem Verhandlungstermin gekommen wäre, wenn es sich hier um einen Gynäkologen handeln würde, der Frauen mutmaßlich missbraucht«, sagte uns eine der mit dem Fall betrauten Anwältinnen. Thomas und ich veröffentlichten unsere Recherchen dazu, Teile davon wurden gerichtlich verboten. 2021 wurde der Arzt in einem Fall wegen sexuellen Missbrauchs unter Ausnutzung des Behandlungsverhältnisses zu einer Geldstrafe von 45 000 Euro verurteilt. 9000 Euro davon wurden ihm erlassen, begründet mit der langen Dauer des Verfahrens und der Belastung für den angeklagten Mediziner. Das Urteil ist nicht rechtskräftig, der Arzt und die Staatsanwaltschaft legten dagegen Berufung ein, wann genau darüber verhandelt wird, steht im Juli 2024 noch immer nicht fest. Er praktiziert bis heute.[5] Die mutmaßlich Betroffenen warten seit über einem Jahrzehnt auf eine endgültige rechtliche Klärung.

Die Vorwürfe, an deren Veröffentlichung ich in den vergangenen Jahren beteiligt war, sind ein Bruchteil der Informationen, die ich erhalten habe. Im Journalismus ist das ein völlig gewöhnlicher Umstand, aber es ist wichtig, ihn hier zu erwähnen, um zu verdeutlichen, dass derartige Vorwürfe in aller Regel mitnichten leichtfertig öffentlich gemacht werden, auch wenn es gerne anders behauptet wird. Wie aber entscheiden Journalist:innen darüber, wann sie über MeToo-Vorwürfe berichten?

Verdachtsberichterstattung

Es kommt vor, dass Menschen mir zurufen, ich sollte mal was über diese Person oder jenen Missstand schreiben. Sicherlich ist es von außen manchmal schwer verständlich, warum viele Medien über einen Fall berichten, über viele andere aber nicht. Daher folgt nun ein kurzer Exkurs, wie solche Entscheidungen getroffen werden. Oft beginnen Recherchen mit einer einfachen Nachricht, manchmal per WhatsApp, manchmal per Mail, in der mir jemand mitteilt, dass er oder sie Missbrauch erlebt habe. Es gibt Fälle, in denen kontaktieren

Menschen die Presse aus einem spontanen Impuls heraus, während andere sagen, sie hätten monatelang überlegt, ob sie sich melden sollten. Einige schicken lange Nachrichten mit intimsten Schilderungen ihrer Erfahrungen, Dokumente bereits im Anhang. Andere schicken nur wenige Sätze von einer anonymen E-Mail-Adresse. In den allermeisten Fällen bin ich nicht die Erste, mit denen sie ihre Erinnerungen teilen. Sie haben sich zuvor oft Familienmitgliedern, Partnern oder Freundinnen anvertraut. Meist beginnt der Kontakt zu einer Quelle mit einem vertraulichen Hintergrundgespräch, in dem es auch darum geht, ob man die Vorwürfe veröffentlichen darf, kann und sollte.

Wenn MeToo-Vorwürfe öffentlich gemacht werden sollen, gelten bestimmte Regeln des Presserechts. Man spricht von sogenannter Verdachtsberichterstattung, wenn ein bestimmter Verdacht über eine Person, ein Unternehmen oder eine Institution veröffentlicht werden soll. Ein Firmenboss, der Gelder veruntreut haben soll; ein Unternehmen, das illegale Umweltschäden verursachen soll; ein mächtiger Musiker, der Fans gegenüber seine Macht missbraucht haben soll. Man merkt schon an diesen Formulierungen, wie die Informationen beschrieben werden müssen: als Verdacht und im Konjunktiv statt als feststehende Tatsachen. Es ist eine von vier zentralen Regeln, die Journalist:innen bei dieser Art der Arbeit berücksichtigen müssen, um nicht gegen das Presserecht zu verstoßen – andernfalls kann es passieren, dass ihre Veröffentlichungen gerichtlich untersagt werden.

Es müssen zweitens ausreichend Belege und Indizien, sogenannte Belegtatsachen,[6] vorliegen, um über einen Verdacht zu berichten. Im Bereich MeToo ist das besonders schwierig, weil es oft um Situationen geht, bei denen nur zwei Personen anwesend waren, hinter verschlossenen Türen, ohne Zeug:innen. Trotzdem gibt es Spuren, die man verfolgen kann: Chatnachrichten, Sprachnachrichten und E-Mails etwa, die nach einem mutmaßlichen Übergriff ausgetauscht wurden, in denen über das geschrieben wurde, was passiert sein soll – entweder zwischen den Beteiligten selbst oder an enge Vertraute. Es gibt Umstände, die auch später noch nachvollzogen werden können – Konzerttickets und Fotos, die zeigen, dass man vor Ort war, oder ein Rezept, das einen Untersuchungstermin beim Arzt belegt. Manchmal haben Menschen Tagebuch geschrieben oder sich Notizen und Gedächtnisprotokolle gemacht, die bereits viele Jahre zurückliegen und zeigen, dass sie sich einen Vorwurf nicht erst neu ausgedacht haben. Sie haben vielleicht Sprachnachrichten an ihre Mutter oder die beste Freundin geschickt. Vertraute können befragt werden, die sich an Gespräche aus der Vergangenheit erinnern. In anderen Fällen sind die Vorwürfe dokumentiert, weil mutmaßlich Betroffene sich bei Beschwerdestellen, einer Psychologin oder einer Hilfsorganisation gemeldet haben. Oder es sind Behörden eingeschaltet worden, die Polizei, Anwälte, die Staatsanwaltschaft involviert. Und gelegentlich gibt es bereits eine Anklage oder ein laufendes Strafverfahren. Auch eine sogenannte eidesstattliche Versicherung kann wichtig sein. Das ist ein Dokument, in dem Quellen schriftlich und namentlich versichern, was ihnen passiert ist, und das bei Gericht vorgelegt werden kann. Wer in einem solchen Dokument lügt, macht sich strafbar, wenn es bei einem Gerichtsverfahren eingereicht wird. All das hilft, um nachvollziehen zu können, was im Rahmen eines mutmaßlichen MeToo-Falls geschehen sein soll.

Es ist allerdings ein weitverbreitetes Missverständnis, dass Journalist:innen die Wahrheit *beweisen* müssen, um über MeToo-Vorwürfe berichten zu können. Wie soll das möglich sein, wenn nur zwei Personen bezeugen können, was wirklich passiert ist, sich aber in ihren Aussagen widersprechen? Dann wäre es in vielen Fällen unmöglich zu berichten, auch wenn noch so viele Hinweise in eine Richtung weisen. Es geht darum, der Wahrheit so nah wie möglich zu kommen. Natürlich legen Journalistinnen und Journalisten Indizienketten vor, die sie für glaubhaft halten – sonst würde man die Vorwürfe gar nicht erst öffentlich machen. Wer glaubt, dass einen eine Quelle anlügt, wird ihre Vorwürfe nicht veröffentlichen, das versteht sich von selbst. Aber es ist wichtig, sich daran zu erinnern, dass es den ultimativen Beweis für manche Vorwürfe nicht geben wird – und es der Presse trotzdem erlaubt ist, darüber zu schreiben. Selbst wenn sich im Nachhinein herausstellen sollte, dass ein Verdacht unwahr ist, ist ein Bericht darüber weiterhin zulässig – solange unter anderem nach bestem Wissen recherchiert wurde und es zum Zeitpunkt der Veröffentlichung ausreichend Anhaltspunkte dafür gab.

Wann Hinweise und Indizien reichen, um einen Fall öffentlich zu machen, kann nicht pauschal beantwortet werden, sondern immer nur im Einzelfall. Es hängt von der Gemengelage ab: Wie lange liegt der Fall zurück? Wie stichhaltig sind die Indizien? Was für schriftliche Hinweise gibt es? Wie viel öffentliches Interesse besteht an der beschuldigten Person? Und wie schwer wiegen die Vorwürfe? Wie viele Personen erzählen das Gleiche, auch ohne dass sie sich zuvor kannten?

Sehr vereinzelt haben Quellen mir erzählt, dass andere Journalist:innen ihnen geraten hätten, eine Strafanzeige gegen den Beschuldigten zu stellen, dann könne man auch berichten. Das ist nicht nur fachlich Unsinn, denn eine Strafanzeige rechtfertigt per se keine Berichterstattung. Es ist auch unlauteres und fahrlässiges Vorgehen. Quellen sollten selbst entscheiden, ob und, wenn ja, wann und welche rechtlichen Schritte sie gegen einen Beschuldigten gehen, denn sie sind es, die am Ende die Folgen etwaiger Verfahren tragen. Die Presse wird nicht ihre Anwaltsrechnungen zahlen oder ihnen psychologische Betreuung anbieten, damit würde sie gegen ihre Pflicht zur Neutralität verstoßen und ihre Kompetenzen überschreiten. Wenn Quellen Rat brauchen, welche Schritte sie gegen einen mutmaßlichen Täter gehen sollten, sind ihr soziales Umfeld, spezialisierte Anwältinnen und Anwälte oder Fachberatungsstellen die richtigen Ansprechpersonen.

Ein drittes Kriterium der Verdachtsberichterstattung betrifft das öffentliche Interesse eines Falls. Wer viel Macht hat oder sehr bekannt ist, vielleicht sogar eine Vorbildfunktion ausübt oder sich selbst aus freien Stücken in die Öffentlichkeit begibt, muss sich eher gefallen lassen, dass Anschuldigungen gegen seine oder ihre Person namentlich veröffentlicht werden. Dabei spielt auch eine Rolle, wie jemand sich früher verhalten hat oder ob es eine Diskrepanz zwischen öffentlicher Darstellung und den Vorwürfen gibt – wenn jemand etwa öffentlich als Feminist auftritt, aber auf der Arbeit Frauen demütigt. Wenn ein Mann ohne weitere öffentliche Funktion von seiner Frau beschuldigt wird, sie vergewaltigt zu haben, gibt es in der Regel keinerlei Rechtfertigung, seinen Namen zu nennen. Eine Ausnahme kann es sein, wenn ein Verbrechen beispielsweise außergewöhnlich brutal ist oder sinnbildlich für einen größeren Zusammenhang steht und bereits vor Gericht verhandelt wird oder wenn eine Tat in aller Öffentlichkeit geschehen ist.

Und viertens gibt es die presserechtliche Pflicht, alle Seiten anzuhören und dem Beschuldigten ausreichend Gelegenheit zu geben, zu den erhobenen Vorwürfen Stellung zu nehmen. Ob eine sogenannte Konfrontation von der Presse richtig eingehalten wurde (das heißt: ausführlich genug, mit ausreichend Zeit zum Antworten, an die richtige Adresse usw.), darüber wird regelmäßig in presserechtlichen Verfahren gestritten. Um zu entscheiden, wie diese Regeln im Einzelfall angewandt werden, was also wie geschrieben werden darf, braucht es Profis: Etablierte Medien haben dafür erfahrene Rechtsabteilungen, die Texte vor und nach der Veröffentlichung prüfen und im besten Fall auch verteidigen.

Anonymität

Quellen haben in diesen ersten Gesprächen meistens andere Fragen. Sie möchten wissen, ob ich ihnen glaube. Ob der Name des mutmaßlichen Täters genannt werden kann. Wie so eine Veröffentlichung abläuft. Vor allem aber fragen sie, wie sehr sie sich in die Öffentlichkeit begeben müssen. Anders als ein Gericht kann ich den Menschen, die zu mir kommen, Anonymität zusichern. Sie müssen mir gegenüber ihre Identität preisgeben, aber nicht gegenüber der gesamten Öffentlichkeit. Die Gründe, warum sie oftmals anonym bleiben wollen, sind vielfältig. Sie haben Angst, ihre Karriere zu gefährden, oder befürchten rechtliche Auseinandersetzungen. Manche haben schlicht kein Geld, um sich gegen eine Verleumdungsklage des mutmaßlichen Täters zu wehren. Scham spielt eine große Rolle: Missbrauch erlebt zu haben, ist bis heute stigmatisiert. Oder Menschen glauben, dass sie sich falsch verhalten haben, oder sie wollen in der Öffentlichkeit oder in ihrem sozialen Umfeld schlicht nicht als Opfer gesehen oder auf derart intime Details angesprochen werden. Niemand möchte, dass der erste Treffer beim Googeln des eigenen Namens eine Geschichte über eine Missbrauchserfahrung ist.

Zuletzt spielt die Angst vor der Öffentlichkeit eine große Rolle. Was für krassen Anfeindungen Menschen ausgesetzt sind, die sich trauen, öffentlich Missbrauchsvorwürfe gegen Personen des öffentlichen Lebens zu erheben, kann man immer wieder beobachten. Die US-amerikanische Universitätsprofessorin Christine Blasey Ford beispielsweise wollte zunächst anonym bleiben, gab sich dann aber namentlich zu erkennen, nachdem Vergewaltigungsvorwürfe durch sie gegen den damaligen US-Supreme-Court-Anwärter Brett Kavanaugh im Jahr 2018 in Umlauf gerieten. Kavanaugh stritt all das ab, Ermittlungen des FBI bestätigten die Vorwürfe nicht, und er wurde als Richter des höchsten US-Gerichtes bestätigt. Fords Familie musste laut ihrer Schilderung rund um die Uhr einen privaten Sicherheitsdienst engagieren, sie habe Todesdrohungen gegen sich und ihre Kinder erhalten, besonders gegen ihren erstgeborenen Sohn. Auch heute müsse sie bei einigen ihrer öffentlichen Auftritte Sicherheitspersonal anheuern, was sie bis zu 5000 oder 10 000 Dollar pro Abend kosten könne, sagte sie in einem Interview sechs Jahre später.[7] Amber Heard wurde nach Vorwürfen häuslicher Gewalt gegen Ex-Mann Johnny Depp im Internet durch einen schier unendlichen Morast aus Hass,

Gewaltandrohungen und Verächtlichmachung geschleift, dessen Ausmaße bis heute anhalten. Und der Hass auf die Irin Shelby Lynn, die 2023 mit öffentlichen Äußerungen die Kontroversen um Till Lindemann und die Band Rammstein auslöste, gipfelte darin, dass jemand im Internet ein Kopfgeld in Höhe von 200 000 Dollar auf sie aussetzte.

Ich kenne auch die kritischen Nachfragen aus dem sozialen Umfeld der Menschen, die sich entschieden haben, in einem Bericht identifizierbar zu sprechen, manchmal nicht einmal mit ihrem echten Vornamen. Eine Seelsorgerin, die fragt, warum man sich dergestalt in die Schlagzeilen begebe. Freundinnen, die murmeln, ob das nicht alles etwas übertrieben oder doch arg lange her sei. Vertraute, die hinter vorgehaltener Hand lästern, ob es nicht doch auch darum gehe, etwas Aufmerksamkeit einzuheimsen. Und ich lese die Zuschriften an mich: von Menschen, die finden, es reiche doch jetzt mal langsam mit MeToo und dass diese dämlichen Frauen doch selbst schuld seien, wenn sie sich nicht ordentlich wehrten.

Aus all diesen Gründen kann man Quellen nicht einfach dazu raten, den Schutz der Anonymität zu verlassen. Zugleich gibt es ein wichtiges publizistisches Interesse daran: Recherchen sind für die Leserschaft glaubwürdiger, wenn sie weiß, wer die Vorwürfe erhebt. Sie sind nachvollziehbarer zu erzählen, wenn echte Namen statt Pseudonyme im Text stehen. Und trotz aller Ängste und Hürden sind am Ende die Veröffentlichungen für manche Menschen, meist Frauen, ein Befreiungsschlag. Die Reaktionen kurz vor und nach einer Veröffentlichung können ganz unterschiedlich ausfallen: Ich habe Hoffnung und Mut erlebt, aber auch Angst und Unsicherheit. Ich habe nicht nur einmal Frauen die Stadt verlassen sehen, bevor wir den Namen eines Beschuldigten öffentlich gemacht haben. Eine Frau hat ihren Namen auf dem Klingelschild entfernt, eine andere ist vorübergehend zu Freunden gezogen. Oftmals wissen die Beschuldigten, wo die Frauen wohnen, oftmals ist die Angst vor Rache groß. Und auch kurz nach einer Veröffentlichung nimmt die Skepsis an einem geschilderten Vorwurf nicht immer ab. Vor allem aber passiert nach einer Veröffentlichung das, was das Wesen von MeToo ausmacht: Es melden sich meist andere Betroffene. »Ich habe Ihren Artikel gelesen, und ich habe mich darin wiedererkannt, mir ist das auch passiert«, schreiben sie. Oder: »Mir ist etwas Ähnliches passiert, aber an einem anderen Tag, in einer anderen Stadt, mit einer anderen Person.« Jede Veröffentlichung legt schichtweise offen, wie viele Menschen in unserer Gesellschaft von Missbrauch betroffen sind. Manchmal hinterlassen Menschen mir Nachrichten für die anonymisierten Quellen: »Du bist nicht allein«, schreiben sie dann. Oder: »Egal, was andere sagen, du hast keine Schuld.« Sie werden damit Teil eines geheimen Netzwerks, das sich unter dem Radar der Öffentlichkeit zuflüstert und gegenseitig Mut machen will.

Umgekehrt ist eine der wichtigsten Fragen bei MeToo-Veröffentlichungen, ob der Name des Beschuldigten genannt werden kann. Es gibt wenig, was so sehr dem öffentlichen Ansehen schadet wie der Vorwurf von sexualisierter Gewalt oder einer Vergewaltigung. Auch die Beschuldigten leiden unter den Anschuldigungen, auch sie sind danach nicht selten dem Hass der Öffentlichkeit ausgesetzt, auch wenn sie oftmals mehr Ressourcen haben, um sich dagegen zu wehren. Daher ist es die Aufgabe von Journalist:innen, in diesen Fällen besonders sorgsam abzuwägen. Was wiegt schwerer: das Recht auf Privat- und Intimsphäre oder das öffentliche Interesse? Jeder Fall muss einzeln beurteilt werden, es gibt keine pauschale Antwort. Manchmal endet eine Recherche mit dieser Frage, und es wird überhaupt nichts veröffentlicht. Denn was schreibt man, wenn der Name des Beschuldigten nicht genannt wird? Ein unbenannter Mann hat eine unbenannte Frau zu einem Zeitpunkt auf diese und jene Art und Weise belästigt? Eine solche Meldung verliert an journalistischer Relevanz und erhält in der Regel wenig Aufmerksamkeit. Es gibt Ausnahmen, wenn es darum geht, das Versagen eines größeren Systems offenzulegen, das bestimmte Verhaltensweisen hervorbringen, verstärkt, verschweigt oder stützt. 2022 wurde etwa über einen Pfarrer aus dem Bistum Limburg berichtet, der zwei Frauen sexuell belästigt haben soll – der durchweg anonymisierte Artikel machte darauf aufmerksam, dass offenbar auch Frauen Opfer unter den Dächern der katholischen Kirche werden konnten. Und dass diese Probleme ignoriert und vertuscht worden sein sollen.[8]

Und natürlich gibt es auch den umgekehrten Fall: dass mutmaßliche Betroffene mit Namen und Gesicht in die Öffentlichkeit gehen, der Beschuldigte aber anonym bleibt. Diese Entscheidung zu fällen, erfordert von den Quellen eine Menge Mut. So war es zum Beispiel, als 2022 mein Kollege Lukas Eberle und ich über Vorwürfe an einer großen deutschen Universität berichteten. Ein Uniprofessor soll dort Doktorandinnen bedrängt und erniedrigt haben, eine von ihnen soll er in einen Stripclub mitgenommen haben. Die Frauen beschwerten sich, doch der Mann arbeitete danach weiter an der Hochschule. Der Anwalt des Professors wies alle Anschuldigungen zurück. Zwei der mutmaßlich Betroffenen traten im SPIEGEL mit gekürzten Klarnamen auf, ließen sich auch fotografieren. Victoria S. und Franziska S. hatten eigentlich vorgehabt, bei dem Professor zu promovieren, stattdessen aber nach den mutmaßlichen Vorfällen ihre Karrieren an dem Fachbereich abgebrochen. Als sie versucht hätten, innerhalb der Hochschule auf das Verhalten des Professors hinzuweisen, um andere vor ihm zu schützen, habe man sie nicht ernst genommen, erzählten sie dem SPIEGEL. Den Namen des Professors nannten wir bei der Berichterstattung nicht.

Presse

Es gibt verschiedene Gründe, warum Medien gerade bei der MeToo-Bewegung so eine herausragende Rolle einnehmen. Es ist die Kernaufgabe der Presse, über Missstände und mutmaßliches Fehlverhalten mächtiger Personen zu berichten – das wird oft vergessen, wenn Journalist:innen vorgeworfen wird, mit MeToo-Berichterstattung schmutzige Wäsche zu waschen, statt ihren eigentlichen Jobs nachzugehen. Viele Vorwürfe wurden erst durch Medienrecherchen öffentlich, und erst dann folgten Aufklärung und Konsequenzen. Einer der spektakulärsten Fälle war vermutlich der von Larry Nassar, dem ehemaligen Arzt des Turnverbands USA Gymnastics, der jahrzehntelang das Olympiateam der USA betreute. Über die Jahre hatte es immer wieder Beschwerden, auch Anzeigen gegen ihn gegeben, lange waren sie von den verantwortlichen Institutionen weitestgehend ignoriert worden. Bis die Lokalzeitung *The Indianapolis Star*, die durch eine Recherche auf Nassar aufmerksam wurde, begann, die Vorwürfe öffentlich zu machen. In der Folge meldeten sich Hunderte Frauen. 2017 wurde Nassar wegen des Missbrauchs an über 250 Mädchen und Frauen und dem Besitz von Kinderpornografie zu über hundert Jahren Gefängnis verurteilt, andere Verantwortliche des Turnverbands traten von ihren Posten zurück. Erst danach stellte sich heraus, dass auch das FBI schwere Fehler gemacht und Berichte von den Opfern des Arztes zu lange ignoriert und verfälscht hatte. Das US-Justizministerium kündigte an, 100 Millionen Dollar Entschädigung an Opfer des ehemaligen Arztes zu zahlen. Die Vorwürfe gegen Harvey Weinstein gerieten durch Medienrecherchen an die Öffentlichkeit. Und erst nachdem die Tageszeitung *Miami Herald* eigene Recherchen über Jeffrey Epstein unter dem Titel »Perversion der Justiz« veröffentlicht hatte, wurden das Ausmaß und auch das Versagen der Justizbehörden in diesem Skandal klar.[9] Auch in Deutschland wurden die lautesten MeToo-Debatten durch Recherchen von Medien ausgelöst, darunter die in ihrer Qualität und Stichhaltigkeit natürlich völlig unterschiedlich gelagerten Vorwürfe gegen Dieter Wedel, Luke Mockridge, gegen Julian Reichelt oder rund um die Band Rammstein. Die Presse spielt also für die MeToo-Bewegung eine sehr wichtige Rolle. Wie kam es dazu?

Journalismus insgesamt, und besonders auch investigative Recherche, war lange Zeit vor allem männlich geprägt (und ist es teils bis heute). Das »Global Media Monitoring Project« kam in einem Report 2015 zu dem Ergebnis, dass Frauen nur 24 Prozent der Personen ausmachten, die man in Zeitungen, Fernsehen und Radionachrichten hören, lesen oder sehen konnte, genau wie schon im Jahr 2010.[10] In Deutschland besetzten Frauen im Jahr 2012 zwei Prozent aller Chefredaktionen der deutschen Tages- und Wochenzeitungen, in der Regionalpresse lag 2016 der Frauenanteil der Chefredaktionen bei fünf Prozent, wie eine Zählung bei 100 Regionalzeitungen ergab.[11] Themen wie innere Sicherheit oder Wirtschaft standen bei der klassischen Investigation im Vordergrund, sicherlich nicht mutmaßliche sexuelle Grenzüberschreitungen. 2017 veröffentlichte der Journalist Christian Fuchs eine selbst zusammengestellte Liste mit Journalistinnen, die in Deutschland investigativ arbeiteten, um ihnen mehr Sichtbarkeit zu verschaffen und zu zeigen, dass es sie überhaupt gibt.[12] Ich habe durchweg in Redaktionen gearbeitet, die Frauenrechte und sexualisierte Gewalt für relevant und berichtenswert hielten, aber noch nie unter einer weiblichen Chefredakteurin (immerhin einigen stellvertretenden Chefredakteurinnen). Es gab laut einem Monitoringbericht 2022 nur ein deutsches Leitmedium, in dem Frauen – gemessen an Quote und Führungspositionen – mehr Macht haben als Männer, die Tageszeitung *taz*.[13] Heute haben Frauen im Journalismus sehr viel mehr zu sagen, in den letzten Jahren ist ihre Anzahl in Redaktionen deutlich gestiegen, auch wenn es bei der Diversität insgesamt noch immer eine Menge Nachholbedarf gibt.[14]

Der Wandel ist nicht zufällig geschehen, Frauen haben sich diese Macht gezielt erkämpft und erarbeitet. Seit den 1980er-Jahren haben sie eigene Interessenvertretungen erschaffen, wie den Journalistinnenbund oder das Bündnis Pro Quote, das sich für mehr Frauen in journalistischen Führungspositionen einsetzt. Stefanie Lohaus hat in ihrem Buch *Stärker als Wut* beschrieben, wie in den Nullerjahren im

Internet mit feministischen und queerfeministischen Blogs und Online-Magazinen ein neues Medienangebot entstand, das teils in den Mainstream überging, weil etablierte Medien die Autorinnen daraufhin an sich banden.[15] Auch Frauen im Journalismus wehrten sich also gegen ein System, in dem sie unterrepräsentiert waren, schlechter bezahlt wurden und Respektlosigkeiten erlebten (ebenfalls: teils bis heute). Laura Himmelreich sagte 2022 in einem Interview mit der *Zeit* über #aufschrei: »Viele Frauen, die damals die Debatte losgetreten haben, waren ungefähr 30 Jahre alt. In dieser Generation verband uns ein Gefühl: Wir dachten während des Studiums, in unseren privaten Beziehungen, wir seien gleichberechtigt. Als wir in der Arbeitswelt ankamen, wurden wir allerdings nicht mit dem gleichen Respekt behandelt wie unsere männlichen Kollegen.«[16]

Frauen im Journalismus kennen sexualisierte Übergriffe und Belästigungen aus ihrem Arbeitsalltag. Ein Report von 2014 ergab, dass 14 Prozent der befragten weiblichen Journalistinnen weltweit sexualisierte Gewalt in Zusammenhang mit ihrer Arbeit erlebt hatten, fast jede zweite gab an, dass sie bei der Arbeit belästigt worden war. Ein überwiegender Teil dieser Belästigungen hatte laut den Befragten im Büro stattgefunden.[17] Übergriffiges Verhalten setzt sich heute mindestens ebenso heftig im digitalen Raum fort: Eine 2022 veröffentlichte Befragung von 700 Journalistinnen in über 100 Ländern ergab, dass drei von vier Journalistinnen im Zuge ihrer Arbeit Opfer von digitaler Gewalt geworden seien, jeder vierten sei körperliche Gewalt bis hin zu Mord angedroht worden, häufig auch durch politische Akteure. Die Starjournalistin und Friedensnobelpreisträgerin Maria Ressa dokumentierte, dass sie zeitweise mehr als 90 Hassnachrichten pro Stunde auf Facebook erhielt. Gegen sie und eine Kollegin wurde das Hashtag #presstitute verwendet, eine Mischung aus den Wörtern Presse und Prostituierte. Es ist der Inbegriff dessen, wie Frauen wegen ihres Geschlechts und ihrer journalistischen Arbeit zugleich angegriffen und diskreditiert werden, wie schon einst in einem weniger drastischen Ausmaß Annett Meiritz – einfach nur, weil sie ihren Job machen und kritisch berichten.[18]

Also begannen Journalistinnen in Deutschland und weltweit nicht nur, sich zu organisieren, sondern auch ihre eigenen Erfahrungen öffentlich zu machen und dazu zu recherchieren, was anderen widerfahren war. Salopp gesagt: Auch Frauen im Journalismus hatten die Schnauze voll. Es ist bemerkenswert, dass viele der Frauen, welche die MeToo-Bewegung vorangetrieben haben, auch als Journalistinnen arbeiten, wie man es schon bei den Vorläufern der Bewegung zum Beispiel in Deutschland, Schweden und Großbritannien hatte sehen können. Der Grund liegt auf der Hand: Journalistinnen nutzen ihre Macht und Öffentlichkeit, um auf einen Missstand hinzuweisen, der sie mehr oder weniger konkret selbst betrifft – weil sie es können. In Frankreich war es die Journalistin Sandra Muller, die 2017 mit Aufkommen der MeToo-Debatte das Hashtag #BalanceTonPorc (übersetzt etwa »Verpetz dein Schwein«) initiierte und selbst Vorwürfe gegen einen ehemaligen Fernsehproduzenten erhob. So problematisch man diese Aufforderung auf vielen Ebenen bewerten kann, so wirksam war sie. Muller wurde damit zu einem wichtigen Gesicht der Bewegung in Frankreich und löste eine heftige Welle an Anschuldigungen aus.[19]

Nicht selten wollen weibliche Quellen intime Details lieber mit einer Frau teilen als mit einem Mann. Sie können vermuten, dass sie dort besser verstanden und empathischer behandelt werden, weil die Wahrscheinlichkeit hoch ist, dass eine Journalistin selbst schon Sexismus und irgendwelche Arten von Gewalt oder Übergriffen erlebt hat. Auch männliche Kollegen werden verfolgt und eingeschüchtert, beschimpft, diffamiert und verklagt, doch es wird sicherlich nicht zu ihrem Berufsalltag gehören, sich mit Vergewaltigungsfantasien gegen die eigene Person auseinandersetzen zu müssen. Es ist daher logisch, dass ab 2017, auch in Deutschland, vor allem Frauen zu MeToo recherchierten und in dem Themenfeld veröffentlichten, analysierten, kommentierten. Inzwischen ändert sich das langsam, auch wenn man an den Autorenzeilen entsprechender Texte und Recherchen erkennen kann, dass Frauen weiterhin in der Überzahl sein dürften.[20]

In den vergangenen Jahren haben etablierte Medien angefangen, das Thema MeToo als investigatives Thema wahrzunehmen und sehr viel mehr Recherchekapazitäten zur Verfügung zu stellen, wie man zuletzt bei den strafrechtlich nicht relevanten Enthüllungen zu der Rockband Rammstein sehen konnte. MeToo-Recherchen sind nicht nur herausfordernd, weil Quellen den Mut und auch das Vertrauen fassen müssen, um ihre Geschichten zu erzählen. Zu MeToo zu recherchieren, bedeutet, sich detailliert in andere Branchen einzuarbeiten, um verstehen zu können, wo und warum ein System versagt hat. Es bedeutet zu verstehen, wie ein Netzwerk aus Tausenden Turnverbänden strukturiert ist, welche Durchgriffsrechte Approbationsbehörden für Mediziner haben, wie Strafrechtsparagrafen in der Vergangenheit ausgelegt wurden oder welche Personalstruktur ein milliardenschweres Unternehmen hat. All das gehört zum klassischen Handwerk der Recherche. Und seit sich MeToo als Recherchethema etabliert hat und Redaktionen verstehen, wie groß das öffentliche Interesse daran ist, zeigen erfreulicherweise auch zunehmend männliche Kollegen Interesse daran.

Diese wachsende Anerkennung und Aufmerksamkeit seit dem Hashtag #MeToo hat Schattenseiten. »Ich erinnere mich sehr stark daran, dass in dem Moment, wo in den USA über Weinstein geschrieben wurde, in Deutschland alle Geschichten über sexualisierte Gewalt haben wollten«, erinnert sich meine ehemalige Kollegin Pascale Müller, die damals qua Berufsbezeichnung als eine Art informelle Ansprechpartnerin zu MeToo im Medienbetrieb gesehen wurde. Kollegen, die gar nicht unbedingt für derartige Recherchen qualifiziert gewesen seien, hätten sie angerufen und gebeten, Quellen zu vermitteln, sagte sie, als wir für dieses Buch miteinander sprachen. »Das war ein regelrechter Run, und ich weiß noch, dass es mich wahnsinnig unter Druck gesetzt hat, dass wir jetzt ›liefern‹ müssen, weil wir uns vorher schon mit dem Thema auseinandergesetzt hatten.« Im Journalismus gibt es das hässliche Wort Rattenrennen, wenn verschiedene Journalist:innen zur gleichen Geschichte recherchieren. Dass Medien darum konkurrieren, wer zuerst eine Recherche veröffentlicht, ist völlig üblich. Zeitdruck aber ist bei MeToo-Recherchen oft schädlich, auch für Quellen. Ihnen ist meistens egal, ob ein Text diese oder nächste Woche erscheint – sie müssen sich sicher damit fühlen, wem sie intimste Erinnerungen anvertrauen und in welcher Form diese dann veröffentlicht werden. Druck hilft dabei nicht, oft ist es eine Herausforderung, die Quellen davon abzuschirmen, und nicht immer gelingt es. Umgekehrt funktioniert der Medienbetrieb nach bestimmten Regeln, auch Geschwindigkeiten, die man als Journalist:in nicht einfach ignorieren kann. Ich erinnere mich, wie ich Interviewfragen von Radio- und Nachrichtensendern erhielt, während wir noch zu den Vorwürfen im Umfeld der Band Rammstein recherchierten und Spekulationen das Internet fluteten. Wie all das einzuschätzen sei, wollten die Moderatoren wissen? Das öffentliche Interesse war riesig, und es sollte Aufklärung her, so schnell wie möglich.

Dass Medien ein Thema stärker in den Fokus nehmen, weil gerade vermehrt darüber gesprochen wird, ist nicht ungewöhnlich – das ist schließlich ihre Aufgabe. Im besten Fall werden Fachredakteurinnen und Rechercheexperten beauftragt, sich darum zu kümmern. Das Feld MeToo aber war nach den Enthüllungen über Harvey Weinstein für Redaktionen neu, und einige wollten offenbar mitmischen, weil das Thema *en vogue* war, ohne sich genauer mit der Materie auseinanderzusetzen. Und so scheiterten viele Rechercheversuche nicht nur an Journalisten in Chefsesseln, die fanden, es handele sich bei all dem um Privatsachen, nicht um gesellschaftliche Missstände, die an die Öffentlichkeit gehörten. Sondern auch daran, dass einige Journalisten schlicht keine Ahnung davon hatten, wie sie mit mutmaßlich Betroffenen sprechen oder überhaupt in Kontakt mit ihnen treten sollten.

Im zwölften Stock

Manchmal hängt eine Veröffentlichung nicht von den Quellen ab, nicht vom Presserecht oder der Beleglage, nicht vom Handwerk und auch nicht vom Chefredakteur. Manchmal verhindert der eigene Verleger, dass die Arbeit von Journalist:innen publiziert wird.

Am 17. Oktober 2021 stand ich spätnachts an der Fensterfront des SPIEGEL-Gebäudes und schaute über die Dächer Hamburgs. Es war ein friedlicher, fast schon erhabener Anblick, wie die Lichter der Stadt heraufschimmerten, aber es war nicht die Zeit, ihn zu würdigen. Viele Wochen hatte ich zu den mutmaßlichen Missständen bei der *Bild* und den Vorwürfen gegen den damaligen Chefredakteur Julian Reichelt recherchiert, es war eine mühsame und teils sehr einsame Arbeit gewesen, von der lange unklar war, ob sie zu einer Veröffentlichung führen würde und wie viel Ärger sie unserem kleinen Team bei Ippen Investigativ einbringen würde. Nun stand ich plötzlich im zwölften Stock einer der mächtigsten Redaktionen in Deutschland und ging ein paar wahllose Schritte, um meine Gedanken zu ordnen, während nebenan mir bislang kaum bekannte Journalistinnen und Journalisten einen neuen Text zusammenpflegten. Wie war ich hier gelandet?

Anfang März hatte der SPIEGEL öffentlich gemacht, dass gegen Julian Reichelt, damals Chefredakteur der *Bild*-Zeitung, ein Compliance-Verfahren innerhalb des Axel-Springer-Verlages lief. Rund ein halbes Dutzend Mitarbeiterinnen hätten dem Medienhaus Vorfälle aus den vergangenen Jahren angezeigt. Ein Team kläre die Sachverhalte auf, hieß es. Untersucht wurden unter anderem mutmaßlicher Machtmissbrauch und die Ausnutzung von Abhängigkeitsverhältnissen. Ein Sprecher des Springer-Verlags habe gesagt, man äußere sich zu internen Vorgängen grundsätzlich nicht.[21] Unter dem Titel »Vögeln, fördern, feuern« beschrieb der SPIEGEL kurz darauf das mutmaßliche Fehlverhalten genauer – es ging um ein System der Angst und Beförderungen. Reichelt bestritt die Vorwürfe, es habe keine »beruflichen

Entscheidungen von ihm gegeben, die von privaten Beziehungen geprägt oder sonst irgendwie beeinflusst gewesen seien, sämtliche Personalentscheidungen seien aus sachlichen Gründen und auf Basis seiner persönlichen Einschätzung der fachlichen Qualifikation der jeweiligen Personen entsprechend getroffen worden«, hieß es im SPIEGEL. Springer gab weiterhin keine Auskunft.[22] Wie einige andere deutsche Redaktionen auch, hatten wir bei Ippen bereits von diesen Vorwürfen gehört, da ein Hinweis bei uns eingegangen war. Dann war auf spiegel.de zu lesen, dass Reichelt vorübergehend um seine Freistellung gebeten hatte, solange das Verfahren lief.[23] Kurz darauf kehrte er auf seinen Posten zurück. Der Konzern schrieb in seiner Pressemitteilung: »Entgegen der in einigen Medien kolportierten Darstellung gab es keine Vorwürfe und auch im Untersuchungsverfahren keine Anhaltspunkte für sexuelle Belästigung oder Nötigung. Julian Reichelt hat die Vermischung von beruflichen und privaten Beziehungen eingeräumt, die oben genannten Vorwürfe jedoch bestritten und dies auch eidesstattlich versichert.«[24]

Offen blieb, was genau damit gemeint war, der Vermischung von Privatem und Beruflichem, und auf welcher Grundlage von Informationen der Konzern seine Entscheidung getroffen hatte – oder ob jemand seine schützende Hand über mutmaßliches Fehlverhalten gelegt hatte, wie hier und da geraunt wurde. Nach der Pressemitteilung gab es Menschen, die teilweise im Compliance-Verfahren befragt worden waren, die frustriert über die Entscheidung Axel Springers waren. Mehrfach hätten sie im Unternehmen auf mutmaßliche Missstände hingewiesen, Konsequenzen hatte es in ihrer Wahrnehmung aber nicht gegeben. Ihre Angst verwandelte sich in Wut. Viele Personen kannten die Vorwürfe, aber wenige waren zunächst bereit, schriftliche Nachweise herauszugeben. Ich recherchierte mehrere Wochen lang: Stück für Stück setzte sich aus vielen Gesprächen, Dokumenten, Nachrichten und vertraulichen Informationen ein Bild zusammen.[25] Im Oktober konfrontierten wir Julian Reichelt und Axel Springer ausführlich mit den Vorwürfen: Reichelt habe privates Interesse an Mitarbeiterinnen mit beruflichen Entscheidungen vermischt, sie daher bevor- oder benachteiligt, letztlich zum Nachteil der Frauen, hatte die Recherche im Kern ergeben. Es gab einen Text, der von der Rechtsabteilung abgenommen worden war, die Zitate der Quellen waren freigegeben.

Am Morgen des 15. Oktober, einem Freitag, zwei Tage vor der geplanten Veröffentlichung, rief mich mein damaliger Chefredakteur Daniel Drepper an. »Es tut mir leid, dass ich dir das jetzt am Telefon sagen muss. Die haben uns die Story gekillt«, sagte er.[26] Bei Ippen war die Entscheidung getroffen worden, die Recherche nicht zu veröffentlichen, und zwar auf höchster Ebene, vom Mehrheitsgesellschafter und Namensgeber des Unternehmens, Dirk Ippen. Überbringer der Nachricht war Digital-Chefredakteur Markus Knall gewesen. Man wolle, so die offizielle Argumentation, einen Mitbewerber auf dem Medienmarkt nicht derart beschädigen. Ippen hatte BuzzFeed Deutschland während der Pandemie gekauft, als der US-amerikanische Medienkonzern BuzzFeed in finanzielle Schwierigkeiten geraten war und Auslandsredaktionen verkauft hatte. Seit 2020 arbeiteten wir also unter neuen Chefs, einige Zeit später auch unter dem neuen Markennamen Ippen Investigativ, aber in anhaltender Zusammensetzung. Es war klar, dass diese Entscheidung uns alle betraf. Die Recherche war über viele Monate im Team redaktionell und juristisch abgestimmt worden. Sie ohne inhaltliche Begründung zu verbieten, war ein Angriff auf den Kern unserer Arbeit und letztlich auch auf die Pressefreiheit selbst. Wenn ein Verleger sich willkürlich in die Arbeit einer Redaktion einmischt, verletzt er damit einen der wichtigsten Grundsätze dafür, dass Journalist:innen unabhängig arbeiten können: die Trennung von Verlag und Redaktion. Etwas vereinfacht gesprochen, geht es darum, dass sich der Inhaber eines Medienkonzerns nicht in die inhaltliche Arbeit seiner Redaktion einmischen sollte, weder aus persönlichen noch aus politischen oder geschäftlichen Gründen.

Nachdem Daniel mich angerufen hatte, stopfte ich mir im Hinausgehen ein Brot mit Pflaumenmus in den Mund, weil ich schon ahnte, dass ich an diesem Tag nicht mehr viel Zeit zum Essen haben würde, und fuhr in die Redaktionsräume. Dort trafen wir uns zu viert, das ganze Investigativ-Team. Ich informierte meine Quellen in den für mich bittersten Stunden meines bisherigen Berufslebens. Eine Frau begann am Telefon zu weinen. Wie es sein könne, dass man den Frauen schon wieder nicht zuhöre, fragte sie mich verzweifelt. Wie es sein könne, dass wieder ein Mann entscheide, dass ihre Stimme nicht wichtig genug sei, um gehört zu werden. Das Gespräch berührte mich sehr. Und ich hatte keine Antwort für sie. Es war klar, dass wir uns gegen diese Entscheidung würden wehren müssen. Nur wie? Über Wochen und Monate hatten sich Quellen mir anvertraut, die Verantwortung für sie wog schwer, und ich war nicht bereit, einfach alles über Bord zu werfen. Wir wägten die Optionen ab, sprachen mit Arbeitsrechtlern: Würde man uns abmahnen oder kündigen oder mit Schadensersatzforderungen belangen können, sollten wir die Recherche auf eigene Faust anderswo veröffentlichen? Würde man, stellte sich heraus. Das Risiko waren wir bereit einzugehen. Wir formulierten einen Brief, den wir an alle Redaktionsleiter von Ippen schickten, die bereits über die Absage der Recherche informiert worden waren. Wir schrieben: »Die heutige Entscheidung bedeutet für uns einen Vertrauensbruch in der Zusammenarbeit zwischen dem Investigativ-Team und dem Verlag. Wir sind von dieser Entscheidung zutiefst enttäuscht.«[27]

Noch an diesem Wochenende veröffentlichte das Online-Magazin Übermedien unseren Brief an die Redaktionsleiter. Der Rückhalt aus der Medienbranche war überwältigend. Wir erhielten in Kommentaren und auch in Hintergrundgesprächen von etlichen Seiten Unterstützung und Zuspruch. Die *Frankfurter Rundschau*, die selbst Teil des Ippen-Verlages war und bei der die Recherche ebenso hätte veröffentlicht werden sollen, publizierte einen Kommentar, in dem sie sich ebenfalls gegen den eigenen Verleger wendete: »Wir, die Redaktion der Frankfurter Rundschau, halten fest: Das Verbot widerspricht allen Regeln der unabhängigen Berichterstattung. Die Entscheidung verletzt den Grundsatz der Trennung von Redaktion und Verlag. Wir unterstützen den Protestbrief des Investigativ-Teams an Verleger Dirk Ippen.«[28] Auch andere Leitmedien und Medieninstitutionen stellten sich geschlossen hinter uns, bis hin zum Deutschen Journalisten-Verband, einer zentralen Institution für die Interessen der Presse in Deutschland. Unterschiedlichste Medien boten mir an, den Text für uns zu veröffentlichen.

Der SPIEGEL hatte ebenfalls zu den Vorwürfen gegen Julian Reichelt recherchiert und veröffentlicht, dort waren die Hintergründe also bekannt. Die dortige Rechtsabteilung hatte mit dieser Art der Berichterstattung eine Menge Erfahrung, der Verlag war bekannt dafür, Beiträge auch bis vor dem Bundesgerichtshof zu verteidigen. Auch unsere Quellen gaben ihre Zustimmung, die Recherche dort zu veröffentlichen. Ich telefonierte mit Isabell Hülsen, die als Ressortleiterin federführend für die SPIEGEL-Berichterstattung über Julian Reichelt gewesen war. Wir glichen den Stand unserer bisherigen Recherchen und unsere jeweilige Quellenlage ab. Und entschieden, uns am Sonntagabend im SPIEGEL-Gebäude in Hamburg zu treffen, um mit einem kleinen Team aus dem Wirtschaftsressort eine Veröffentlichung im SPIEGEL möglich zu machen. Ich setzte mich in den Zug, und dort saßen wir also, während andere Medien weiter über die verhinderte Veröffentlichung berichteten und in sozialen Netzwerken spekuliert wurde, ob unser Bericht noch erscheinen würde. Das öffentliche Interesse wuchs, je mehr Zeit verstrich. Wir wussten, dass Ben Smith von der *New York Times* ebenfalls an einer Recherche zu dem Fall arbeitete.[29] Zudem hatten wir bei Ippen an Axel Springer und Julian Reichelt bereits einen umfangreichen Fragenkatalog geschickt, intern waren die Vorwürfe also bereits sehr genau bekannt, doch es gab keine Veröffentlichung, welche den Quellen öffentlichen Rückhalt bot – sie waren also in einer vulnerablen Situation. Zudem erhielt Isabell Hülsen die Information, dass eine betroffene Frau über ihren Anwalt aufgefordert worden sei, ein angeblich von ihr an Journalisten weitergegebenes Aussageprotokoll zurückziehen, um die bevorstehende Publikation zu verhindern. Die Springer-Anwälte drohten ihr andernfalls mit strafrechtlichen Konsequenzen. Es stand zu befürchten, dass auch andere Quellen unter Druck gesetzt werden könnten, während die Stunden nur so vorbeizurasen schienen. Die Zeit drängte.

Am Sonntag erschienen die Vorwürfe bei der *New York Times* unter dem Titel: »Bei Axel Springer, dem neuen Eigentümer von Politico, geht es um Sex, Lügen und eine geheime Zahlung«.[30] In Deutschland legten wir weiter unsere Rechercheergebnisse zusammen, während es dunkel wurde und sich die Büroräume leerten. Wir glichen Dokumente ab, überarbeiteten den Text, wiederholten den Faktencheck und die rechtliche Prüfung, diesmal mit den Dokumentaren und der Rechtsabteilung des SPIEGEL. Reichelt und Springer mussten erneut für eine Publikation im SPIEGEL konfrontiert werden, Quellen ihre Schilderungen noch einmal freigeben. All das sorgte bei den Frauen für Unsicherheit und Frust, teilweise mussten bereits freigegebene Rechercheergebnisse wieder gestrichen werden. Gegen 5 Uhr am Montagmorgen schickten wir erneut die Bitte um Stellungnahme an Springer und Reichelt, im Laufe des Vormittags reichten wir weitere Fragen nach. Reichelts Anwalt antwortet kurz nach 15 Uhr, die Fragen beträfen Reichelts Privatsphäre,[31] es bestehe kein öffentliches Interesse, das eine Berichterstattung rechtfertige. Überdies seien die Vorwürfe unwahr.

Wenige Stunden später gab das Unternehmen bekannt, Julian Reichelt mit sofortiger Wirkung von seinen Aufgaben zu entbinden. Noch am gleichen Abend veröffentlichten wir: »Warum Julian Reichelt gehen musste« auf spiegel.de.[32] Der Text wurde beim SPIEGEL zu einem der meistgelesenen des Jahres.[33] Kurz vor und nach der Veröffentlichung erhielten wir bei Ippen so viele Presse- und Interviewanfragen, dass wir sie nicht mehr alle bearbeiten konnten. Ich hatte mit Führungspersonen unterschiedlicher Medienhäuser gesprochen, die mir Unterstützung oder Jobs angeboten hatten. Meine Realität war sehr viel weniger glamourös: Ich aß in einem kleinen Hotelzimmer eine lauwarme Backkartoffel aus einer Styroporbox und erbettelte mir an der Rezeption ein Bügeleisen für die einzige Bluse, die ich dabeihatte und für ein Videointerview tragen wollte.[34] Danach fand ich für einige Nächte Unterschlupf in einem Projekt für Kunstschaffende, wo mich eine Freundin in ihrer kleinen Wohnung umsorgte und mir ab und an einen Kaffee vor die Nase hielt oder eine Strickjacke lieh, während ich unruhig durch den verwilderten Garten stapfte oder im Schneidersitz auf ihrem Gästesofa arbeitete. Jede wache Minute klebte ich am Handy, die ersten Telefonate des Tages führte ich im Schlafanzug und ohne Zähne geputzt zu haben. Ich schlief wenig, las in Medienberichten Ungenauigkeiten und falsche Informationen über die Ereignisse und musste schnell aufgeben, sie alle korrigieren zu wollen. Ich verfolgte, wie sich zu der anfänglichen Unterstützung kritische Stimmen und Kommentare mischten. Ich versuchte die Informationen zu sortieren, mit denen sich gefühlt im Stundentakt sehr viele Menschen bei mir meldeten, vor allem Frauen, die von weiteren mutmaßlichen Missständen aus der Medienbranche oder anderen Bereichen erzählen wollten. Zudem mussten wir mit den Verantwortlichen bei Ippen besprechen, wie es nun weitergehen sollte. Ich war übermäßig eingebunden und übermäßig emotional und wollte dennoch weiter funktionieren. Eine Talkshowanfrage bei Markus Lanz lehnte ich ab, Daniel ging hin, um mich zu vertreten.

Auf Twitter hatte ich unseren auf spiegel.de veröffentlichten Bericht mit den Sätzen angekündigt: »Ich hab 30 Min geschlafen letzte Nacht und weiß nicht, was als nächstes passiert. Aber hier sind einige der Rechercheergebnisse, die ich bei Ippen nicht veröffentlichen durfte.« An anderer Stelle sprach ich darüber, dass die Arbeit mühsam und kräftezehrend für alle Beteiligten gewesen war. Rund um diese Investigation hatte ich es öfter mit älteren Männern aus dem Medienbetrieb zu tun gehabt, die meine Arbeit bewertet oder unterschätzt hatten. Einer von ihnen rief mich an, er habe ein Interview mit mir gesehen, und gratulierte mir dazu, gab mir dann aber diesen gut gemeinten Rat: Ich solle meine Befindlichkeiten nicht so darstellen, das wirke unprofessionell. Ich hatte weder gewollt noch geplant, selbst zu einem Teil der Geschichte zu werden, rückgängig war es nicht mehr zu machen. Nun, da es so war: Musste ich nach den Regeln des alten, männlich geprägten Medienbetriebs spielen? In diesen Tagen dachte ich viel über Macht nach, auch meine eigene. Ich war überrascht, wie schnell sich Machtverhältnisse verschieben konnten, aber auch wie wenig Einfluss man selbst darauf hatte. Und ich musste selbst erst einmal herausfinden, wie ich die Aufmerksamkeit, die ich vorübergehend erhielt, nutzen wollte und würde. Zunächst einmal entschied ich, meine Arbeit ganz normal weiterzumachen. Ich sortierte Rückmeldungen, die so vielzählig waren, dass es eine Herausforderung war, sie alle auszuwerten. Ich wandte mich hilfesuchend an Jodi Kantor. Sie schrieb mir: »Hey, ich verstehe das gut ... Es ist überwältigend.« Und weiter: »Du kannst nicht alles machen (...). Aber such dir eine Person aus der Redaktion, der du vertraust, mach dir jeden Tag nach dem Aufwachen eine überschaubare To-do-Liste. Das könnte für die nächsten zwei Jahre deines Lebens so weitergehen, und dann sei es so.« Ich sprach mit neuen Quellen, erfuhr von weiteren Vorwürfen. Ich sortierte sie nach den Namen der Beschuldigten, wie Kantor mir geraten hatte, um Muster zu erkennen. Ich hörte von Vorwürfen, die neuer waren, und solchen, die lange zurücklagen. Von Beschuldigten mit besonders viel Macht oder mutmaßlich Betroffenen mit besonders wenig. Ich führte Gespräche und wägte ab, an welcher Geschichte ich weiter recherchieren sollte. Nur wusste ich nicht, auf welcher Plattform ich sie überhaupt hätte veröffentlichen sollen.

Nach einigen Tagen fuhr ich an meinen Wohnort zurück. Dirk Ippen entschuldigte sich in einem längeren Gespräch persönlich, doch es stellte sich heraus, dass das Verhältnis nicht mehr zu kitten war. Einige Zeit später löste sich unsere Investigativ-Einheit auf, wir alle wechselten zu neuen Arbeitgebern. Am 9. November gab Axel Springer bekannt, dass Liebesbeziehungen im Büro, bei denen ein Interessenkonflikt bestehen könnte, künftig gemeldet werden müssten. Julian Reichelt erhielt in der *Zeit* Platz für ein Interview, in dem er seine Sicht der Dinge darstellte, alle Vorwürfe bestritt und von einem »Vernichtungsfeldzug« gegen ihn sprach.[35] Die zunächst verhinderte Recherche und die Vorwürfe waren über Wochen Thema in den Medien, es entstand ein Lied[36] über die Vorgänge, es gab Rücktrittsforderungen gegen Springer-Chef Mathias Döpfner. Über die Monate und Jahre trugen andere Medien weitere Vorwürfe zusammen, wie etwa die *Financial Times*, der NDR oder die Podcast-Serie »Boys Club - Macht & Missbrauch bei Axel Springer«. Bis heute recherchiere und veröffentliche ich unter anderem zu Themen aus dem MeToo-Spektrum, bis heute finde ich diese Art der Arbeit wichtig und richtig.

Rückblickend habe ich eine andere Perspektive auf Macht und Öffentlichkeit gewonnen. Mehr Menschen bringen mir einen Vertrauensvorschuss entgegen, der dazu führt, dass ich bis heute sehr viel mehr Hinweise erhalte, als ich bearbeiten kann. Als Journalistin hilft das natürlich, Themen zu identifizieren und Zugänge zu Quellen zu finden - es ist aber auch eine Verantwortung, die man nicht einfach abgeben kann. Zu sehen, wie starke öffentliche Reaktionen eine Recherche auslösen können, war einschüchternd, hat mich aber motiviert, diese Art von Arbeit weiterzumachen. Persönlich habe ich festgestellt, dass ich öffentliche Aufmerksamkeit nicht besonders genieße (auch wenn ich nicht so tun will, als hätte der journalistische Beruf nie etwas mit Eitelkeiten zu tun. Natürlich will man rezipiert und gelesen werden). Die journalistische Koketterie, hier und da Details aus dem Privatleben zu teilen, habe ich weitestgehend aufgegeben.

SIEBEN
SCHWEIGEN, SCHULD UND SCHAM

»Die Frau ist doch selbst schuld« – über ein mächtiges Narrativ, hinter dem ein System steckt, das Menschen zum Verstummen bringt

So groß der Rückhalt für die Veröffentlichung der Recherchen über Julian Reichelt und den Axel-Springer-Konzern war – es gab durchaus Stimmen, die fanden, dass nicht all die Details an die Öffentlichkeit gehörten und dass die darauffolgende Debatte in die falsche Richtung ginge. »Inzwischen entsteht der Eindruck, Frauen seien stets und grundsätzlich die Opfer in Beziehungen mit männlichen Vorgesetzten – auch dann, wenn sie selbst eine solche Beziehung wünschten«, schrieb die inzwischen verstorbene Journalistin Bettina Gaus in einem Artikel über die Berichterstattung der damaligen Zeit.[1] Dabei waren es weder die Rechercheergebnisse noch ein neuer Zeitgeist, die Frauen in eine grundsätzliche Opferrolle gedrängt hatten. Aber offenbar begannen Menschen zu verstehen, dass es auch in einer Beziehung, auf die man sich freiwillig eingelassen hat, zu Machtmissbrauch kommen kann. Zuvor hatte überwiegend das Narrativ (und auch die strafrechtliche Regelung) gegolten: Wer nicht laut Nein schreit, kann kein Opfer sein.

Dass die Regeln des Miteinanders neu verhandelt werden mussten, führte zu interessanten Gesprächen, aber es passte nicht allen. Wenn auch einvernehmliche Beziehungen in einem Machtgefälle missbräuchlich sein könnten – gab es dann womöglich ein ungeahntes Ausmaß von Fehlverhalten, das einen selbst beträfe? Als Täter oder als Opfer? Als junge Frau habe sie auch einmal eine Affäre mit einem Vorgesetzten gehabt, aus der sie allerdings weder beruflichen noch finanziellen Nutzen gezogen habe, schrieb Gaus. Es sei eine Privatsache gewesen. »Der Vorgesetzte war mir gegenüber nicht übergriffig gewesen, schon gar nicht hatte er mich zu irgendetwas gezwungen. Nichts geschah ohne mein Einverständnis. Jemand wie seinerzeit ich bedarf nicht des Schutzes der Bewegung #MeToo, die in anders gelagerten Fällen große Verdienste hat.«

Es steht Menschen zu, selbst zu entscheiden, ob und wann sie sich als Geschädigte wahrnehmen und wann nicht. Im Fall von Reichelt aber hatten mehrere Mitarbeiterinnen erzählt, dass sie unter dem Machtsystem, das er etabliert haben soll, gelitten hätten. Und so wurde die Recherche über den ehemaligen *Bild*-Chef eine der ersten, anhand derer ausgiebig diskutiert wurde, was Machtmissbrauch überhaupt war und inwiefern er moralisch zu bewerten oder möglicherweise zu bestrafen sein sollte. Es ist insofern auch bemerkenswert, dass der Springer-Konzern den damaligen Chefredakteur mit der offiziellen Begründung schasste, er habe über eine einvernehmliche Beziehung im Unternehmen die Unwahrheit gesagt (was Reichelt stets bestritten hat) – und nicht damit, dass er sich gegenüber Frauen im Unternehmen falsch verhalten haben könnte. In Medienkommentaren wurde nun verhandelt, welches Verhalten im Arbeitskontext angemessen war und was sich nun ändern müsse. »All die Artikel in Bild und Welt gegen political correctness, gegen Genderwahn wirken nun wie Rechtfertigungsversuche für eine aus der Zeit gefallene Firmenkultur«, stand in der *Süddeutschen Zeitung.*[2] »Der Fall Julian Reichelt zeigt, dass Unternehmen ein frühzeitiges Bewusstsein für die Risiken von Machtmissbrauch zwischen liierten Mitarbeitenden entwickeln sollten - aus Fürsorgepflicht gegenüber ihren Mitarbeitenden, aber auch aus Eigeninteresse«, kommentierte die *Neue Zürcher Zeitung.*[3] »Ändert das System!« forderte der Branchendienst Horizont.[4] »Sind Beziehungen zwischen Menschen mit beruflichem Machtgefälle vielleicht grundsätzlich schädlich?«, wurde beim SPIEGEL gefragt.[5] Und »Wollen wir amerikanische Verhältnisse?«, beim *Focus.*[6] Gegen Ende des Jahres gab der Axel-Springer-Konzern bekannt, dass er den Verhaltenskodex zu Beziehungen am Arbeitsplatz modernisiere. Führungskräfte mit Personalverantwortung müssten künftig Interessenkonflikte wie etwa eine Liebesbeziehung zu einem Mitarbeiter oder einer Mitarbeiterin aus ihrem Zuständigkeitsbereich offenlegen. Niemand sollte eine heimliche Geliebte nach Belieben fördern oder feuern können. »Wir müssen und wollen klarer formulieren, welches Verhalten wir gerade von Führungskräften im Falle von möglichen Interessenkonflikten am Arbeitsplatz erwarten, und unser Handeln konsequent daran messen«, zitierte der SPIEGEL aus einem Schreiben des Personalvorstands.[7] Es war womöglich eine Anpassung mit Blick auf den internationalen Markt, auf dem der Konzern sich zunehmend etablieren wollte.

Bis heute ist es anders als in den USA keineswegs Standard in deutschen Unternehmen, einvernehmliche Beziehungen in Hierarchiegefällen offenlegen zu müssen oder sie gar vertraglich zu verbieten. Das liegt auch daran, dass es teilweise nicht mit deutschem Recht oder moralischen Vorstellungen vereinbar ist und schwierige Fragen aufwirft: Ab wann handelt es sich um eine Beziehung? Wo beginnt sexualisierte Kommunikation? 2005 urteilte das Landesarbeitsgericht Düsseldorf, dass die US-amerikanische Supermarktkette Walmart Liebesbeziehungen zwischen Beschäftigten nicht mit einem Verhaltenskodex verbieten dürfe. Das verstoße gegen das Grundgesetz. Über weitere Regeln, um etwa lüsterne Blicke am Arbeitsplatz zu regulieren, müsse zudem der Gesamtbetriebsrat mitbestimmen dürfen.

Derartige Regelungen sind auch 2024 in Deutschland weit von der Arbeitsrealität entfernt. Aber es gibt Compliance-Expert:innen, die heute öffentlichkeitswirksam davon erzählen, wie sie von Unternehmen zur Aufklärung gerufen werden, wenn Sexismus oder härtere Vorwürfe im Raum stehen. Wie sie mutmaßlich Betroffene interviewen, Beweise und Indizien sichten und wie ein geregeltes Beschwerdeverfahren abzulaufen habe. Sie sind Fachanwält:innen für Arbeitsrecht oder ehemalige Staatsanwält:innen, die in teils hochkarätigen Anwaltskanzleien arbeiten und die im Rahmen von Compliance-Verfahren immer häufiger bei Fällen aus dem MeToo-Spektrum von Firmen konsultiert werden. Sexismus sei auch 2023 in Unternehmen ein Problem, sagte die Anwältin und Forensikerin Marie-Christine Döscher in einem Interview. »Ich glaube, das hat es immer gegeben. Es wurde nur lange Zeit unterschätzt, welche Auswirkungen das Ganze haben kann – für die Betroffenen als auch die Unternehmen selbst.«[8] Auch die Strafrechtlerin Simone Kämpfer der Kanzlei Freshfields gilt als eine der Vorreiterinnen auf diesem Gebiet. Seit Beginn der MeToo-Bewegung hat sie nach eigenen Angaben zwei Dutzend großer Fälle bearbeitet, sie wurde etwa vom Axel-Springer-Verlag beauftragt, mit einem Team der Kanzlei die Vorwürfe gegen Julian Reichelt zu untersuchen. Knapp drei Jahre später fragte die Journalistin Isabell Hülsen sie in einem Interview, wo wir nun im Umgang mit #MeToo stehen. »Wir sind weit gekommen und haben noch einen langen Weg vor uns«, antwortete Kämpfer. »Die Sensibilität für das Thema ist groß, viele Unternehmen nehmen das sehr ernst, und nicht erst, wenn etwas passiert ist, sondern schon präventiv.« Das sei ein großer Fortschritt. Sie erzählte aber auch, was weiterhin schiefging: wenn etwa Betroffene retraumatisiert würden, weil sie von nicht geschulten Kolleg:innen befragt würden. »Oder der Personalchef denkt, es reicht schon, mit dem Kollegen, den er ja ganz gut kennt, selbst zu reden, anstatt die Staatsanwaltschaft zu informieren.« Zugleich beobachte sie, dass Firmen sich viel häufiger meldeten, wenn sie Vorwürfe überhaupt nicht einschätzen könnten, aber nichts falsch machen wollten. »Wir hatten jetzt mehrfach Fälle, in denen es um eine verlängerte Umarmung ging, zur Begrüßung oder zum Abschied, wenn sich Kollegen treffen.«[9]

Eine der wichtigsten Erkenntnisse aus jener Zeit ist vielleicht diese: 2021 zeigte sich anhand der nicht mehr ganz jungen MeToo-Bewegung ein wachsendes Bewusstsein dafür, dass es sich damit, wer als Opfer gesehen wird und wer als Täter, komplexer verhielt als gemeinhin angenommen – und dass die Maßstäbe dessen, was als angemessenes Verhalten im Umgang miteinander galt, dabei waren, sich zu verschieben. Das Sprechen über MeToo ist seitdem einfacher und schwerer zugleich geworden. Einfacher, weil es alltäglicher geworden ist, mutmaßliche Missstände überhaupt anzusprechen, weil Menschen bereit sind, genauer zuzuhören, weil sie aufmerksamer sind, was das Thema betrifft, und weil professionelle Strukturen wachsen, um Missstände aufzuklären und zu verhindern. Weil Menschen überhaupt wissen, an wen sie sich wenden können. Und auch, weil das Sprechen über erlebten Missbrauch nicht mehr ausschließlich als beschämend oder verräterisch wahrgenommen wird, sondern als mutig und bewundernswert oder gar als Bürgerpflicht. Frauen, die öffentlich von ihren Erfahrungen berichteten, können zu Vorbildern für andere werden. Es ist aber zugleich schwieriger geworden, weil es einen Backlash gibt, der versucht, Quellen und Presse verstummen zu lassen. Menschen, die MeToo im Grundsatz für falsch oder übertrieben halten, sind damit teilweise erfolgreich, wie im Kapitel Backlash noch zu sehen sein wird. Das liegt auch daran, dass sie an eine Tradition von Scham und Schuld anknüpfen können, die unser Denken und Handeln bis heute prägt.

Das (un-)perfekte Opfer

Es gibt heute einen theoretischen Konsens, dass Opfer von Missbrauch und Übergriffen sich nicht schämen müssen. Die Schuld liegt beim Täter. Theoretisch. Denn in der Praxis muss ja erst einmal entschieden werden, wer und wann jemand überhaupt zum Opfer wird und wer ein Täter ist. Diese Frage ist unendlich komplex, und sie wird je nach Epoche, Kultur, Rechtssystem und Konstellation völlig unterschiedlich beantwortet.

2024 beispielsweise zeigte die Ausstellung »On Rape - And Institutional Failure« in Berlin die Abbildung eines Steins mit darauf gemeißelten Linien, unterschrieben war das Exponat mit »rape map«, eine Vergewaltigungskarte. Der Hintergrund, der auch in der Ausstellung ausgeführt wurde: In biblischen Texten habe der Wille einer Frau in Bezug auf Sexualität eigentlich keine Rolle gespielt. So wurde angenommen, dass wenn eine verlobte Frau innerhalb der Stadtmauern vergewaltigt wurde, sie laut genug schreien können müsse, um gehört zu werden. Wurde sie dennoch Opfer eine Vergewaltigung, seien sie und der Täter zu Tode gesteinigt worden. Die Frau, weil sie nicht laut genug um Hilfe gerufen hatte, und der Mann, weil er die Frau vergewaltigt hatte, die einem anderen versprochen war. Außerhalb der Stadtmauern auf dem freien Feld, ohne die Chance, gehört zu werden, wurde die Frau nicht für schuldig befunden – aber möglicherweise dazu bestimmt, den Vergewaltiger zu heiraten.[10]

Im 18. und 19. Jahrhundert wurde bei unverheirateten Frauen, die vergewaltigt worden waren, der sogenannte »Zwei-Finger-Test« durchgeführt, um zu überprüfen, ob ihre Ehre beziehungsweise ihre Jungfräulichkeit beschädigt wurde. Indem man ihr Finger in die Vagina einführte, sollte die Dehnbarkeit überprüft werden.[11] Eine sexuell aktive Frau kann nicht vergewaltigt werden, lautete die Annahme dahinter, die sich bis in die Neuzeit gehalten hat. In Indien etwa wurde die Praktik erst 2013 verboten, teils aber auch danach weiter angewandt.

Bis 1997 war in Deutschland die Vergewaltigung innerhalb der Ehe keine Straftat. Zugespitzt formuliert: Wer im Bett des Ehemannes um Hilfe schrie, schrie umsonst.[12] 2014 wertete der Bundesverband Frauenberatungsstellen und Frauennotrufe in Deutschland 107 Verfahren schwerer sexueller Übergriffe anhand von Einstellungsbescheiden und Freispruchbegründungen aus.[13] »In allen analysieren Fällen geschahen sexuelle Übergriffe gegen den eindeutigen, und dem Täter verbal zur Kenntnisse (sic) gebrachten, Willen des Opfers«, schrieb der Verband und listete derartige Entscheidungen auf:

> *Es geht um einen Fall (Fall 86) aus dem Jahr 2012, in dem der Freund der Betroffenen mit ihr schlafen will. Die Frau gibt verbal eindeutig zu verstehen, dass sie dies nicht will. Daraufhin wird sie von ihm von der Couch hochgezogen und ins Schlafzimmer geschubst, worauf sie zu Boden fällt. Da ihr Freund zuvor bereits öfter aggressiv war, die schwangere Frau mehrfach geschubst und Gewalt gegen ihre Katze und Gegenstände ausübte und sie zusätzlich Angst um ihr ungeborenes Kind hat, wehrt sie sich nicht und zieht sich, nachdem sie von ihm aufgefordert wird, ›freiwillig‹ aus, um anschließend sexuelle Handlungen über sich ergehen zu lassen. Währenddessen wiederholt sie mehrfach verbal, dass sie keinen Sex will, Schmerzen hat und er aufhören soll. Um deutlich zu machen, dass sie den Geschlechtsverkehr nicht möchte, hat sie ihren Freund sowohl angefleht als auch angeschrien.*

Weiter heißt es: »Alle für die Erfüllung des Tatbestands erforderlichen Merkmale nach § 177 StGB wurden hier von der Staatsanwaltschaft ausführlich geprüft. Das Verfahren wurde eingestellt.« So heißt es im Einstellungsbescheid: »Den Angaben Ihrer Mandantin zufolge hat der Beschuldigte jedoch weder Gewalt angewendet, um ihren (nicht geleisteten) Widerstand zu überwinden, noch hat er ihr in irgendeiner Form gedroht.«[14] Auch eine schutzlose Lage sah das Gericht nicht gegeben. Nach Auffassung der zuständigen Staatsanwaltschaft handelte es sich nicht um eine Vergewaltigung.

Kurzum: Menschen hatten bestimmte Voraussetzungen zu erfüllen oder sich auf eine bestimmte Art und Weise zu verhalten, um als Opfer zu gelten. Über Jahrhunderte war in Schriften von Wissenschaftlerinnen und Wissenschaftlern die These vertreten worden, dass aufgrund der Art und Weise, wie Männer und Frauen nun einmal geschaffen waren, das weibliche Geschlecht Schuld oder mindestens eine Mitschuld an sexuellen Übergriffen trug, von der Gerichtsmedizin bis zur Psychoanalyse, begründet mit Schriften von Aristoteles bis Sigmund Freud. Dort war von flüchtenden Frauen und hitzigen Männern zu lesen, alles als Teil einer vermeintlich natürlichen Ordnung von Sexualität und Begehren, wie Mithu Sanyal in ihrem Buch *Vergewaltigung* zusammengetragen hat.[15]

Viele Vorstellungen aus zurückliegenden Jahrhunderten haben sich als stereotype Annahmen bis in die Neuzeit gehalten, und sie sind so falsch wie paradox. Eine Frau müsse sich gegen einen Übergriff nur »richtig« wehren, dann werde ihr nichts geschehen, etwa. Die Vorstellung, dass wenn sie sich nicht »richtig« gewehrt hat, es selbst so gewollt habe. Dass Frauen sexuell erobert werden wollen. Dass sie zu Sex oder einer Beziehung umworben und überredet werden müssen. Dass ihr Aussehen oder die Kleidung, die sie tragen, ihnen eine Mitschuld an einem Übergriff oder ungewollten Avancen gibt. Dass ihre Mitschuld davon abhängt, an welchen Orten sie sich bewegen. Dass Schmerzen zum Sex dazugehören. Dass Männer immer Sex wollen und Frauen sich immer sträuben. Dass Männer sexuell so getrieben sind, dass sie gar nicht anders können, als sich Sex gewaltsam zu nehmen. Dass weiblich gelesene Personen es nicht schaffen, einen Angreifer in die Flucht zu schlagen, weil sie zu schwach sind. Dass Männer immer die Täter sind und Frauen immer die Opfer. Dass zur Vergewaltigung immer ein Penis gehört. Dass eine Vergewaltigung das Schlimmste ist, was einer Frau passieren kann. Dass man sich schämen muss, wenn man Übergriffe und Missbrauch erlebt hat.[16]

Scham und Schweigen

Oft brauchen Quellen daher Zeit und Vertrauen, bis sie sich überwinden, derart intime Erlebnisse einer Journalistin preiszugeben. Manchmal meinen sie, sich nicht richtig verhalten zu haben, einen Beschuldigten provoziert oder nicht klar oder schnell genug Nein gesagt zu haben. Manchmal fühlen sie sich schlicht beschämt wegen eines Angriffs, der bis heute irgendwie ehrverletzend wirkt.[17] Oder sie schämen sich, weil ihre Reaktionen nicht dem Verhalten entsprechen, das man vermeintlich von einer oder einem Geschädigten erwarten würde. Manchmal gibt es Chatnachrichten, die zeigen, wie wütend Betroffene waren oder sind. Dann beschimpfen sie etwa einen Beschuldigten, werden aggressiv oder ausfallend. Wut aber gehört nicht in das allgemein akzeptierte Verhaltensset eines Opfers. Von Betroffenen wird eher angenommen, dass sie traurig sind, verletzt oder gebrochen. Nicht, dass sie sich aufregen und schimpfen oder einem Beschuldigten drohen. Obwohl umgekehrt erwartet wird, dass sie sich ausreichend wehren, und das ist eines der Beispiele dafür, wie paradox bewertet wird, ob ein Opfer sich »richtig« verhält und dadurch überhaupt einen Betroffenenstatus zugebilligt bekommt. Im Gegenteil müssen sich wütende Gewaltopfer im Zweifelsfall vorwerfen lassen, dass sie ihre Emotionen nicht kontrollieren können, dass sie psychisch instabil sind, übermäßig emotional oder rachsüchtig. Dabei drücken derartige Reaktionen ein paar völlig banale Formeln aus: Quellen sind auch nur Menschen. Betroffene sind nicht perfekt. Und »das perfekte Opfer« gibt es nicht. Das liegt auch daran, dass es paradoxe Ansprüche an mutmaßliche Opfer gibt: Sie sollen ihre Verletzungen preisgeben, aber sich nicht auf den Opferstatus reduzieren. Sie sollen angemessen attraktiv aussehen, angemessen zerrüttet sein, angemessen Hilfe suchen, angemessen über das Erlebte sprechen. Sie sollen sich nicht hinter der Anonymität verstecken, aber wenn sie ihren Namen oder ein Foto von sich veröffentlichen, heißt es, sie suchten Ruhm und Aufmerksamkeit. Wenn sie schweigen, haben sie etwas zu verbergen. Wenn sie an die Öffentlichkeit gehen, wollen sie die Reputation der Beschuldigten vernichten. Wenn sie zu schnell über das Erlebte sprechen, sind sie suspekt, weil sie übereifrig an die Sache rangehen, und haben das alles auch sicherlich noch nicht richtig verarbeitet, ihnen fehlen etwas Abstand und Distanz zu dem Thema. Wenn sie zu spät über das Erlebte sprechen, ist die Frage, warum sie so lange Zeit haben verstreichen lassen, wenn es ihnen doch so wichtig ist. Sie sollen nicht passiv sein, aber sich bitte auch nicht an die Medien wenden.

Scham ist kein Reflex, sondern eine kulturell erlernte hochkomplexe Emotion, argumentiert Mithu Sanyal. »Scham ist (...) nicht von vorneherein in den Köpfen, sondern wird von außen auf eine Person gerichtet, wenn diese den sozialen Erwartungen und Normen nicht entspricht.«[18] Erst seit Frauen in den 1970er-Jahren begannen, mehr über Missbrauch zu sprechen, und zunächst in feministischen Kreisen Aufklärungsarbeit darüber betrieben, wurden diese erlernten Emotionen stärker hinterfragt, so Sanyal. MeToo hat das massiv befördert, weil auf einer sehr niedrigschwelligen Ebene infrage gestellt wurde, wer sich schämen müsse und wofür. 2020 wurde auf ProSieben »Männerwelten« ausgestrahlt, ein 15-minütiger Beitrag über Hass, Sexismus und sexualisierte Gewalt gegen Frauen, produziert von Joko Winterscheidt und Klaas Heufer-Umlauf. Die Infos darin waren nicht neu, dass auf einem Unterhaltungssender zur Primetime das Thema derart explizit dargestellt wurde, durchaus. Die Autorin Sophie Passmann führte darin durch eine Sammlung von Kleidungsstücken, die zu der Ausstellung »Was hattest du an?« gehörten, ausgestellt in Kooperation mit der Menschenrechtsorganisation Terre des Femmes.[19] Es war Bekleidung zu sehen, welche Opfer zum Zeitpunkt eines sexuellen Übergriffs getragen hatten: Jeans, Sportkleidung, ein Abiball-Kleid. Frauen können überall zu Opfern werden, und ihre Kleidung rechtfertigt in keinem Fall, was ihnen geschehen war, so die

Botschaft. Schon 2014 hatte es eine gleich gestaltete Ausstellung an einer US-amerikanischen Universität im Bundesstaat Arkansas gegeben, die wiederum auf dem Gedicht einer Wissenschaftlerin aus den frühen Nullerjahren basierte, die darin über eine Vergewaltigung am 4. Juli 1987 geschrieben hatte.[20] In dem Gedicht zählt dessen Autorin Mary Simmerling jedes Kleidungsstück auf. Sie erinnere sich so genau an jedes einzelne, schreibt sie, weil sie so oft danach gefragt und daran erinnert worden sei. Wenn es nur so einfach wäre, schreibt sie weiter, Vergewaltigungen zu beenden, indem man andere Kleidung trüge. Offenbar schien dieser Mythos der Mitschuld auch 2020 noch so wirkmächtig, dass ein Fernsehsender darüber aufklären musste. Was Täter-Opfer-Umkehr ist und wie sie aussah, war im Mainstream angekommen.

Es gibt Fälle, in denen werden mutmaßlich Betroffene durch eine sehr viel direktere Methode zum Schweigen gebracht: per Vertrag. Auf Englisch heißen solche Vertraulichkeitsvereinbarungen NDAs (Non-Disclosure-Agreements). Es handelt sich dabei um eine spezifische Form von Geheimhaltungserklärung, die zwischen zwei oder mehr Parteien getroffen wird. NDAs werden im Wirtschafts- oder Privatbereich bei Liebesbeziehungen verwendet, etwa um das Privatleben von Personen des öffentlichen Lebens zu schützen. Für MeToo in den USA spielen sie mitunter eine wichtige Rolle, da mit derartigen Vereinbarungen unterbunden werden soll, dass öffentlich Missbrauchs- oder Belästigungsvorwürfe erhoben werden können. Für die Recherchen der *New York Times* über Harvey Weinstein waren sie einige der ersten konkreten Hinweise über die Verschleierung mutmaßlicher sexualisierter Übergriffe. Der einstige Medienmogul hatte sich mit teils hohen Summen das Stillschweigen der betroffenen Frauen erkauft. In Deutschland sind derartige Schweigevereinbarungen eher unüblich. Viel beachtet wurde das Thema jüngst durch einen Podcast über die durch Suizid verstorbene Kasia Lenhardt und den Fußballspieler Jérôme Boateng mit dem Titel »NDA: Die Akte Kasia Lenhardt.«

Das Model Lenhardt hatte eine offenbar einseitige Verschwiegenheitsverpflichtung unterzeichnet – der Anwältin von Boateng zufolge auf ihren eigenen Wunsch. Laut der Recherchen hatte sich Lenhardt verpflichtet, mit niemandem über jegliche Informationen zu sprechen, die Boateng betreffen – auch nachdem die Beziehung beendet war. Boateng seinerseits hatte in einem umstrittenen Interview Lenhardt gegenüber heftige Vorwürfe erhoben, die ihre Privatsphäre betrafen. Boateng hat stets bestritten, gegenüber Lenhardt gewaltsam geworden zu sein.[21]

Vergebung

Wenig ist hingegen bis heute über die Motive von Beschuldigten und Tätern bekannt, zumindest, wenn es um Erwachsene geht. Das Gedicht von Simmerling endet damit, dass sie sagt, sich auch an die Kleidung des Täters aus dieser Nacht zu erinnern. Nur habe sie nie jemand danach gefragt.[22] Es gibt wenig Wissen und Studien dazu, warum Menschen sexuell übergriffig werden. Fühlen sie sich im Recht? Sind sie sich des Unrechts bewusst? Quälen sie absichtsvoll? Verschafft es ihnen Befriedigung? Sind sie von Macht berauscht? Sind sie sich möglicher Konsequenzen bewusst? Sind sie bemitleidenswert, egomanisch, sadistisch oder einfach nur unaufgeklärt? Schämen auch sie sich? Bekannt ist, zumindest für härtere Gewaltformen wie etwa häusliche Gewalt oder sexualisierten Missbrauch, dass Gewalt oft weitergegeben wird, Täter also etwa in der Kindheit selbst zum Opfer von Gewalt geworden sind. Es gibt Kurse für Täter, die ihre Frauen schlagen, psychologische Beratungsstellen, die Hilfe anbieten. Doch wie oftmals in dem gesamten Themenkomplex gibt es nicht ausreichend Kapazitäten und Ressourcen, um den Bedarf zu decken – ähnlich wie bei den fehlenden Plätzen in Frauenschutzeinrichtungen zum Schutz vor häuslicher Gewalt, was seit Jahren bemängelt wird. Noch schwieriger ist die Frage zu beantworten, was einen Menschen zum Sexisten macht oder dazu treibt, seine Macht zu missbrauchen. Recherchiert man über Wochen und Monate zu den Hintergründen von Vorwürfen oder Taten, zeigt sich, dass die Ursachen dafür so komplex sind wie die Biografien der Menschen, und oftmals bleibt am Ende dennoch ein Fragezeichen.

Wie bereits erklärt wurde, haben Medien die Aufgabe, alle Seiten anzuhören und Beschuldigte um eine Stellungnahme zu bitten. Eher selten kommt es aber zu einem Gespräch zwischen der Presse und dem Beschuldigten. Nur gelegentlich antworten sie auf einzelne Fragen. Sehr viel häufiger schalten sie ihre Anwälte ein, die daraufhin Briefe an die Rechtsabteilungen der Verlage schicken. Darin steht etwa, dass die Vorwürfe nicht stimmen, nicht selten enthalten derartige Schreiben den Zusatz, dass man daraus nichts zitieren dürfe. Und manchmal gibt es gar keine Reaktion auf eine solche Konfrontation. All das ist das gute Recht der Beschuldigten. Niemand hat die Pflicht, sich öffentlich zu verteidigen, zu rechtfertigen oder zu entschuldigen, und erst recht muss niemand öffentlich über Kindheitserfahrungen oder über seine intimsten Gefühle sprechen, um mutmaßliches Fehlverhalten zu erklären. Aber es führt dazu, dass die Perspektive der Beschuldigten und Täter oft eine zu große Leerstelle in der Berichterstattung bildet, auch in diesem Buch. Es verhindert, dass irgendeine Art von Klärung oder Versöhnung stattfinden kann. Immer frage ich Quellen, was sie sich von einer Veröffentlichung erhoffen. Nicht selten sagen sie mir dann, dass sie sich eine Entschuldigung wünschen, oder wenigstens ein Zeichen der Reue. Sie wollen, dass das Gegenüber sich verändert oder es zumindest versucht. Stattdessen passiert oft das Gegenteil: Die Fronten verhärten sich.

Es gibt sehr vereinzelte Beispiele, wo beschuldigte Männer sich öffentlich und vor allem umfangreich für ihr Fehlverhalten entschuldigt haben. Zum Beispiel erhoben 2019 sieben Frauen Vorwürfe gegen den US-amerikanischen Musiker Ryan Adams. Er habe ihnen angeboten, ihre Musikkarriere anzukurbeln, sie dann sexuell verfolgt und in einigen Fällen Vergeltung geübt, als sie ihn abgewiesen hatten. Adams bestritt die Vorwürfe zunächst und entschuldigte sich später ausführlich mit einem öffentlichen Brief. »Ich habe nun wirklich erkannt, welchen Schaden ich verursacht habe, ich bin niedergeschlagen und immer noch von der Tragweite der verheerenden Auswirkungen erschüttert, die mein Handeln ausgelöst hat«, schrieb er, deutete Probleme mit Alkohol an und erzählte von inneren Dämonen. Er arbeite an sich und hoffe auf Vergebung. »Ich versuche es wirklich.«[23] In Deutschland gab der Rapper Kool Savas 2023 ein Interview, in dem er seinen Umgang mit weiblichen Fans bereute, nachdem sich mehrere Frauen bei seinem Label über ihn beschwert hatten. »Für mich waren die Fans, die Sex mit mir wollten, so etwas wie eine gesichtslose, namenlose Masse«, sagte er. »Das ist irgendwann wie ein ausschweifender, unmoralischer, abgefuckter Rausch. Du stehst auf der Bühne und denkst: Die sind alle wegen mir da, die wollen alle dich. Das macht etwas mit dir.« Er habe jetzt erst so richtig verstanden, was er manchmal mit seinem Verhalten angerichtet habe, wie er Fans auf ihr Äußeres reduziert und Sex mit ihnen gehabt habe, um sein Ego zu pushen. »Ich war ein Arschloch«, sagte er.[24]

Eine umfangreiche Entschuldigung kann weiteren Veröffentlichungen den Wind aus den Segeln nehmen – wenn sie glaubwürdig ist und nicht durch neue Vorwürfe in Zweifel gezogen wird. Umgekehrt ist es nicht unwahrscheinlich, dass sich immer neue Quellen an die Presse wenden, wenn sie den Eindruck haben, dass ein Beschuldigter öffentliche Anschuldigungen ignoriert oder sich gar darüber lustig macht. Als 2023 die Vorwürfe rund um die Rockband Rammstein und vor allem den Frontsänger Till Lindemann die Öffentlichkeit bewegten, entschuldigte sich ein einzelnes Bandmitglied öffentlich. Der Schlagzeuger Christoph Schneider schrieb Mitte Juni auf Instagram in einem längeren Post: »Es tut mir leid für alle, die sich bei uns backstage nicht wohlwollend behandelt oder unsicher gefühlt haben.«[25] Es war das erste und auch das letzte Wort der Reue, das in diesen Wochen von Seiten der Stars zu hören war. Die Band hatte kurz zuvor in einem Statement geschrieben, sie verurteile jede Form von Übergriffigkeit. Man solle sich nicht an öffentlichen Vorverurteilungen beteiligen, weder jenen gegenüber, die die Vorwürfe erhoben hatten – noch ihnen gegenüber, der Band.[26]

Selbst schuld

Im Sommer 2023 hatten mehrere Medien über Vorwürfe im Umfeld der Band Rammstein berichtet. Was war passiert? Ende Mai hatte die Irin Shelby Lynn in sozialen Netzwerken die Vermutung geäußert, ihr seien im Umfeld eines Rammstein-Konzerts in Vilnius Drogen ins Getränk gegeben worden. Sie hatte Fotos von Verletzungen an ihrem Körper gepostet und von Erinnerungslücken geschrieben. Zudem hätten Mitarbeiter sie während einer Pause des Konzerts in einen kleinen Raum unter der Bühne gebracht, offenbar mit dem Ziel, dort mit Frontsänger Lindemann Sex zu haben. Er habe ihr Nein akzeptiert, sei aber wütend geworden. Die Band und Lindemann bestreiten die Schilderungen Lynns bis heute. Es sei ausnahmslos unwahr, dass Frauen Drogen verabreicht worden seien, insbesondere auch nicht, um Till Lindemann zu ermöglichen, sexuelle Handlungen an ihnen vornehmen zu können.[27] Lynn hält an ihrer Vermutung fest, hat aber schon 2023 klargestellt, keine Vorwürfe gegen Till Lindemann zu erheben – sie wisse nicht, wann oder wie das mutmaßliche Spiking passiert sei. Lynn hatte nach eigenen Angaben während eines Rammstein-Konzerts verschiedene alkoholische Getränke konsumiert und berichtet, mit K.-o.-Tropfen betäubt worden zu sein. Einen Nachweis dafür gibt es nicht, ein Drogentest am Tag danach ergab keinerlei Hinweise auf den Einsatz von K.-o.-Tropfen.[28] Diese sind sechs bis zwölf Stunden im Urin und im Blut nachweisbar. Alle strafrechtlichen Ermittlungen zu ihrem Fall wurden mangels hinreichenden Tatverdachts eingestellt.

Diverse Medien recherchierten zu diesen Vorwürfen von Lynn und weiteren Frauen, dann berichteten NDR und *Süddeutsche Zeitung*, kurze Zeit später die *Welt am Sonntag* und der SPIEGEL.[29] Es ging bei diesen ersten Medienberichten um das perfide Casting-System, das sich rund um die Band etabliert hatte und offenbar dazu dienen sollte, Frontsänger Lindemann mit Frauen für Sex zu versorgen. Es ging um Kontrollverlust und Alkohol, um Grenzbereiche von Einvernehmlichkeit und darum, ob Lindemann seine Macht gegenüber jüngeren, weiblichen Fans missbraucht habe. Und erneut wurde über mögliche Grenzüberschreitungen spekuliert, diesmal nicht zwischen Privatem und Beruflichem, sondern zwischen Künstler, Werk und Fans. Die Band und auch Lindemann bestritten jedes Fehlverhalten stets und tun es bis heute.

In den Berichten waren die teils expliziten Schilderungen von Frauen zu lesen, wie im SPIEGEL die eines jungen Fans aus Wien. Die junge Frau erzählte, dass sie 2019 mit ihrer Mutter bei einem Konzert der Band gewesen war und von einem Mitarbeiter zunächst zur After-Show-Party, dann von einer Casting-Direktorin zu einem Treffen mit Lindemann eingeladen worden sei. Ihr sei bewusst gewesen, dass es eine »sexuelle Komponente« gegeben habe, sie sei aber mitgegangen, mit einem Taxi sei sie zusammen mit anderen Frauen in ein Hotel gefahren worden. Sie sei nicht davon ausgegangen, dass dort etwas gegen ihren Willen passieren könne. Im Hotel hätte Lindemann gewartet, sie und andere Frauen hätten Wodka getrunken. Irgendwie sei sie in ein Hotelzimmer gekommen. Sie erinnere sich noch daran, dass sie aufgewacht sei – und Lindemann auf ihr gelegen habe:

> *»Als er gemerkt hat, dass ich aufgewacht bin, hat er gefragt, ob er aufhören soll«, sagt Anna, die ihre Geschichte bereits öffentlich gemacht hat, »ich wusste aber nicht mal, womit er aufhören soll.« Was zwischen Lindemann und ihr genau passiert ist, kann sie nicht sagen. Später sei sie neben einem Mitarbeiter Lindemanns aufgewacht. Am*

nächsten Morgen habe sie Flecken in der Hose gehabt. Genau wie Zoe [eine andere mutmaßlich Betroffene] habe sie zunächst Freundinnen erzählt, dass es »nett« gewesen sei mit Lindemann. Sie sei sogar wieder zum Konzert gegangen. Erst Monate später habe sie verstanden, dass man in ihrem Zustand wohl kaum zu Sex habe einwilligen können. Die Musik von Rammstein habe bei Anna mitunter für Panikattacken gesorgt.[30]

Lindemann ließ diese Schilderungen in einem nachfolgenden Rechtsstreit »mit Nichtwissen« bestreiten. Meine Kollegin Elisa von Hof und ich sprachen in dieser Zeit mit rund einem Dutzend Frauen. Nach den Anschuldigungen distanzierte sich die Band von ihrer selbst ernannten Casting-Direktorin Alena M., die offenbar gezielt Frauen über Instagram und Facebook angesprochen hatte, um sie zu Konzerten und auf für Lindemann ausgerichtete After-Show-Partys einzuladen.[31] Auch einen Dresscode – »sexy« und »gothic rock« – hatte es laut Chatnachrichten gegeben, und zudem offenbar reichlich Alkohol. Eine Frau hatte uns erzählt, dass sie die Party habe verlassen wollen, doch die Security sie erst hätte gehen lassen, nachdem sie ihre Beziehungen zu einigen hochrangigen Crewmitgliedern offenbart habe.

Auch die Influencerin Kayla Shyx schilderte in einem Youtube-Video ihre Erinnerungen an eine solche Party. Sie erzählte, wie sie mit einer Begleiterin in den Backstage-Bereich geführt worden sein soll und vor einem Raum ihr Handy habe abgeben müssen. »Und da hätte ich eigentlich direkt umdrehen sollen und wissen sollen, okay jetzt ist Schluss.« Aber die Security und Alena M. hätten sie angestarrt, M. habe »wie so eine Mom« beruhigend auf sie eingeredet. »Ich war unter miesem Druck«, sagte sie im Video, und dann habe sie ihr Handy wie die anderen auch abgegeben. Im Raum hätten schweigend Mädchen gesessen, einige hätten benommen gewirkt, andere hätten so getan, als sei das alles normal. Auf der Toilette habe eine andere Frau aus der Gruppe erzählt, warum sie dort sei. Shyx sagt im Video: »Auf einmal checke ich:

Ich bin hier als Sexobjekt.«[32] Dann habe sie Panik bekommen und sei nach einem kurzen Gespräch mit M. aus dem Raum gestürmt.

Berlins Innensenatorin kündigte infolge der Rammstein-Debatte an, die After-Show-Partys der Band in Räumen zu verbieten, für die sie politisch verantwortlich sei. Auch in München blieb die umstrittene »Row Zero« geschlossen, ein Awareness-Team sollte für mehr Sicherheit sorgen. Bundeskanzler Olaf Scholz ließ mitteilen, die Vorwürfe gehörten aufgeklärt, Kulturstaatsministerin Claudia Roth forderte einen Verhaltenskodex für die gesamte Kulturbranche, in mehreren Städten protestieren Aktivistinnen unter dem Motto #keineBühnefürTäter gegen die geplanten Rammstein-Konzerte. Frontsänger Lindemann wurde als Vergewaltiger beschimpft, im Rammstein-Büro in Berlin wurden Scheiben eingeschlagen, ein mutmaßliches Bekennerschreiben deutete auf die linke Szene. Die Reaktionen, Auswirkungen und Aggressionen übertrafen bisherige MeToo-Diskussionen in Deutschland in bis dato ungekanntem Ausmaß, zwei Lager standen sich gegenüber. Raum für Grautöne gab es wenig.

Denn parallel fand eine Entwicklung statt, die in eine völlig andere Richtung ging: Die Musik der Band stieg in den Charts, es standen wieder sechs der acht Alben in den Top 100. Bei einem der ersten Konzerte nach Bekanntwerden der Vorwürfe sagte Lindemann auf der Bühne: »Bösen Zungen glaubt man nicht, die Wahrheit kommt doch eh ans Licht.« Zehntausende bejubelten ihn und die Band im Berliner Olympiastadion. Viele weitere Menschen amüsierten sich in den sozialen Netzwerken über die Debatte, auch als weitere Wortspielereien des Frontsängers folgten, mit denen er sich über die Vorwürfe lustig zu machen schien.[33] Es gab zwei grundlegende Argumentationsmuster in vielerlei Schattierungen. Erstens: Die Frauen waren Lügnerinnen. Was sie zu sagen hatten, war schlicht erfunden. (Besonders häufig wurde das Shelby Lynn vorgehalten, die als Einzige den Vorwurf erhoben hatte, mit K.-o.-Tropfen betäubt worden zu sein. Für den Vorwurf, dass im Zusammenhang mit Konzerten der Band Frauen mit K.-o.-Tropfen betäubt wurden, sind bis zum Druckschluss dieses Buches keinerlei gesicherte Belege veröffentlicht worden.) Zweitens: Die Frauen sind selbst schuld. Es wurde also gar nicht unbedingt bezweifelt, was sie über das mutmaßliche Casting-System erzählten – dessen Existenz weder von Lindemann noch der Band bis heute dementiert wird –, sondern ob sie das Recht hatten, darüber überhaupt in der Öffentlichkeit zu erzählen. Sie hätten schließlich wissen müssen, worauf sie sich einließen. Was sie sich dabei gedacht hätten, was Backstage passiere – Cola trinken und Händchen halten?, lautete der ironische Tenor in den Kommentarspalten sozialer Medien, vor allem von Rammstein-Fans, die sich über Hashtags wie #IStandWithRammstein organisierten.

Viele Faktoren, die ein massives Machtgefälle schufen, wurden dabei ignoriert: dass hier ein wohlhabender Weltstar den ihn anhimmelnden Fans gegenüberstand. Dass es sich um teils sehr junge Frauen handelte, rund 40 Jahre jünger als der Rockstar. Dass sie sich in Räumen befanden, die für den Frontmann Alltag waren, für die Frauen aber eine unüberschaubare Ausnahmesituation darstellten – die sie im Zweifelsfall nicht einmal ohne weiteres Geleit des Sicherheitspersonals wieder verlassen konnten. Dass, so hatten sie es erzählt, es Lindemanns Team war, das dort Alkohol ausgeschenkt hatte. Dass vor der Tür die von der Band engagierten und bezahlten Sicherheitsleute standen und sie dort ihre Handys hätten abgeben müssen. Dass die Frauen von einer Casting-Direktorin aus dem Umfeld der Band Freikarten erhalten hatten. Dass es mutmaßlich einen gab, der die Regeln machte, und die Frauen diesen folgen oder sich dem hätten entgegensetzen müssen – sofern sie noch bei klarem Verstand waren. Auch wurde dabei ignoriert, dass das Casting-System offenbar so angelegt war, dass es Frauen teilweise täuschte oder mindestens im Unklaren darüber ließ, was sie im Backstage-Bereich erwartete. Natürlich gab es weibliche Fans, die sich gerne und willentlich auf intime Begegnungen mit ihrem Star einließen, ohne zu wissen, wie das genau aussehen würde. Doch es gab andere, die das nicht wollten. Waren sie ausreichend geschützt?

Für etliche Menschen, darunter viele Fans der Band, war es egal, welche Details in den Medien nachzulesen waren. Ihre Bewertung stand fest: Lindemann war ein netter Kerl, die Vorwürfe erlogen, übertrieben oder nicht berichtenswert, die Frauen dumm, Lügnerinnen oder selbst schuld. Das »Selbst-schuld«-Narrativ ist im gesellschaftlichen Diskurs so mächtig, dass es auch für Minderjährige gilt. Im späten Sommer berichteten wir, dass Lindemann im Alter von 47 Jahren ein sexuelles Verhältnis mit einer 15-Jährigen aus dem privaten Umfeld der Band begonnen haben soll. Ich hatte viele Gespräche mit der inzwischen 28-jährigen Frau aus der Kulturbranche geführt, lange hatte sie gezögert, ob sie ihre Erinnerungen öffentlich machen wollte. Inzwischen sei ihr klar, dass ihr damals geschadet worden sei, sagte sie. Die Bilder, auf denen sich die Bandmitglieder Rammsteins bei einem Konzert in einer Geste der Solidarität umarmten, nachdem die Vorwürfe öffentlich geworden waren, hatten sie wütend gemacht. Also hatte sie uns eine E-Mail geschrieben und schließlich entschieden, dass wir ihren Fall veröffentlichen könnten. »Die haben so getan, als wäre alles in Ordnung. Das fand ich ignorant und einen Schlag ins Gesicht der Frauen«, sagte sie mir. Auf unsere Fragen, ob die Details der Recherche stimmen, oder eine Bitte um Stellungnahme antwortete Lindemann über seine Anwälte nicht und hat es bis heute nicht getan. In einem Schriftsatz von Anfang Juli 2023 an das Landgericht Hamburg in einem Verfahren Lindemanns gegen den SPIEGEL hatte einer seiner Anwälte geschrieben, Lindemann würde »niemals Sex mit Minderjährigen haben«.

Die Details der Recherche lagen lange zurück, ließen sich aber anhand alter Aufzeichnungen und Gespräche Dritter ausreichend überprüfen. Also veröffentlichten wir den Text »Ich war viel zu jung«.[34] In der Geschichte ging es um jugendlichen Übermut, um getrübtes Verantwortungsbewusstsein Erwachsener, um Verliebtheit, um Alkohol und um ein enormes Machtgefälle, so schrieben wir. »Das mit Till war wie eine andere Welt. Und er gab mir das Gefühl, ich könne einen Platz an seiner Seite einnehmen«, sagte die Frau, die im Text das Pseudonym Nina Huber trägt. Darin beschrieben wir auch, wie es zum ersten Sex zwischen den beiden in der Berliner Wohnung Lindemanns gekommen sein soll, als das Mädchen 15 Jahre alt war: »Huber erinnert sich an die Adresse, die Dachterrasse, einen Kühlschrank voller Alkohol und Eiswürfel, sie hätten reichlich getrunken. Es war das erste Mal, sagt sie, dass sie Geschlechtsverkehr hatte, sie war damals in der neunten Klasse. Als sie vor der Verabredung auf einer Parkbank ihre Gedanken sortiert habe, habe sie noch überlegt, alles wieder abzusagen, sich dann aber nicht getraut: ›Ich war ja immer wieder auf seine Avancen eingegangen.‹ Sie habe sich dann stattdessen etwas Mut angetrunken.«

Auch nach Veröffentlichung dieser Recherche wiederholten sich in den sozialen Netzwerken die bisherigen Reaktionen: Empörung, Schuldzuweisungen und Unverständnis auf beiden Seiten. »Was genau ist jetzt das Problem«, »frei erfundener Bullshit« und ähnlich lautende Kommentare gab es auf X zuhauf zu lesen. Aber auch Botschaften der Anerkennung und Verbundenheit: »Danke an die mutige Frau und alle Beteiligten!« Oder: »Jeder, der hier behauptet, Lindemann würde hier keine Verantwortung treffen, hat einfach komplett fertig.«[35] Ich erhielt einige Zuschriften, darunter einen längeren Leserbrief eines Mannes, den er auch an die Chefredaktion gerichtet hatte. Er finde die Berichterstattung des SPIEGEL unseriös, die These vom Machtgefälle zwischen Lindemann und seinen vermeintlichen Opfern Humbug. Er schrieb: »Ich bin selber Vater einer 17-Jährigen (...), und die konnte schon mit 15 ›Nein!‹ sagen. Sogar schon mit 5, haben meine Frau und ich ihr beigebracht.«[36] Und so nahm die Debatte darüber, wer die Schuld trug, wer die Wahrheit sagte, wer log und ob Medien über all das berichten durften, ihren Lauf. Auch vor Gericht.

ACHT
RECHT UND GERECHTIGKEIT

Was ist gerecht? In den Diskussionen über MeToo geht bei dieser Frage einiges durcheinander. Zeit, ein paar Fäden zu entwirren

Im August 2023 stellte die Berliner Staatsanwaltschaft ihre Ermittlungen gegen Till Lindemann ein. »Ich danke allen, die unvoreingenommen das Ende der Ermittlungen abgewartet haben«, schrieb der Sänger damals auf Instagram. Das Ermittlungsverfahren war wegen des Verdachts der Begehung von Sexualdelikten wie auch Verstößen gegen das Betäubungsmittelgesetz geführt worden, dafür habe die »Auswertung der verfügbaren Beweismittel (...) keine Anhaltspunkte (...) erbracht«, stand in der Pressemitteilung der Generalstaatsanwaltschaft Berlin.[1] Wer auf der Seite Lindemanns stand, fühlte sich nun bestätigt: Der Mann war unschuldig, und die Presse hätte über den Fall niemals berichten dürfen, war unter Hashtags wie #IstandWith Rammstein zu lesen. *Ich habe nicht eine Minute an seiner Unschuld gezweifelt. Einmal mehr weiß ich, dass ich mich auf mein Bauchgefühl verlassen kann.* So oder so ähnlich war es vielfach zu lesen.[2] Auf der anderen Seite waren Menschen empört: Mehrere Frauen hatten öffentlich Vorwürfe erhoben, und nun sollte der Sänger ungestraft einfach so weitermachen dürfen?

Vieles ging in dieser Diskussion durcheinander. Staatsanwaltschaften prüfen strafrechtliche Vorwürfe und nicht, inwiefern das vorgehaltene Verhalten moralisch zu bewerten ist. Die Presse hat andere Aufgaben. Über das Casting-System etwa dürfen Medien berichten, ganz unabhängig von den strafrechtlichen Ermittlungen. In Fall von Till Lindemann kam die Staatsanwaltschaft zu dem Ergebnis, dass sich »keine konkreten tatsächlichen Anhaltspunkte für Sexualstraftaten durch den Beschuldigten« ergeben hatten.[3] Die ausgewerteten Beweismittel, so hatte die Staatsanwaltschaft Berlin es zu den Lindemann-Ermittlungen erklärt, waren vor allem die Medienberichte gewesen. Keine Frau, die Lindemann konkret sexualisierte Gewalt gegenüber sich selbst vorwarf, konnte durch die Ermittler befragt werden. Beim SPIEGEL war einige Zeit zuvor ein Brief der Berliner Staatsanwaltschaft eingetroffen: Für die Fortführung des Ermittlungsverfahrens wäre es erforderlich, »Namen und die ladungsfähige Anschrift oder anderen Kontaktdaten der Gesprächspartnerinnen oder Gesprächspartner« bekannt zu geben. Die Staatsanwaltschaft wollte also wissen, mit wem wir gesprochen hatten.[4] Es gehört zu den Grundsätzen des Journalismus, anonymisierte Quellen niemals zu verraten, auch nicht, wenn Strafverfolgungsbehörden oder Gerichte sich nach den Namen erkundigen. Das Zeugnisverweigerungsrecht von Journalistinnen und Journalisten gehört zur Pressefreiheit, die durch das Grundgesetz geschützt ist. Wir lehnten also ab, andere Medien offenbar ebenso, ein übliches Vorgehen. Wir gaben aber unseren Informantinnen, mit denen wir in Kontakt waren, die Bitte der Staatsanwaltschaft weiter und überließen ihnen, wie sie damit umgehen wollten.

Dass sich Frauen bis zu diesem Zeitpunkt mit Ausnahme von Shelby Lynn offenbar nicht an die deutschen Strafverfolgungsbehörden, sondern ausschließlich an Journalist:innen gewandt hatten, ist wenig überraschend. Wie bereits erklärt wurde, spielen hierbei Schamgefühle, Ängste, teils auch mangelndes Vertrauen oder Unwissen über die Institutionen eine Rolle. Die von Till Lindemann beauftragten Medienanwälte hatten früh verkündet, nicht nur gegen die Presse vorzugehen, sondern auch gegen einzelne Frauen, die Vorwürfe erhoben hatten. »Wir werden wegen sämtlicher Anschuldigungen dieser Art umgehend rechtliche Schritte gegen die einzelnen Personen einleiten«, teilte die Kanzlei per Pressemitteilung mit.[5] Es war klar, dass diese Ankündigung einschüchternd auf Quellen wirken würde. Einen Anwalt, um sich zu verteidigen, konnte sich nicht jede der Frauen leisten, genauso wenig wie die mentale Belastung, die mit womöglich jahrelangen Prozessen einhergehen würde.

MeToo vor Gericht

Was Opferzeugen in einem Strafverfahren aus dem MeToo-Bereich aushalten müssen, konnte ich 2021 in einem langen und verworrenen Prozess um Vorwürfe sexuellen Missbrauchs gegen einen international bekannten HIV-Spezialisten aus Berlin beobachten. Während der Recherche hatten wir uns ausgiebig mit medizinischen Standards beschäftigt, den Details einer Prostatauntersuchung und eines bestimmten Untersuchungsstuhls, der in den Schilderungen der mutmaßlich Betroffenen immer wieder vorkam. Wir hatten uns mit den Strukturen der Ärztekammer und des Landesamts für Gesundheit und Soziales in Berlin auseinandergesetzt, mit dem Stigma schwuler Sexualität und medizinischen Standards und dafür viele Hundert Seiten von Dokumenten und Unterlagen analysiert. Wir hielten all das für so relevant, das Schweigen für so übermächtig, dass wir es als unsere Aufgabe sahen, die Öffentlichkeit nun mit möglichst vielen Details über die mutmaßlichen Missstände zu informieren. Deshalb entschieden wir auch in Absprache mit den uns beratenden Anwälten, den Namen des Arztes zu nennen, zumindest in abgekürzter Form. Im Prozess, rund eineinhalb Jahre nach unseren ersten Veröffentlichungen, ging es nun darum, wie ein Strafgericht die Vorwürfe der Staatsanwaltschaft bewerten würde. Ich hatte eine sachliche Aufklärung erwartet und ging davon aus, dass Schilderungen gehört, überprüft und Gegenargumente abgewogen werden würden, auch kritisch, auch hart in der Sache. Nicht erwartet hatte ich, wie aggressiv die Strafverteidiger des Arztes die Opferzeugen und andere mutmaßlich Betroffene angreifen würden – vor allem einer von ihnen, der ebenso die linke Tageszeitung *taz* in presserechtlichen Fragen vertritt. Dieser Anwalt verhielt sich im Gerichtssaal dergestalt, dass er immer wieder vom vorsitzenden Richter ermahnt werden musste. Er unterbrach die Zeugenaussagen, machte laute Zwischenbemerkungen, erhob die Stimme, schrie herum. Der Vorsitzende hatte diesem Verteidiger am zehnten Verhandlungstag »Sabotage« vorgeworfen, die Staatsanwältin sagte, sie könne ob seiner Zwischenbemerkungen keine stringente Befragung durchführen.[6] Ich empfand sein Verhalten als nervig, grenzüberschreitend und einschüchternd. Auch uns Journalistinnen und Journalisten hatte er zuvor schon beschimpft. Wir seien »Schmierfinken« und betrieben »Hinrichtungsjournalismus«, hatte er uns schon zuvor in einem Schriftsatz geschrieben, als es darum ging, ob und in welchem Umfang wir über die Vorwürfe, die wir recherchiert hatten, berichten durften. Wer ihn vor Gericht erlebt hat, »kann sich an einen Bulldozer erinnert fühlen, der ein Kartenhaus plattmacht – und sicherheitshalber rückwärts noch mal drüberfährt«, schrieb der SPIEGEL-Journalist Jürgen Dahlkamp, der den Fall und unsere presserechtliche Auseinandersetzung aufgegriffen hatte.[7]

In dem Strafprozess stellte dieser Anwalt die Opferzeugen wahlweise als Lügner oder Verrückte hin. Ein Gedankenprotokoll eines der Männer über eine mutmaßliche Missbrauchstat, das in verschiedenen, überarbeiteten Versionen vorlag, nannte der Anwalt ein »Produkt von Interpretation und Erfindung«. Er argumentierte, es handele sich bei den Opferzeugen um »Kesseltreiber« und Neider, und vertrat die Ansicht, die Anschuldigungen seien Teil einer Kampagne, die seinen Mandaten, den renommierten und anerkannten Arzt, beschädigen sollte. In einer anderen Situation streckte der Anwalt, während er einen Opferzeugen befragte, die Hand mit erhobenem Mittelfinger in dessen Richtung. Später behauptete er, er habe damit den Untersuchungsvorgang zeigen wollen. Ich erinnere mich bis heute, wie in diesem Augenblick von den Zuschauerbänken ein Raunen durch den Saal ging, jemand hörbar nach Luft schnappte. Und auch wir Journalistinnen und Journalisten, die beinahe jeden Prozesstag begleiteten, waren teils so entnervt von dem Gebrüll und Gezeter im Gerichtssaal, dass wir diese stundenlangen Termine oft schon seufzend begannen und mit Kopfschmerzen wieder verließen.

Erst hinterher verstand ich, dass es sich um eine keineswegs unübliche Strategie handelte, die Glaubwürdigkeit der Opferzeugen zu beschädigen und den eigenen Mandanten zu verteidigen. Und dass die Messlatte, wie aggressiv man sie befragen und angehen konnte, in manchen Fällen noch sehr viel höher lag, besonders bei Prozessen um MeToo-Vorwürfe. Nachdem ich es in anderen Prozessterminen ähnlich beobachtet hatte, fasste ich meine Eindrücke darüber, was dort schieflief, insbesondere wenn es um Aussage-gegen-Aussage-Konstellationen ging, auf X so zusammen:

> *Ich habe in den letzten Monaten viel Zeit in #MeToo-Prozessen an deutschen Gerichten verbrachte* (sic) *und fasse hier aus meinen Beobachtungen zusammen, was für (mutmaßliche) Opfer extrem problematisch läuft (#1Thread):*
>
> 1. *Wenn Opferzeug:innen sich schlecht erinnern können, sind sie nicht glaubwürdig oder ihre Aussagen nicht stichhaltig genug, sodass es: *im Zweifel für den Angeklagten* heißt.*

2. *Haben sie sich Notizen gemacht, Gedankenprotokolle etc. werden diese im Zweifelsfall genutzt, um Widersprüche zu säen – weil etwa die Erinnerungen an die mutmaßlichen Übergriffe verblasst sind und anders als das, was vor langer Zeit verschriftlicht wurde.*
3. *Hat ein:e Opferzeug:in kaum Belege dokumentiert (Memos, Quittungen, Emails und Nachrichten an Vertraute etc.), heißt es, das sei nicht auszuschließen, das (sic) alles erfunden sei.*
4. *Hat die Person zu viele Belege dokumentiert, sich an verschiedene Stellen um Hilfe gewendet, mit vielen Dritten gesprochen, nach weiteren Opfern gesucht, wird ihr Verfolgungseifer unterstellt.*
5. *Ist ein Opfer alleine, heißt es: das ist ein Einzelfall und in der Form natürlich schwer zu belegen.*
6. *Sind die Opfer viele, kann argumentiert werden: Es ist eine Kampagne, die Menschen haben sich verschworen.*
7. *Zeigt eine mutmaßlich missbrauchte Person bei der Aussage wenig Gefühle, gilt sie als unglaubwürdig oder berechnend (siehe oben). Erhebt sie keine scharfen Anschuldigungen ist merkwürdig, dass *alles ja nicht so schlimm gewesen sein könne*.*
8. *Zeigt eine mutmaßlich missbrauchte Person bei der Aussage sehr viele Gefühle, kann ihr unterstellt werden, sie sei psychisch instabil. Erhebt sie scharfe Anschuldigungen werden einseitige Belastungstendenzen vermutet.*
9. *Ist eine Person sehr schlecht vorbereitet, heißt es, das könne ihr offenbar alles nicht so wichtig sein.*
10. *Ist eine Person extrem gut vorbereitet, siehe oben: Belastungseifer. Motive wie Rache etc. werden unterstellt.*
11. *Ist die Person nicht akademisch gebildet oder kann sich sprachlich nicht so gut ausdrücken: prinzipiell schon mal weniger glaubwürdig und schlecht verständlich.*
12. *Ist die Person hervorragend akademisch gebildet: Die hat ja genau verstanden, was passiert ist – warum hat sie sich nicht gewehrt? Das war doch alles auf Augenhöhe.*[8]

Wahrheit und Lügen

Zeuginnen und Zeugen sind ebenso wie Quellen nicht perfekt. Sie gelten als das am wenigsten zuverlässige Beweismittel, lautet eine gängige Auffassung in der Justiz. Es kommt vor, dass sie lügen, sich irren, sich falsch oder kaum erinnern, übertreiben oder beschwichtigen, Details verzerren, oder dass Wut, Enttäuschung oder Kränkung ihre Wahrnehmung beeinflussen. »Da Falschanzeigen zu den klassischen Vergewaltigungsmythen gehören, ist es ein großes Tabu, auch nur in Erwägung zu ziehen, dass es sich bei einer Anzeige um etwas anderes als die Wahrheit und nichts als die Wahrheit handeln könnte (...)«, schreibt Mithu Sanyal.[9] Dem steht gegenüber, was Zeuginnen und Zeugen erleben: Diffamierung, Ignoranz, Schweigen, Verunglimpfung, Hass, Vorurteile, Skepsis, Beschimpfungen und Drohungen. Es ergibt keinen Sinn, das eine gegen das andere aufzuwiegen. Beides ist schlimm, beides ist falsch. Genau wie Opfer von sexualisierter Gewalt müssen Menschen anerkannt und entschädigt werden, wenn sie nachweislich Opfer von Falschbeschuldigungen geworden sind. So wie im Fall von Jörg Kachelmann, der 2011 von einem Vergewaltigungsvorwurf freigesprochen wurde. Die Frau, die ihn beschuldigt hatte, wurde später vom Oberlandesgericht Frankfurt am Main in einem zivilrechtlichen Verfahren zur Zahlung von knapp 7100 Euro Schadensersatz verurteilt, mit der Begründung, dass sie »wissentlich eine unwahre Strafanzeige erstattet« hatte. Sie bestritt das. Ein entsprechendes Ermittlungsverfahren gegen die Frau stellte die Staatsanwaltschaft Mannheim einige Monate später ein. Strafrechtlich wurde sie also nie belangt. Der Springer-Verlag musste nach einem weiteren Verfahren mehrere Hunderttausend Euro Entschädigung an Kachelmann zahlen, weil die *Bild* während des laufenden Prozesses etwa Chats abgedruckt hatte, die seine Privatsphäre betrafen, und bestimmte Fotos gezeigt hatte und damit wiederholt seine Persönlichkeitsrechte verletzt und ihn vorverurteilt hatte, schlussfolgerte das Gericht. Etwa wegen eines Fotos, das ihn beim Hofgang in der Justizvollzugsanstalt mit nacktem Oberkörper zeigte. Der Meteorologe sei »unter Missachtung seiner Würde zur bloßen Belustigung beziehungsweise Befriedigung der Neugier des Publikums« vorgeführt worden, hieß es im Urteil.[10]

Es gibt erschütternd wenige Untersuchungen dazu, wie oft Falschbeschuldigungen sexualisierter Gewalt gegenüber Strafverfolgungsbehörden vorkommen – was erstaunlich ist, in Anbetracht der Tatsache, wie häufig dieser Vorwurf erhoben wird. Eine Erhebung im Auftrag des Bayerischen Innenministeriums untersuchte, wie häufig Sexualdelikte vorgetäuscht wurden und es zu falschen Verdächtigungen kam. Demnach seien gezielte falsche Beschuldigung, bei Fällen ohne psychische und/oder soziale Auffälligkeiten, »um sich an einem Mann zu rächen, sich materielle oder sonstige Vorteile zu verschaffen«, unter den analysierten Anzeigen »die absolute Ausnahme«.[11] In 7,4 Prozent der ausgewerteten Fälle von angezeigten Sexualdelikten habe die Polizei eine Anzeige wegen falscher Verdächtigung oder Vortäuschens einer Straftat erhoben. Die Untersuchung beruht auf Daten aus dem Jahr 2000. Eine aktuelle, bundesweite und repräsentative Studie zu dem Thema gibt es nicht. Eine US-Studie aus dem Jahr 2010 kommt größtenteils zu dem Ergebnis, dass der Anteil der Falschbeschuldigungen zwischen zwei und zehn Prozent liegt.[12]

In England und Wales wurden für einen Bericht 121 mutmaßlich falsche Anzeigen zu Vergewaltigungen und häuslicher Gewalt aus 2011/2012 untersucht. Rund 40 Verdächtigte wurden wegen Falschaussagen über Vergewaltigung und häusliche Gewalt verurteilt. Man fand aber auch heraus, dass in anderen Fällen durchaus ein Sexual- oder Gewaltverbrechen stattgefunden haben könnte. Einige Opfer hatten ihre Aussagen widerrufen, weil sie Vergeltungsmaßnahmen seitens des Täters befürchteten. Andere wollten einfach nur zu ihrem Alltag zurückkehren, statt sich dem hohen Druck einer Ermittlung auszusetzen. Die Untersuchung der britischen Regierung ergab auch, dass häufig die Eltern die Anzeigen für ihre jugendlichen Kinder erstattet hatten, wobei unklar war, ob es sich wirklich um nicht einvernehmlichen Sex gehandelt hatte. Vielfach hatten auch Drogen, Alkohol und psychische Erkrankungen eine Rolle gespielt. Im Bericht steht etwa dieses Beispiel: »In einem Fall rief eine Verdächtige mit psychischen Problemen bei der Polizei an und behauptete, von einer ungenannten Person vergewaltigt worden zu sein. Kurz nachdem die Polizei eintraf, gab sie zu, dass die Behauptung falsch war und dass sie eine Falschmeldung gemacht hatte, weil sie Nahrung und eine Unterkunft wollte.« Es habe andere Fälle gegeben, in denen die Anschuldigung selbst nachweislich falsch, zugleich aber klar gewesen sei, dass die Person in anderen Situationen Opfer von Vergewaltigung oder häuslicher Gewalt geworden sei.[13] »Wenn Menschen über Missbrauchserfahrungen lügen, muss das nichts mit Rache zu tun haben«, sagte mir die Psychologin und Trauma-Therapeutin Marianne Rauwald im Gespräch. »Mitunter findet man in diesen Fällen sehr kranke Menschen, und am Grund ihrer Seelen findet man dann trotzdem häufig missbräuchliche Strukturen.«

Setzt man das Machtverhältnis zwischen Opferzeugen und Angeklagten ins Verhältnis, fällt es bei Verhandlungen aus dem MeToo-Spektrum sehr viel häufiger zuungunsten jener aus, welche die Beschuldigungen vorbringen und glaubhaft darstellen müssen. Es ist weithin bekannt, dass nur ein Bruchteil der sexualisierten Gewalttaten überhaupt angezeigt wird. Laut der repräsentativen Dunkelfeldstudie von 2020 wird nur etwa jede zehnte Straftat wegen sexuellen Missbrauchs oder Vergewaltigung in Deutschland der Polizei mitgeteilt, bei körperlicher sexueller Belästigung sind es nur 2,2 Prozent. Und noch seltener werden sexueller Missbrauch oder Vergewaltigung durch Partner oder Ex-Partner angezeigt, nämlich in nur 0,6 Prozent der Fälle.[14] Selbst wenn es zu einer Anzeige oder einer Anklage kommt, sind Verurteilungen nicht die Regel. Dem Kriminologen Christian Pfeiffer zufolge führen nur 7,5 Prozent aller angezeigten

Vergewaltigungen zu einer Verurteilung. An der Erhebung solcher Daten wird häufig kritisiert, dass sie bestimmte Hintergründe nicht ausreichend berücksichtigen – etwa, wenn ein Opfer sich nach der Anzeige zurückzieht und gegen eine weitere Zeugenaussage entscheidet. »Im Grunde hat die Frau nur eine Chance, vom Gericht ernstgenommen zu werden, wenn sie unmittelbar nach der Tat von einem Arzt feststellen lässt, dass es unter Gewalteinwirkung zum Geschlechtsverkehr kam. Hilfreich ist es auch, wenn nachher eine Bekannte bestätigen kann, dass die Frau nach der Tat völlig aufgelöst und verzweifelt war«, sagte er in einem Interview auf die Frage, wie sich Vergewaltigungen innerhalb einer Beziehung nachweisen lassen.[15]

Nicht selten zerbröseln weitreichende Vorwürfe vor Gericht zu Details, und es bleibt wenig übrig von dem, was ursprünglich vorgetragen wurde. 2018 beispielsweise hatten 29 Frauen den damaligen Chef des Weißen Ringes in Lübeck angezeigt, weil er sie belästigt haben soll, berichtete der SPIEGEL. Von der Staatsanwaltschaft zur Anklage gebracht aber wurden nur vier Fälle, etwa, weil viele andere mutmaßliche Taten schon verjährt waren. Nur in einem davon sah das zuständige Gericht einen hinreichenden Tatverdacht. Und so wurde dieser eine Fall verhandelt, bei dem es darum ging, dass der Mann seinen Penis aus der Hose gezogen haben soll, als eine Frau bei der Opferschutzorganisation Hilfe gesucht habe. Der bestritt alle Vorwürfe, nach der Beweisaufnahme blieben erhebliche Zweifel, und er wurde freigesprochen. Die Vorsitzende Richterin sagte in ihrer Urteilsbegründung, dass zwar vieles vorwerfbar sei, aber nicht strafbar. Und dass die Zeugin die Fähigkeit habe, »sehr überzeugend auszusagen«, ohne dabei immer vollständig die Wahrheit auszusagen.[16]

Ich habe noch nie ein Gespräch mit mutmaßlich Betroffenen oder Informanten geführt, in dem ich konkrete Hinweise dafür erkannt hätte, dass mich jemand absichtsvoll belogen hätte. Ungenauigkeiten, lückenhafte Schilderungen, Übertreibungen, Untertreibungen sind mir aus meinem Arbeitsalltag mit Quellen bekannt. Lügenkampagnen hingegen nicht. Wohl aber habe ich viele Interviews gelesen und Gerichtsverhandlungen erlebt, in denen beschuldigte Männer Dinge behauptet haben, die mit Informationen, die mir vorlagen, einfach zu widerlegen gewesen wären. Es ist oft frustrierend, zu sehen, wie Beschuldigte oder auch ihre Verteidiger und Verteidigerinnen mit kleineren oder größeren Unwahrheiten oder verdrehten Tatsachen durchkommen. Das passiert schon allein deshalb, weil sie so vielzählig sind, dass es weder ausreichend Raum noch Kapazitäten gibt, für jede einzelne einen Gegenbeleg oder Gegenbeweis zu erbringen. Nicht über jedes Stöckchen möchte man springen, nicht jede falsche Fährte widerlegen. Es würde all jene Kapazitäten binden, die nach einer Recherche wieder frei werden müssen, auch um an neuen Themen weiterarbeiten zu können. Und so lohnt es oftmals nicht, jede Auseinandersetzung bis ins kleinste Detail zu führen, das habe ich im Gerichtssaal ebenso erlebt wie im Medienbetrieb. Choose your battles wisely – man muss sich eben entscheiden, welche Kämpfe sich lohnen, geführt zu werden. Auch als Journalist oder Journalistin im MeToo-Umfeld.

Strafrecht

»Angeklagte dürfen schweigen. Angeklagte dürfen lügen. Das ist ihr gutes Recht und darf wie die Unschuldsvermutung nicht angetastet werden. Alles andere bedeutet die Abschaffung des rechtsstaatlichen Verfahrens«, schreibt die Strafrechtsanwältin Christina Clemm in ihrem Buch *AktenEinsicht*.[17] Im Gespräch für dieses Buch sagte sie mir: »Wir können nicht aufgrund gefühlter Wahrheiten irgendjemanden einsperren. Wenn Zweifel bleiben, dann wird jemand freigesprochen, das ist auch richtig so. Das heißt nicht, dass er unschuldig ist.« Womit die Komplexität von Recht und Gerechtigkeit andeutungsweise zusammengefasst wäre.

Clemm arbeitet seit vielen Jahren als Strafverteidigerin und als Nebenklägervertreterin von Opfern sexualisierter und rassistisch motivierter Straftaten. In ihren Büchern und in Interviews kritisiert sie immer wieder, was vor Gericht bei Verfahren aus dem MeToo-Spektrum schiefläuft. Ihr zufolge beginnen die Fehler schon, bevor irgendjemand einen Fuß in einen Gerichtssaal gesetzt hat. »Beim LKA Berlin haben wir ein großes Kapazitätsproblem, da werden Ermittlerinnen und Ermittler für sogenannte Clankriminalität aufgestockt statt für geschlechtsbezogene Gewalt. Das ist eine politische Entscheidung«, sagte sie. Für diese Art Delikte, die aber im Einzelfall eher komplexe Verfahren nach sich zögen, sei unser Rechtssystem nicht ausreichend ausgestattet. Auch bei den Staatsanwaltschaften und zuständigen Gerichten fehle Personal. Die Mandantinnen müssten häufig Monate oder Jahre durchhalten, bis es zu einer endgültigen Entscheidung kommt. Und Verfahren, bei denen Frauen nicht anwaltlich vertreten sind, würden ihrer Erfahrung nach sehr häufig eingestellt.

»Und natürlich sind die Verfahren geprägt von falschen Vorannahmen, wir sprechen da von Vergewaltigungsmythen«, sagte Clemm. »Es gibt Richter und Richterinnen, da weiß ich, dieses Verfahren wird in einem Freispruch enden. Und ich weiß, bei anderen haben wir eine echte Chance.« Auch Richterinnen erlebe sie als misogyn. Bis heute etwa werde in Verhandlungen die Frage gestellt, warum eine Frau während eines Übergriffs nicht einfach aufgestanden und gegangen sei. Das *Freezing*, das im Kapitel Trauma beschrieben ist, wird offenbar nicht immer ausreichend berücksichtigt. »Es ist ein Problem, dass sich viele gar nicht reindenken können, wie verängstigend ein sexualisierter Angriff ist, auch wenn er nicht gewalttätig ist«, bemängelt Clemm. Dass etwa eine Frau, der ein Physiotherapeut den Finger in die Vagina einführe, nicht still liegen bleibe, weil sie das wolle, sondern weil sie in Schockstarre ist. »Und es ist auch bis heute eine gängige Argumentation der Verteidigung, eine Frau als psychisch krank zu bezeichnen, um sie der Lüge zu bezichtigen oder ihre Aussage anzuzweifeln«, sagte Clemm. Einmal habe sie eine 40-jährige Mandantin bei Vergewaltigungsvorwürfen vertreten. »Und dann soll sie ihre Unterarme zeigen. Da hatte sie ein paar Narben. Sie sagte, dass sie sich als 15-Jährige einige Male geritzt hatte. Sofort hieß es: Oh, dann muss sie eine Borderline-Persönlichkeitsstörung haben, dann kann man ihr nur eingeschränkt glauben. Es folgte eine aussagepsychologische Begutachtung, die neben ihrer erneuten Erniedrigung erbrachte, dass ihre Aussage glaubhaft war.« Dass Mandantinnen ihre Unterarme im Gerichtssaal vorzeigen sollten, habe sie schon häufiger erlebt, sagte Clemm.

Fehlende Kapazitäten, mangelnde Fortbildungen, stereotype Vorstellungen von gesellschaftlich gängigem Verhalten – all das führe dazu, dass die wenigen Menschen, welche sich zur Polizei wagten, häufig scheiterten, so Clemm. »Wir sind fixiert auf das Sexualstrafrecht, und dass man nur berichten, erzählen, glauben soll, wenn es eine rechtskräftige Verurteilung gibt. Aber die scheitert an so vielen Gründen, dass man sagen kann: Es gibt eine Kultur der Straflosigkeit.« Zudem fordere sie im Auftrag ihrer Mandantinnen häufig ein niedrigeres Strafmaß, als vielleicht angemessen wäre. Für viele Mandantinnen sei es besser, wenn ein Täter nicht ins Gefängnis komme. Denn Betroffene stellten sich die Frage: Was passiert, wenn er wieder rauskommt? »Dann haben sie noch mehr Angst«, sagte Clemm. »Kann man Menschen überhaupt raten, Sexualdelikte anzuzeigen?«, fragte ich die Strafrechtlerin. »Grundsätzlich rate ich weder zu noch ab«, antwortete sie. »Ich versuche, Mandantinnen alle Informationen zu geben, um sie in die Lage zu versetzen, selbst entscheiden zu können. Weil genau das ihnen bei den Taten geraubt wurde.«

Während dieses Buch entstand, fällte das oberste Berufungsgericht in New York eine Entscheidung, die für viel Aufsehen sorgte. Harvey Weinstein war bis dahin *das* eine Beispiel, das immer wieder in einer Art Leuchtturmfunktion herangezogen wurde, wenn es darum ging, einen wasserdichten MeToo-Fall vorzuzeigen. Hier hatte ein Täter seine vermeintlich gerechte Strafe bekommen, der ehemalige Hollywood-Produzent war wegen Vergewaltigung und sexueller Nötigung von einem Gericht in New York zu einer Freiheitsstrafe von 23 Jahren und von einem anderen Gericht in Los Angeles zu 16 Jahren Haft in einem anderen Fall verurteilt worden. Im Frühjahr 2024 hob das Berufungsgericht New Yorks das erste Urteil auf und ordnete ein neues Verfahren an: Die Sache sei nicht sauber gelaufen, so die Begründung. Denn das Gericht hatte auch Zeuginnen zu möglichen weiteren Taten angehört, die nicht Teil der Anklageschrift gewesen waren. Die Verteidigungsstrategie von Weinsteins Anwältin hatte darin bestanden, die sexuellen Handlungen für einvernehmlich zu erklären. Sie spielte also das alte Spiel: Auch wenn die Zeuginnen etwas ganz anderes aussagten, hatten sie nach dieser Logik alles selbst gewollt und es sich dann erst später anders überlegt. Weinstein selbst war demzufolge das Opfer, und die Frauen hatten ihn benutzt, um sich Vorteile zu verschaffen. Zusätzliche Zeuginnen heranzuziehen, die von nicht einvernehmlichen Handlungen Weinsteins erzählten, aber nicht Teil der Anklage waren, war der Versuch der Staatsanwaltschaft gewesen, diesem Narrativ etwas entgegenzusetzen. In New York war das nach hinten losgegangen. Nun muss der gesamte Prozess von vorne aufgerollt werden. Auch gegen das zweite Urteil, das in Kalifornien erlassen wurde, wurden von Weinsteins Anwälten bereits Rechtsmittel eingelegt. Die Entscheidung aus New York war knapp und umstritten: Drei von sieben Richterinnen und Richtern des New Yorker Berufungsgerichts hatten bei der Aufhebung des Urteils gegen Harvey Weinstein eine abweichende Meinung vertreten. Eine von ihnen warf ihren Kollegen in einem Statement vor, »einen beunruhigenden Trend fortzusetzen, der darin besteht, die Schuldsprüche der Geschworenen in Fällen sexueller Gewalt aufzuheben«.[18] Ein ehemaliger Staatsanwalt, welcher die Strafverfolgung gegen Weinstein 2020 eingeleitet hatte, kommentierte: »Wie können wir nach dieser Entscheidung den Opfern das Vertrauen geben, dass das System funktionieren kann, um Sexualstraftäter wie Weinstein zur Verantwortung zu ziehen?«[19]

Wann ist ein Nein ein Nein?

Würde man aus heutiger Sicht zurückliegende Urteile in Sexualstrafverfahren bis hoch zum Bundesgerichtshof auswerten, man könnte wohl kopfschüttelnd ein eigenes Buch damit füllen. Der BGH hob 2012 etwa eine Verurteilung wegen Vergewaltigung trotz der Feststellung auf, dass die Geschädigte »aufgrund ihrer Gewalterfahrungen (...) in ständiger Furcht vor neuen Übergriffen« gegen sich und die gemeinsamen Kinder durch den körperlich überlegenen Ehemann lebte und es ihr deshalb schwerfiel, »dem Willen des Angeklagten etwas entgegenzusetzen. Diese Lage wurde von dem Angeklagten bewusst ausgenutzt«, um die Frau zum Sex zu zwingen. Die Vorinstanz habe sich nicht ausreichend damit befasst, ob die Frau aus der Wohnung hätte flüchten können oder es ihr »in zumutbarer Weise« möglich gewesen wäre, Hilfe zu rufen. »Die Feststellung, dass sie bei einer Gegenwehr mit Schlägen des Angeklagten rechnete und alles unterließ, was ihre Kinder wecken konnte, damit nicht auch sie Opfer befürchteter Übergriffe des Angeklagten werden, belegt nur, dass sich [die Geschädigte] schutzlos fühlte, weil sie keinen Weg sah, Dritte ohne Risiko für sich selbst und ihre Kinder auf ihre Situation aufmerksam zu machen. Ob und inwieweit ihre Befürchtungen tatsächlich berechtigt waren und sie deshalb – worauf es hier maßgeblich ankommt – auch bei objektiver Betrachtung keine Möglichkeit hatte, fremde Hilfe in Anspruch zu nehmen, hat das Landgericht nicht geprüft, obgleich hierzu Anlass bestand«, befand der BGH und verwies das Verfahren zurück ans Landgericht. Sie hätte ja durch Schreie in der Nacht (während ihre Kinder schliefen) die Nachbarn in dem

Mehrfamilienhaus alarmieren können, sodass diese zur Hilfe hätten kommen können, so die Argumentation.[20] Ein anderer Fall sorgte 2012 für besondere Aufmerksamkeit: Vor dem Essener Landgericht musste sich ein 31-Jähriger verantworten. Ihm war vorgeworfen worden, ein 15-jähriges Mädchen in seiner Wohnung vergewaltigt zu haben. Die Kammer sprach den Mann frei. Das Mädchen habe weglaufen oder um Hilfe rufen können, habe aber alles über sich ergehen lassen. »Das reicht nicht, um jemanden zu bestrafen«, wurde die Vorsitzende Richterin in einer Lokalzeitung zitiert.[21] Ein anderes Beispiel ist mir aus einer meiner Recherchen in Erinnerung geblieben. In Hamburg, so hatten wir im Zuge unserer Nachforschungen zu Missbrauch im Medizinbetrieb erfahren, beschwerten sich drei Mitarbeiterinnen über einen Vorgesetzten in der Ärztekammer. Es sei zu sexistischen Äußerungen und Gesten gekommen, in einem Fall zu zwei unerwünschten Küssen, die Frau hatte ausgesagt, der Vorgesetzte habe ihr überraschend in den Slip gefasst. Der Vorgesetzte wies alle Vorwürfe von sich; ein Kuss habe stattgefunden, jedoch auf Initiative der betreffenden Frau. Die Staatsanwaltschaft Hamburg ermittelte in einem Fall, stellte das Verfahren 2018 aber ein. Dem Beschuldigten sei kein strafbares Verhalten nachzuweisen, die betreffende Frau habe keine Gewalthandlungen beschrieben, sie sei auch nicht in einer schutzlosen Lage gewesen. »Ein kurzzeitiger Zungenkuss ohne sonstige sexuell motivierte Berührungen stellt (...) keine sexuelle Handlung dar«, steht in dem Einstellungsbescheid, der sich auf Vorwürfe aus dem Jahr 2015 bezieht.[22] Unabhängig davon, ob die Vorwürfe zutrafen: Einen Straftatbestand erfüllten sie damals nicht.

Schon vor MeToo hatte es Anzeichen gegeben, dass sich für viele Menschen das Sexualstrafrecht nicht gerecht anfühlte. Frauenrechtsorganisationen hatten verschiedene Initiativen gestartet, Zehntausende unterzeichneten die Unterschriftenaktion »Vergewaltigung – Schluss mit der Straflosigkeit« von 2013.[23] Nach dem Freispruch für den

31-Jährigen vor dem Landgericht Essen war die öffentliche Empörung ungewohnt groß, wenige Monate vor Beginn der #aufschrei-Debatte. Kaum ein Fall aber berührte das wachsende Unbehagen so sehr wie der von Gina-Lisa Lohfink, der dazu führte, dass die deutsche Öffentlichkeit im Jahr 2016 über Schuld und Unschuld diskutierte. Lohfink war als Teilnehmerin bei »Germany's Next Topmodel« und anderen Doku-Soap-Formaten bekannt geworden. Nachdem 2012 unterschiedliche Medienhäuser Angebote eines »Sex-Videos« mit ihr erhielten, dieses aber nicht veröffentlichten, begannen entsprechende Aufnahmen von Lohfink im Internet zu kursieren. Sie erstattete Anzeige gegen zwei Männer, mit denen sie 2012 – so muss man es rechtlich korrekt formulieren – Sex gehabt hatte. Was passiert war, vor allem aber wie es zu bewerten war, darüber gingen die Schilderungen auseinander: Einvernehmlichkeit und Spaß auf der einen Seite, ein Fluchtversuch und Hilferufe auf der anderen. Wie alle Verfahren über tatsächliche, mutmaßliche oder vermeintliche Vergewaltigungen sind die Schilderungen und Aussagen über diese Nacht komplex, verworren und haben sehr viel mit persönlichen und situativen Empfindungen zu tun. Klar ist: Nachdem Lohfink die Videos sah, erstattete sie Anzeige, so ist es in Medienberichten dokumentiert.[24] Sie sei mit K.-o.-Tropfen betäubt und dann gefilmt worden, vermutete sie. Die Männer aus der Nacht erhielten später Strafbefehle, weil sie das Video ohne Lohfinks Zustimmung verbreitet und damit gegen die Persönlichkeitsrechte Lohfinks verstoßen hatten, doch es war noch lange Zeit auf der Pornografie-Plattform Pornhub verfügbar.

Von der Vergewaltigung war die Richterin nicht überzeugt. Das Amtsgericht Tiergarten erließ gegen Lohfink einen Strafbefehl wegen falscher Verdächtigung mit einer Geldstrafe in Höhe von 24 000 Euro, gegen den sie Einspruch einlegte. In der Debatte ging es vor allem um einen Videoausschnitt, in dem Lohfink beim Sex mit einem Mann »Hör auf« gesagt hatte. Nun wurde darüber gestritten, ob es sich dabei um die sexuellen Handlungen handelte oder um den Umstand, dass der Mann Lohfink filmte. Es wurde außerdem diskutiert, ob dieses »Hör auf« nicht hätte genug sein müssen, um zu dem Schluss zu kommen, dass es sich um eine Vergewaltigung handelte. »Vergewaltigung, das ist so ein großes Wort«, zitierte der *Stern* sie aus einem Vernehmungsprotokoll von 2012. »Wie nennt man das, wenn man Sex nicht will?«[25]

Während Lohfink 2016 im Gerichtssaal von Unbekannten als Hure beschimpft wurde, schrieb die *Welt*: »Sie hat sich die Brüste vergrößern und die Lippen aufspritzen lassen. Kann man einer wie ihr die Rolle als argloses Opfer tatsächlich abkaufen?«, entschuldigte sich später und löschte den zweiten Satz wieder.[26] Währenddessen forderten Politikerinnen und Politiker schärfere Gesetze, und Frauen demonstrierten vor dem Gerichtsgebäude, um Lohfink ihre Solidarität zu bekunden und um auf die Mängel des Rechtssystems aufmerksam zu machen. »Was heißt Nein?«, fragte Margarete Stokowski damals im SPIEGEL.[27]

Die Journalistinnen Lara Fritzsche und Lena Kampf schrieben ein Porträt über Lohfink im *SZ-Magazin*, das Lohfink als komplexe Figur darstellte, bei der Inszenierung und Authentizität nicht immer zu unterscheiden waren. Aus heutiger Sicht ist es zudem ein wichtiges Zeitdokument, weil die Autorinnen darin analysiert haben, was auf den zwölf Videos der betreffenden Nacht zu sehen war. Sie fassten es so zusammen: *»Ist Gina-Lisa auf dem Video aus der Nacht benebelt? Ja. Ist sie weggetreten? Nein. Sagt sie laut und deutlich Nein zu sexuellen Handlungen? Ja. Hören die Männer dann damit auf? Ja, aber nicht sofort. Respektieren sie Gina-Lisa? Null. War für die beiden Männer in der Situation erkennbar, dass Gina-Lisa das als Vergewaltigung empfindet? Nein. Ist es nachvollziehbar, dass Gina-Lisa das, als sie es später sieht, als Vergewaltigung empfindet? Ja. Ist das widersprüchlich? Ja. Ist es ehrlich? Ja. Auch.«*[28]

Gina-Lisa Lohfink wurde 2017 wegen falscher Verdächtigung rechtskräftig verurteilt. Noch während das Verfahren lief, beschloss der Bundestag eine Verschärfung des Sexualstrafrechts. Es war allerdings nicht Lohfinks Fall, sondern die Silvesternacht von 2015 auf 2016 gewesen, welche die Reform zum Sexualstrafrecht maßgeblich vorangetrieben hatte. Nachdem in den ersten Tagen des neuen Jahres Berichte über Hunderte Männer öffentlich wurden, die rund um die Kölner Domplatte Frauen in massivem Ausmaß sexuell belästigt und verletzt hatten, war es plötzlich sehr schnell gegangen mit der Reform, welche in Fachkreisen teils schon seit Jahren gefordert worden war. Die Polizei hatte mitgeteilt, dass die mutmaßlichen Täter »dem Aussehen nach aus dem arabischen oder nordafrikanischen Raum« stammten – die Mutmaßung anhand körperlicher Merkmale über die Nationalität der Männer wurde heftig kritisiert. 1210 Strafanzeigen wurden infolge dieser Nacht erstattet, 511 davon von Frauen, die Sexualdelikte gegen sich meldeten, 28 wegen Vergewaltigung oder Vergewaltigungsversuchen. Augenzeugenberichte in den Medien dokumentierten gewalttätige Szenen. Der WDR etwa zitierte einen Polizisten wie folgt: »Kurz nach Mitternacht kamen die ersten Frauen auf uns zu. Weinend und geschockt schilderten sie, wie sie massiv sexuell belästigt worden seien. Wir hielten daher Ausschau nach Frauen in der Menge. (...) Ich bekam sie zu packen. Sie schrie und weinte. Man hatte ihr den Slip vom Körper gerissen. Ihre drei Freundinnen konnten wir nicht aus dem Pulk retten, denn wir selbst wurden mit Böllern beworfen.«[29] Die Geschehnisse der Nacht stellten einen öffentlichen Gewaltexzess dar, auf den eine extrem hitzige Debatte mit vielen rassistischen Entgleisungen folgte, welche die sexualisierte Gewalt häufig als ein aus dem Ausland importiertes Problem darstellten und es darauf reduzierten.

In einer Pressemittelung schrieb der Deutsche Juristinnenbund: »Wir erwarten von der Exekutive Null Toleranz gegenüber jeder Gewalt von Männern gegenüber Frauen, ob in der Familie, im Eigenheim, in der Notunterkunft oder im öffentlichen Raum, und das ganz und gar unabhängig davon, wo die Männer geboren und aufgewachsen sind, welche Staatsangehörigkeit sie haben, wie alt sie sind, woran sie glauben mögen.«[30]

In der Folge der Silvesternacht wurde das Aufenthaltsrecht ebenso wie das Sexualstrafrecht verschärft. Die Bilanz, fünf Jahre später: Gegen 292 Personen wurden Ermittlungsverfahren geführt, gegen 36 davon wegen sexueller Übergriffe, bei einem Großteil der Beschuldigten handelte es sich um Staatsbürger aus Algerien und Marokko. Die Kölner Staatsanwaltschaft erhob 46 Anklagen, darunter etwa Diebstahl, fünf davon auch wegen sexueller Nötigung. In 33 Fällen wurden die Beschuldigten rechtskräftig verurteilt. Der Deutsche Presserat änderte seinen Pressekodex. Zuvor hieß es, die Herkunft von Tatverdächtigen sollte nur bei »begründetem Sachbezug« genannt werden. In der neuen Fassung solle dafür ein »begründetes öffentliches Interesse« vorliegen.[31]

Die neue Gesetzeslage, umgangssprachlich als »Nein-heißt-Nein-Regelung« bezeichnet, veränderte eine Menge. Sexuelle Belästigung wurde etwa als neuer Straftatbestand eingeführt. Was vorher gar nicht strafbar gewesen war oder allenfalls eine Beleidigung darstellte, wie jemandem flüchtig zwischen die Beine zu greifen oder an die Brüste zu fassen, wurde nun schärfer bewertet. Auch Verjährungsfristen wurden verlängert. Das Gesetz beinhaltete auch eine Neuregelung für Täter, die Straftaten aus einer Gruppe heraus fördern. Und vor allem sollte es künftig ausreichen, Nein zu sexuellen Handlungen zu sagen, auch ohne sich körperlich wehren zu müssen. Ein neues Merkmal für sexuelle Übergriffe, sexuelle Nötigung oder Vergewaltigungen war fortan, wenn jemand »gegen den erkennbaren Willen einer anderen Person sexuelle Handlungen an dieser Person vornimmt«.

Viele weitere Länder in Europa haben in den vergangenen Jahren in ihrem Strafrecht die Kriterien für sexualisierte Gewalt neu definiert. In Schweden gilt seit 2018 die Regelung, dass der Geschlechtsverkehr erkennbar freiwillig sein muss. Bleibt eine Person passiv, wird das nicht automatisch als stilles Einverständnis bewertet, sondern gegebenenfalls als Vergewaltigung. Nur Ja heißt Ja, bedeutet das »Zustimmungsgesetz«, diese Regelung gilt inzwischen auch in Spanien. Damit sollte etwa berücksichtigt werden, dass Vergewaltigungsopfer oft aus Angst oder Panik bewegungslos bleiben und schweigen. 2021 war Schweden der EU-Mitgliedsstaat mit den meisten Verurteilungen wegen Vergewaltigungen. Die EU-Kommission schlug 2022 vor, den Vergewaltigungstatbestand in allen EU-Mitgliedsstaaten entsprechend zu vereinheitlichen. Das Vorhaben scheiterte jedoch an der formalen Frage, ob die EU dafür überhaupt die erforderliche Gesetzgebungskompetenz hat. Insbesondere Deutschland verneinte das. Daran zeigt sich, wie schwierig es ist, über nationale Grenzen hinweg verbindliche Standards festzulegen, wann eine sexuelle Handlung als einvernehmlich gilt und wann nicht. Ebenso wenig gibt es einen allgemeingültigen Konsens darüber, wann eine sexuelle Handlung als einvernehmlich gilt, wann sie einen sexualisierten Übergriff oder gar sexualisierte Gewalt darstellt und welche Regelungen die richtigen sind, um derartige Taten zu ahnden. Gerade deshalb ist es so wichtig, dass über MeToo berichtet und gesprochen wird. Denn nur wenn diese Themen auch inmitten unserer Gesellschaft diskutiert werden, können wir sie in all ihrer Komplexität verstehen und die Veränderungen aushandeln.

Dass es für alle gut und wichtig ist, dass nicht alles bleibt, wie es ist, zeigt ein Blick in die Vergangenheit: Erst mit einer Reform von 1997 wurde Vergewaltigung in der Ehe in Deutschland strafbar. Und erst seitdem wurde auch Männern zugestanden, Opfer von Vergewaltigungen werden zu können – zuvor waren im Gesetz ausschließlich Frauen genannt worden. Ebenso wie das Strafrecht wandelte sich über die Zeit auch die Vorstellung davon, in welchen Fällen und in welcher Form Medien über derartige Vorwürfe berichten dürfen. Auch hier mit sehr unterschiedlichen Antworten auf die Frage, was ein angemessener Rahmen im Sinne des Gemeinwohls ist und wann Berichterstattung Grenzen überschreitet.

Presserecht

Es gibt Standardargumente, die MeToo-Berichterstattung regelmäßig entgegengehalten werden und die sich kaum von dem unterscheiden, was auch mutmaßlich Betroffene sich immer wieder anhören müssen. Die Medien lügen, heißt es dann, oder wahlweise, dass sie übertreiben würden, Aufmerksamkeit und Klicks suchten oder aktivistisch seien. Ein gängiger Einwand ist auch, dass nur Gerichte Schuld und Unschuld feststellen dürften, weshalb über MeToo-Vorwürfe bis zu einem Gerichtsurteil sowieso nicht berichtet werden dürfte.

Es ist wichtig, diese Argumente zu sortieren, denn auch hier geht wieder einiges durcheinander, nämlich Straf- und Presserecht. Achtung, jetzt wird es etwas ausführlich, aber es lohnt sich, diese Details zu verstehen. Wie schon im Kapitel Öffentlichkeit erklärt, berichtet die Presse unabhängig von Gerichtsverfahren. Natürlich haben gerichtliche Entscheidungen Einfluss darauf, ob und wie man berichtet, aber sie sind eben nur ein Kriterium von vielen. Würden Journalist:innen nur dann berichten, nachdem Gerichte ihre Urteile sprechen, könnten wir uns einfach in die Gerichtssäle setzen und abschreiben, was dort verkündet wird. Doch es gibt Unrecht, das verjährt ist oder das nicht strafrechtlich relevant, aber dennoch moralisch fragwürdig ist. Machtmissbrauch ist per se nicht strafbar, aber das heißt nicht, dass darüber nicht berichtet werden darf oder sollte. Manchmal ist es Aufgabe der Presse, genau da zu berichten, wo Staatsanwaltschaften und Gerichte ihre Arbeit einstellen oder gar nicht erst aufnehmen, etwa weil Betroffene nicht in Erscheinung treten möchten. Oder zu überprüfen und anzuzweifeln, ob Urteile richtig oder gerecht sind. Auch an Gerichten gibt es Gewalt und Übergriffe, auch dort sitzen Menschen, denen lieber wäre, über all das zu schweigen. Eine große MeToo-Recherche über das deutsche Rechtssystem steht noch aus.

Die Frage ist also nicht, ob über MeToo auch unabhängig vom Strafrecht berichtet werden sollte, sondern wie. Ich habe zuvor beschrieben, warum es wichtig ist, Namen zu nennen und möglichst konkret zu sein. Deshalb hatten wir 2018 bei BuzzFeed News entschieden, den Namen eines Abtreibungsgegners zu nennen. Er hatte nach eigenen Angaben Dutzende Ärztinnen und Ärzte wegen angeblichen Verstoßes gegen Paragraf 219a angezeigt. Dieser inzwischen abgeschaffte Paragraf verbot es Ärztinnen und Ärzten, »Werbung« für Schwangerschaftsabbrüche zu verbreiten. In der Praxis hatte er dazu geführt, dass Ärztinnen keine medizinischen Informationen über Möglichkeiten für eine Abtreibung auf ihren Webseiten veröffentlichen konnten, sodass Frauen unter anderem Gefahr liefen, an unseriöse Informationsanbieter zu geraten. Die Diskussion über eine Abschaffung des Paragrafen 219a hatte das Jahr stark geprägt, sie wurde medial und politisch geführt. Ausgelöst hatte sie vor allem die Ärztin Kristina Hänel, die begonnen hatte, sich öffentlich gegen das Verbot zu wehren. Der Abtreibungsgegner Yannic H. hatte zuvor bereits unter einem Pseudonym Interviews gegeben und der *taz* über seine Anzeigen gesagt: »Das ist halt so mein Hobby.«[32] Wir fanden, dass eine Person, die sich aktiv und freiwillig in einen öffentlichen Meinungskampf begibt, auch öffentlich genannt werden darf. Yannic. H beauftragte deshalb einen Anwalt, der uns abmahnte, weil wir seine Persönlichkeitsrechte verletzt hätten.[33] In unserem Büro traf schon bald ein Brief der Polizei ein: »Sehr geehrte Dame, sehr geehrter Herr, ich bin der zuständige Sachbearbeiter einer Strafanzeige zu o.a. Vorgangsnummer wegen Übler Nachrede. In der Strafanzeige wird Juliane Löffler beschuldigt.« Es war ein sogenanntes Auskunftsersuchen, mein Arbeitgeber solle meine vollständigen Personalien und eine Meldeanschrift oder ladungsfähige Anschrift angeben. In dem Presserechtsverfahren, das währenddessen weiter lief, vertrat uns eine renommierte Anwaltskanzlei, einige Zeit später gab uns das Landgericht Düsseldorf recht, das Urteil der Pressekammer wurde später rechtskräftig: Das öffentliche Interesse überwog das Recht von Yannic H. auf Anonymität.

Ganz anders verlief es einige Zeit darauf im Fall des renommierten HIV-Spezialisten. Wir hatten lange und sorgsam abgewogen, wie ausführlich wir die Vorwürfe unserer Quellen öffentlich machen wollten und mussten. Die Chefredaktionen zweier Redaktionen waren daran beteiligt gewesen, zwei Rechtsabteilungen, Redakteurinnen und Redakteure hatten die Fakten überprüft, der Text war ausführlich redigiert worden, die Quellen hatten Zitate und Schilderungen freigegeben, viele für den Text zu intime Details hatten wir verworfen. Kurzum: In diesen Text waren sehr viel Zeit, Überlegungen und Abwägungen geflossen, wir konnten einzelne Sätze darin quasi im Schlaf aufsagen. Wir baten den Arzt um Stellungnahme zu den Vorwürfen, er wies sie über seinen Anwalt von sich: Was wir recherchiert hatten, stimme nicht, und alle Berührungen an Patienten hätten medizinische Gründe gehabt. Dann veröffentlichten wir und erhielten eine große Menge an Rückmeldungen, vor allem von weiteren Informanten. Die Tage nach der Veröffentlichung verbrachte ich fast durchgehend am Telefon. »Es war wie ein Gewitter, was da im September 2019 durch die schwule Szene und die breite Öffentlichkeit ging«, schrieb das Online-Magazin queer.de rückblickend dazu.[34] Noch bevor wir all diese neuen Infos auch nur ansatzweise sortiert hatten, erhielten wir eine einstweilige Verfügung des Gerichts und mussten unsere Recherchen, die wir in zwei Texten veröffentlicht hatten, vollständig offline nehmen. Vorübergehend. Denn die meisten Teile konnten wir in dem anschließenden presserechtlichen Verfahren durch verschiedene Instanzen wieder freikämpfen, doch der Kern der Berichterstattung, die Schilderungen der mutmaßlich betroffenen Männer darüber, was genau in den Untersuchungsräumen getan und gesagt worden sein soll, mussten wir einige Monate später verloren geben – auch deshalb, weil Ippen sich nach unserer Übernahme entschlossen hatte, das Verfahren nicht weiterzuführen. Stattdessen veröffentlichten wir weitere Vorwürfe von mehr als 50 Männern, die sich in der Praxis belästigt gefühlt hatten. Gegen diesen Bericht ist der Arzt bis heute rechtlich nicht vorgegangen. Warum? Das weiß ich nicht. Handwerklich waren wir so vorgegangen wie sonst auch.

Warum aber hatten wir für unsere Berichte überhaupt ein gerichtliches Verbot kassiert? Die Pressekammer des Landgerichts Berlin hatte nicht daran gezweifelt, dass wir sauber recherchiert hatten, es lagen »zahlreiche Beweis- und Belegtatsachen vor«, auch ein grundsätzliches öffentlichen Interesse. Wir hatten dem Gericht neben einem rund 40-seitigen Schriftsatz auch ein mehrseitiges Rechercheprotokoll sowie zahlreiche schriftliche Indizien für die Vorwürfe vorgelegt. Mehrere mutmaßlich betroffene Personen stützten die Vorwürfe mit eidesstattlichen Versicherungen. Die Kammer aber störte sich an der Art, wie wir all das aufgeschrieben hatten, die Veröffentlichung sei vorverurteilend und einseitig. In der mündlichen Verhandlung hatte der Vorsitzende Richter gesagt, ein Leser müsse zwangsläufig zu der Erkenntnis kommen, dass die erhobenen Vorwürfe stimmten. In der Urteilsbegründung führte die Kammer das genauer aus. Zwar hätten wir durchgängig den Konjunktiv sowie die Worte »mutmaßlich« und »offenbar« verwendet. Diese sah das Gericht jedoch nur als »rein kosmetische (...) Stilelemente« an. Sie führten beim Leser »nicht zu der Annahme, dass der Arzt möglicherweise unschuldig ist beziehungsweise die gegen ihn erhobenen Vorwürfe nicht zutreffen könnten«. Es möge zwar sein, dass wir sorgfältig und außerordentlich fleißig recherchiert hätten, doch die »ausschließliche Wiedergabe von Belastungsmaterial« entspreche einem journalistischen Schuldspruch. Zudem handele es sich um Aussagen, »deren inhaltliche Wiedergabe wegen ihres ausführlichen, sehr intimen Bezugs zur Sexualität und den Genitalien der betroffenen Personen in dieser Form in den Massenmedien der deutschen Presselandschaft unüblich ist«, so das Gericht. Der Leser gerate zwangsläufig in die Stellung eines »Voyeurs«.[35]

Wir waren verblüfft und enttäuscht. Erstens: Wie sollten wir unsere Indizienkette darlegen, wenn die Fülle an Hinweisen, die wir recherchiert hatten, uns als vorverurteilend ausgelegt wurde? Zweitens: Wie sollten wir erklären, dass es sich um mutmaßliche Übergriffe handelte, wenn wir nicht detailliert beschreiben durften, wo die Grenzen zwischen einer medizinischen Berührung und einem womöglich sexualisierten Übergriff verletzt worden sein könnten? Und drittens: Seit wann ist die Presse dazu angehalten, nur in einer in den Massenmedien der deutschen Presselandschaft üblichen Form zu berichten? Es war dieser letzte Aspekt, den ich als sinnbildlich dafür empfand, wie MeToo-Journalismus in Deutschland oftmals bewertet wurde, teils bis heute: Derart schmutzige Details wie in den USA wollte man hier nicht. Sexualisierte Gewalt hatte etwas mit Sex zu tun (nicht mit Macht) und war ergo intim und privat. Präzise Schilderungen klärten nicht auf, sie waren voyeuristisch. Und bei MeToo-Berichterstattung handelte es sich, genau wie bei der gesamten Bewegung, um eine irgendwie suspekte, viel zu radikale Entwicklung. Konnte nicht lieber alles so bleiben, wie es war? Einige Medien berichteten über unser Presserechtsverfahren. Doch außerhalb einer Handvoll interessierter Kolleginnen und Kollegen, unserer Quellen und Informanten sowie der queeren Communitys lief das weitere Verfahren meiner Wahrnehmung nach doch sehr unter dem Radar und ist heute in weiten Teilen in Vergessenheit geraten.

Anders war es, als der SPIEGEL im Dezember 2021 über »die Akte Mockridge« schrieb. Angefangen hatte all dies nicht mit einem Medienbericht, sondern mit einer Podcastfolge vom April 2019 über toxische Beziehungen. Die Podcasterin und Comedian Ines Anioli sprach von einer solchen und beschrieb dann ihre Sicht auf den mutmaßlichen Ablauf einer Nacht, die schließlich einige Monate später in einer Anzeige wegen Vergewaltigung resultierte.[36] Im Frühjahr 2021 ging dieser Ausschnitt aus dem Podcast viral, nachdem Fans die Hinweise aus zuvor veröffentlichten Instagram-Posts, Boulevardberichten und Andeutungen aus öffentlichen Tweets einer politischen Influencerin zusammengezählt hatten und zu dem Schluss gekommen waren, dass es sich bei dem Angezeigten um Luke Mockridge, einen der erfolgreichsten deutschen Comedians, handeln musste. Danach eskalierte die Debatte in den sozialen Netzwerken. Eine Aktivistin hatte das Hashtag #KonsequenzenfürLuke verbreitet, etliche schlossen sich ihr an – nicht schon wieder sollte ein einflussreicher Mann ungestraft davonkommen. Viele andere, darunter Fans des Comedians, warfen diesen Stimmen vor, die Unschuldsvermutung mit Füßen zu treten und Mockridge völlig zu Unrecht oder doch mindestens ohne ausreichende Grundlage zu verurteilen. SAT.1, der Haussender von Mockridge, veröffentlichte ein Statement: »Es gibt aus guten Gründen kein juristisches Verfahren gegen Luke. Einen Menschen aufgrund von Gerüchten in den sozialen Netzwerken an den Pranger zu stellen, ist eine moderne Form der Lynchjustiz. Das entspricht nicht unserem Rechtsverständnis. Deswegen: Keine #KonsequenzenfürLuke.«[37] »Ist kein juristisches Verfahren gegen sich haben jetzt die Messlatte?«, kommentierte der Künstler und Schriftsteller Shahak Shapira unter dem Post auf X, damals Twitter.[38] Die Spekulationen nahmen noch zu, nachdem sich Mockridge in einem achtminütigen Video dazu geäußert hatte. Er sprach von einer Beziehung, einer emotionalen Trennung, den darauffolgenden Vorwürfen der Vergewaltigung und davon, dass ein Ermittlungsverfahren dazu eingestellt worden sei und wie er nun bewertet werde. »Die versuchen einen Menschen aus mir zu machen, der ich nicht bin«, sagte er.[39] Doch das fachte die Debatte nur an, immer wieder trendete das Hashtag #KonsequenzenfürLuke, über ein Fundraising-Portal wurde Geld für Sticker mit dem Slogan gesammelt. Belegt oder bewiesen war zu diesem Zeitpunkt nichts. Anioli und Mockridge wurden zu Projektionsflächen für Schuld und Unschuld und Sinnbild für alles, was schieflief in der MeToo-Debatte: Sympathien entschieden, wem zu glauben war, oder Geschlecht; Mutmaßungen und Gerüchte vermischten sich mit Tatsachen; Hass und Vorverurteilungen entluden sich in verschiedene Richtungen.

Im Herbst 2021 berichtete der SPIEGEL erstmals detailliert über die Vorwürfe und zitierte außerdem andere Frauen, die sich von

Mockridge belästigt gefühlt hätten. In dem Text steht: »Es handelt sich auch deshalb um einen ungewöhnlichen #MeToo-Fall, weil Mockridge nicht vorgeworfen wird, seine Macht als erfolgreicher Comedian systematisch auszuspielen, um Frauen, die beruflich von ihm abhängen, zu sexuellen Handlungen zu zwingen. Vielmehr geht es um einen Mann, der sich offenbar nicht immer unter Kontrolle hat. Und sich dann darauf verlassen kann, dass nichts hochkocht, weil er ein einflussreicher Prominenter ist.« In dem Artikel ging es auch um die fragliche Nacht zwischen Anioli und Mockridge, der SPIEGEL zitierte aus dem mangels hinreichenden Tatverdachts eingestellten Ermittlungsverfahren durch die Staatsanwaltschaft und aus den anschließend ausgetauschten Textnachrichten.[40] Auch was genau in dieser Nacht passiert ist, wurde von beiden Beteiligten unterschiedlich geschildert. Wer Täter und wer Opfer in der ganzen Sache war, darüber gab es kontroverse Ansichten. Es gibt Team Mockridge und Team Anioli, wenig dazwischen. SAT.1 zeigte Mockridge zunächst nicht mehr vor der Kamera (heute tritt er wieder für den Sender auf), er selbst zog sich vorübergehend aus der Öffentlichkeit zurück. Anioli sprach von Todesdrohungen gegen sich und dass sie eine Therapie benötigt habe, Mockridge von Suizidgedanken und einer Einweisung in eine psychiatrische Klinik. Beide hatten mehrfach geschildert, wie sie Unmengen an Hassnachrichten erhielten, wie sie ihre Karrieren einschränkten und pausieren hatten müssen.[41]

Was aber sollte nun eigentlich genau passiert sein, in dieser fraglichen Nacht? Oder sollte man darüber besser nichts wissen, denn es handelt sich um eine Privatsache, und die Ermittlungen dazu wurden nun einmal eingestellt? Um genau diese Frage wird bis heute gerichtlich gestritten. Der SPIEGEL und Mockridge führen seit 2021 ein Verfahren, und es könnte noch weitere Jahre dauern, denn der SPIEGEL hat angekündigt, diese Frage notfalls vom Bundesverfassungsgericht klären zu lassen. Bei all der Schelte gegen diese Berichterstattung des SPIEGEL wird oft ein Detail übersehen: Mockridges Anwälte waren, um den Text verbieten zu lassen, zunächst vor das Landgericht Köln gezogen. Das sah die Berichterstattung grundsätzlich als zulässig an, gab Mockridge nur in einem Punkt recht, weshalb vier Sätze vorläufig gestrichen werden mussten, der Rest blieb stehen. Mockridges Anwalt zog den Antrag dort daraufhin zurück und versuchte es vor der Pressekammer eines anderen, gleichrangigen Landgerichts, in Hamburg. Das gab ihm und Mockridge in weiteren Punkten recht. Später schloss sich das Hanseatische Oberlandesgericht an. Diese Gerichte waren offenkundig zu unterschiedlichen Ergebnissen gekommen, was die Verteidigung Mockridges zu ihren Gunsten ausnutzen konnte. Der SPIEGEL habe seine journalistische Sorgfaltspflicht nachhaltig verletzt, polterte Mockridges Anwalt dann auch in einer Pressemitteilung.[42] »Unserer Meinung nach dürfte es nicht sein, dass man von Gericht zu Gericht ziehen kann, bis man eines findet, das einem mehr zuspricht«, schrieb Ann-Katrin Müller, eine der Autorinnen dazu.[43] In einem Interview mit dem *Stern* schilderte Mockridge im April 2024 seine Sicht der Dinge. In dem Text gibt der *Stern* zudem den Hergang der betreffenden Nacht aus Mockridges Perspektive wieder.[44] Auf die Fragen des SPIEGEL zu der Nacht war Mockridge zuvor nicht eingegangen.

Wer über MeToo berichtet, muss damit rechnen, abgemahnt zu werden. Darüber muss man nicht jammern, es ist das gute Recht von Menschen, dagegen vorzugehen, wenn über sie berichtet wird. Es braucht starke und geschulte Rechtsabteilungen, Anwältinnen und Anwälte, um derartige Verfahren teils über Jahre zu führen. Es kostet teils enorm viel Zeit, manchmal auch Nerven, auch für die Rechercheurinnen, Indizien für die Verteidigung in einem Presserechtsverfahren zu sortieren, aufzubereiten, zu anonymisieren, Quellen um Freigaben zu bitten, neue Erkenntnisse weiterzugeben, Schriftsätze zu lesen, die eigene Berichterstattung zu verteidigen, die Öffentlichkeit über die laufenden Verfahren zu informieren, abzuwägen, gegen welche Falschinformationen es sich lohnt, ihrerseits vorzugehen, und sich selbst dem Hass und den Anfeindungen im Internet zu stellen. Es kommt vor, dass ein Text im Nachhinein sehr viel mehr Zeit kostet als die Recherche selbst. Es gibt nicht übermäßig viele Medienhäuser, welche sich derartige Veröffentlichungen überhaupt leisten können, finanziell und personell, oder es wollen. Und so gibt es auch nicht übermäßig viele Kanzleien, welche in diesen Fällen die Beschuldigten des öffentlichen Lebens verteidigen. Auch sie haben sich professionalisiert und sind mitunter Teil eines regelrechten Kulturkampfes über MeToo und die Berichterstattung darüber geworden.

NEUN
BACKLASH

Wie Gegner von MeToo Menschen, die Missbrauchsvorwürfe erheben, und Medien, die darüber berichten, mit gezielten Strategien zum Schweigen zu bringen versuchen

Man hätte erwarten können, dass auf die vielen Berichte von Grenzüberschreitungen, Übergriffen, Machtmissbrauch und Gewalt nicht die Frage folgte, ob es wirklich stimmte, was all diese Menschen erzählten. Sondern was dagegen unternommen werden kann. Solange es sich um anonyme, abstrakte oder auch theoretische Schilderungen handelt, mag das zutreffen. Es gibt einen gesellschaftlichen Konsens darüber, dass Vergewaltigungen falsch sind. Es gibt einen gesellschaftlichen Konsens darüber, dass Männer ihre Partnerinnen nicht schlagen dürfen. Dass sie ihre Ex-Partnerinnen in Frieden lassen sollten. Dass Chefs sich verantwortungsvoll verhalten sollten. Dass auch für einvernehmliche Beziehungen einige Regeln des Respekts und der Fairness gelten müssen. Dass berühmte, einflussreiche oder reiche Menschen mit ihrer Macht verantwortungsvoll umgehen sollten. Sobald aber Namen ins Spiel kommen, sobald es konkret wird, bröckeln diese Gewissheiten. Dann sollen Medien auf einmal nicht berichten, dann wird ihnen vorgeworfen, dass sie Fake News verbreiten und lügen. Dann wird sichtbar, dass MeToo in einem sehr viel größeren Kontext steht, bei dem es um Macht geht, um Feminismus, um Queerness und Geschlechterbilder, um Fortschritt und ein ganzes Wertesystem.

Wenn von Backlash gesprochen wird, ist in diesem Zusammenhang ein Kulturkampf gemeint, bei dem progressive Geschlechtsvorstellungen von rechten oder konservativen Kräften bekämpft werden. Es ist kein neues Phänomen, schon nach den Frauenrechtsbewegungen in den 1970er-Jahren wurde der US-amerikanischen Gesellschaft ein Backlash diagnostiziert, der sich durchaus eingestellt hat. Nun ist auch die MeToo-Bewegung hineingeraten. Bei der Argumentation gegen MeToo vermischt sich vieles, blinder Frauenhass mit valider Kritik, konservative Geschlechterbilder mit Misstrauen gegenüber der Presse, Kulturkampf mit Einzelfallbetrachtungen. Es lohnt sich, die Akteure und ihre Ziele ein wenig zu entwirren.

Unschuldsvermutung

Die Öffentlichkeit darf bezweifeln, ob das, was Medien berichten, richtig ist. Sie sollte es sogar. Es zeugt von einer gesunden Demokratie, wenn Menschen Institutionen und auch Medienberichte kritisch hinterfragen. Schwierig wird es, wenn aus Zweifel und Kritik fundamentales Misstrauen und Hass werden. Oder wenn Menschen Vorwürfe nach einem Bauchgefühl oder grundsätzlicher Haltung beurteilen statt nach den Informationen, die zur Verfügung stehen. So entstehen Kampagnen, bei denen es nur Schuld und Unschuld gibt, Lügen oder Wahrheit - und nicht all die Grautöne dazwischen. Und sie zielen in unterschiedliche Richtungen.

In der Zeit, in der die Wissenschaftlerin Christine Blasey Ford den Supreme-Court-Kandidaten Brett Kavanaugh der versuchten Vergewaltigung als Teenager beschuldigte, was er bestritt, erstarkte in den

USA 2018 der Slogan »Believe women« und schlug sich auch auf die Debatte in Europa nieder. Es gibt verschiedene Interpretationen, was er genau bedeutet: Einerseits ging es darum, wirklich und wortwörtlich allen Frauen zu glauben, die Vorwürfe erheben. Andererseits verwies er abstrakter darauf, dass Frauen zu häufig nicht ernst genommen wurden, wenn sie Vorwürfe erhoben hatten, und sich das dringend ändern müsse. Der Slogan erhielt viel Zuspruch, aber auch Kritik von feministischer Seite – wenn es keine festen Kriterien mehr geben sollte, um Schuld oder Unschuld festzustellen, würde es dann der Glaubwürdigkeit von Opfern nicht mehr schaden als nützen? »Die Geschichte zeigt, dass die Zuschreibung von Ehrlichkeit oder Unehrlichkeit, Kriminalität oder Rechtschaffenheit allein auf der Grundlage von Geschlecht oder Ethnie nicht zu mehr Gerechtigkeit in der Welt führt«, schrieb das Magazin *The Atlantic*.[1] Zugleich schien die Frage berechtigt, auf welcher Grundlage nun plötzlich Fairness eingefordert wurde. Über Jahrtausende war sexualisierte Gewalt nicht anerkannt oder bagatellisiert worden, nun aber sollten plötzlich alle Regeln von Ausgewogenheit gelten? Und wenn das System selbst nicht fair war – wie sollte man dagegen aufbegehren, wenn nicht mit radikalem Umdenken?

Der Effekt dieses neuen Glaubenskrieges war nicht, dass darüber nachgedacht wurde, ob die Prinzipien von Wahrheitsfindung überdacht werden müssten. Sondern dass vor allem Männer begannen, auf die Unschuldsvermutung zu pochen. Braute sich im Schutze der erstarkenden MeToo-Bewegung eine unbeherrschbare Welle von Vorverurteilungen zusammen? So kam zu der alten Frage, ob Frauen bei allem, was sie erzählten, überhaupt zu glauben war, eine zweite, neue These: Waren nicht Männer die eigentlichen Opfer in dieser Debatte, nun, da sie vermeintlich wahllos und von allen Seiten angegriffen wurden? Und musste sich etwas ändern, um sie zu schützen?

Man spricht bei dieser Argumentation gemeinhin von Täter-Opfer-Umkehr. Statt Menschen, die von Gewalterfahrungen sprechen, zuzuhören, statt ihnen Hilfe und Beistand anzubieten, werden sie selbst angeklagt und beschuldigt – wobei völlig aus dem Blick gerät, durch welche Masse an Gewalt und Unrecht die MeToo-Bewegung überhaupt erst entstanden ist. Die Strategie ist wirksam, weil sie verhindert, dass mutmaßlich Betroffene weiter über die eigentlichen Vorwürfe sprechen, und stattdessen in eine Art Verteidigungsmodus wechseln. Und sie ist fatal, weil differenzierte oder valide Kritik an der MeToo-Bewegung dadurch völlig untergeht.

Gegenargumente

Seit öffentlich über Sexismus, Übergriffe, Machtmissbrauch und Sexualstraftaten gesprochen wird, werden Argumente vorgebracht, warum all dies unwichtig, lächerlich, gelogen, überzogen, hysterisch oder gar gefährlich ist – und zwar von Frauen genauso wie von Männern. Ein Rückblick: 2013, die #aufschrei-Debatte war in vollem Gange, kündigte der FDP-Politiker Wolfgang Kubicki als Reaktion auf den Artikel über Rainer Brüderle an: »Ich werde künftig keine Journalistinnen mehr als Wahlkampfbegleitung in meinem Fahrzeug mitnehmen.«[2] 2015, als der Bundestag gerade debattierte, ob man aufgrund der sogenannten Istanbul-Konvention zum Schutz vor Gewalt gegen Frauen das Sexualstrafrecht überarbeiten müsse, befand ein damaliger Bundesrichter: »Es gibt keinen Skandal.« Das Sexualstrafrecht sei von einer kaum zu überbietenden Dichte, Schärfe und Kompliziertheit, man solle es endlich einmal in Ruhe lassen.[3] 2016, Deutschland diskutierte über Gina-Lisa Lohfink, schrieb er, offensichtlich polemisch gemeint, von einer »kaum noch beherrschbaren Welle von Sexualdelikten, die Deutschland bekanntlich überschwemmt und die Gesellschaft in ihrem Fundament bedroht (...).« Lohfink nannte er einen »Mensch mit dem Beruf ›Vorzeigen-von-dicken-Silikonbrüsten‹«.[4]

Ebenfalls 2016, noch immer ging es um die inzwischen geplante Verschärfung des Sexualstrafrechts durch den Bundestag, schrieb eine anerkannte Gerichts- und Kriminalreporterin über das Schlafzimmer als gefährlichen Ort: »Was leidenschaftliche Liebesnacht und was Vergewaltigung war, definiert die Frau am Tag danach«, so die These. »Die Folge: Bei den Sexualpartnern zieht das Misstrauen ein. Und die Sexualität an sich – also ein sonst schönes und erwünschtes Verhalten – wird durch derartige Kampagnen ins Zwielicht und in die Nähe des Verbrechens gerückt.«[5] 2017, die MeToo-Debatte wurde seit einigen Wochen auch in Deutschland geführt, befand die deutsche Schauspielerin und Moderatorin Sophia Thomalla: »Ich finde, dass diese ganze MeToo-Kampagne eine Beleidigung für die wahren Vergewaltigungsopfer ist.«[6] 2018, die Recherchen über Dieter Wedel waren gerade erschienen, schrieb eine weitere renommierte Gerichtsreporterin: »Mediale Hinrichtung per #MeToo – Schluss damit!«, so der Titel des Textes. Darin hieß es: »Die Kämpfer an der Sexismus-Front dürfen also aufatmen: Das ›Zeit-Magazin‹ hat mit ihm endlich den ersten deutschen Kultur-Prominenten an den Medienpranger gestellt.«[7] 2018, nur wenige Tage später, veröffentlichten etwa 100 Frauen aus Kunst, Medien und Wissenschaft in Frankreich einen offenen Brief, zentrales Gesicht des Aufrufs war die französische Star-Schauspielerin Catherine Deneuve. Im Brief stand, nach der Weinstein-Affäre sei das Bewusstsein für sexuelle Gewalt gegen Frauen geschärft worden, eine dringend notwendige Entwicklung. Die Freiheit des Wortes aber verkehre sich heute in ihr Gegenteil. Die Unterzeichnerinnen warnten vor einem Klima einer totalitären Gesellschaft. MeToo habe zu einer Kampagne von Denunziationen und öffentlichen Anschuldigungen geführt. Die »Freiheit, zu belästigen« sei »unerlässlich für die sexuelle Freiheit«.[8] 2018 sagte der US-Präsident Donald Trump im Zuge der Anschuldigungen gegen den Nominierten für den Obersten Gerichtshof Brett Kavanaugh: »Es ist eine sehr beängstigende Zeit für junge Männer in Amerika.«[9] Im gleichen Jahr veröffentlichte die *Zeit* einen danach viel diskutierten Text mit dem Titel »Der bedrohte Mann«. Bei MeToo gehe es längst nicht mehr um

Gleichberechtigung, so die These, sondern um den ideologischen Triumph eines totalitären Feminismus. Männer teilten die Empörung der Frauen sehr wohl, fühlten sich aber zu Unrecht in Kollektivhaftung genommen. Angeführt wurde ein »rhetorisches Hexenlabyrinth«, ein »Schema des bolschewistischen Schauprozesses«, eine »Ausweitung der Kampfzone«, von einem »neuen feministischen Volkssturm« war zu lesen, einer »Art moralisches Willkürregiment« und dem »Zusammentreiben und Einsperren aller Männer ins Lager der moralisch Minderwertigen«.[10] Wie die Machtverhältnisse gesellschaftlich tatsächlich weiterhin verteilt waren – dass der Autor seinen »Wutausbruch« als Titelgeschichte einer der wichtigsten Wochenzeitungen in Deutschland ausleben konnte –, wurde gänzlich ignoriert. »Mir geht es gut, ich bin so weit ganz munter«, sagte er in einer Podcastfolge über die Reaktionen auf seinen Text.[11] Die Feministin und SPIEGEL-Kolumnistin Margarete Stokowski nannte den Text den »intellektuellen Nullpunkt der #MeToo-Debatte«.[12] Als sich das Jahr 2018 langsam dem Ende neigte, wurde unter dem Hashtag #HimToo auf X, damals Twitter, diskutiert. Nicht über Männer, die Opfer von Übergriffen und sexualisierter Gewalt geworden waren. Sondern über die Angst von Männern, Frauen zu daten und dabei wahllose Opfer von derartigen Beschuldigungen zu werden. 2022, Dieter Wedel war gerade verstorben, gab sein Anwaltsteam ein Statement heraus: Wedel sei als »stellvertretendes Objekt eines allgemeinen Verfolgungsbedürfnisses« behandelt worden. »Das durch den Tod unseres Mandanten beendete Verfahren erweist sich somit als bedrückendes Beispiel dafür, wie durch einseitige Skandalisierung und moralisierende Verfolgungsmentalität Grundlagen des rechtsstaatlichen Strafverfahrens unter Druck geraten und in Frage gestellt werden können.«[13]

So ging es weiter, bis heute. Es wurde von »Jagd auf vermeintliche Täter« geschrieben, von »Hexenjagd« gesprochen. Von einer »Jagd auf Lindemann« schrieb etwa die *Frankfurter Allgemeine Zeitung* im Spätsommer 2023, der Fall sei zu einem weiteren Beispiel dafür geworden, was passiere, wenn die Unschuldsvermutung nicht mehr gelte und im Journalismus aktivistische Meinungen mehr zählten als Fakten. Dass für die Recherchen mit etlichen Frauen gesprochen, ihre Aussagen überprüft wurden, dass sie ihre Erinnerungen schriftlich versichert hatten, dass sehr viele Rechercheur:innen sehr viele Stunden mit der Überprüfung von Indizien und Belegtatsachen verbracht hatten, all das sollte kein Journalismus, sondern Aktivismus sein.[14]

»Was im Alltäglichen mit Begriffen wie ›Hexenjagd‹ beginnt, kann im Großen eine fatale Stimmung stärken: die flächendeckende Verbreitung des Gefühls, es finde an allen Fronten ein unverschuldeter, sogar grundloser Angriff auf die eigene Lebensweise, gar das eigene Leben statt«, schrieb der Autor und Publizist Sascha Lobo Ende 2017. »Und genau dieses, sich selbst verstärkende Gefühl dient der emotionalen Vorbereitung des ›Gegenschlages‹: Die reaktionäre Revolte heizt sich auf.«[15] In einer Studie von 2022 stimmte knapp jeder vierte Befragte der Aussage zu, dass »Frauen (...) mit ihren Schilderungen über sexualisierte Gewalt häufig [übertreiben], um Vorteile aus der Situation zu schlagen«.[16] Und bis heute werden Wortschöpfungen wie »Sex-Gangster« oder »Sex-Täter« von Medien verwendet, auch wenn seit Jahren darauf hingewiesen wird, dass man sexualisierte Gewalt nicht mit Sex verwechseln sollte.

Üblich ist auch das Argument, es handele sich um eine Art gezielte Kampagne, das konnte man etwa im Fall Reichelt beobachten, und darin waren sich der Ex-*Bild*-Chef und Springer-Vorstand Mathias Döpfner einig. Dann wird behauptet, Menschen hätten sich im Hintergrund verschworen, um eine unliebsame Person aus dem Weg zu räumen. Besonders, wenn Quellen oder Informanten als Gruppe vernetzt sind, wird dieses Argument bemüht, und besonders vor Gericht kann es nachteilig sein – dann wird von »Scheinerinnerungen durch Fremdsuggestion« gesprochen. Damit ist gemeint, dass eine Missbrauchsschilderung fiktiv ist, aber eine Zeugin von anderen derart beeinflusst wurde, dass sie davon ausgeht, dass sie sich tatsächlich ereignet hat. Im besten Fall gibt es also eine große Anzahl unabhängiger Zeuginnen oder Quellen, in unterschiedlichen Städten oder Ländern, die noch nie miteinander gesprochen haben und übereinstimmend Vorwürfe aus einem längeren Zeitraum schildern können. In der Realität läuft das Leben anders. Natürlich kommt es vor, dass Menschen sich miteinander vernetzen und dann gemeinsam die Entscheidung treffen, sich an die Presse zu wenden. Erst im Austausch mit anderen wird ihnen oft klar, dass nicht *sie* etwas falsch gemacht haben, sondern dass sie die Geschädigten und im Zweifelsfall Opfer eines größeren Systems geworden sind. Erst gemeinsam fassen sie Mut, zu sprechen. Es ist das zentrale Wesensmerkmal von MeToo, doch es wird mit dem Kampagnenvorwurf zu einem Gegenargument verdreht. Auch die Strafrechtsanwältin Christina Clemm sagte mir im Gespräch, dass sie vor Gericht zunehmend beobachtet, wie die Errungenschaften der Bewegung gegen sie gerichtet werden. Wenn sie beispielsweise erkläre, warum etwa eine Frau aus Scham nicht früher Anzeige erstattet habe, höre sie Sätze wie: »Das ist doch voll Neunziger. Heute muss sich doch keine Frau mehr schämen. Alle wissen doch, dass es Beratungsstellen gibt. Es gibt doch eine riesige Solidarität. Die Frauen sind doch heute viel selbstbewusster. Niemand muss sexualisierte Gewalt mehr über sich ergehen lassen, ohne Nein zu sagen. Es gehört doch mittlerweile zum Lebenslauf einer erfolgreichen Frau, auch mal sexuelle Gewalt erlebt zu haben.«

Cancel Culture

Wenn Sanktionen für Fehlverhalten gefordert werden, wird erwidert, die Männer sollten mundtot gemacht, aus dem öffentlichen Leben verbannt werden. Und in der Tat hat es Kampagnen oder Zusammenschlüsse unter Schlagwörtern wie #keineBühnefürTäter oder »keine Shows für Täter« gegeben, unter denen gefordert wurde, dass

Beschuldigte nicht mehr auftreten sollten – basierend auf den Vorwürfen, die in Medienberichten nachzuvollziehen, nicht aber bewiesen waren. Oft wird in diesem Zusammenhang auch der Presse vorgeworfen, schuld daran zu sein – sie erst hätte durch ihre Berichte die Männer an den Pranger gestellt. Dabei gibt es einen Grundsatz, den man sowohl Quellen als auch der Öffentlichkeit immer wieder erklären muss: Die Aufgabe der Medien ist es, Vorwürfe zu veröffentlichen – was danach geschieht, haben sie nicht in der Hand. Manchmal hat eine Veröffentlichung keine oder kaum Folgen, manchmal schlägt sie extrem hohe Wellen, manche Reaktionen sind vorhersehbar, andere völlig überraschend. Ob jemand seinen Job verliert, ob die Staatsanwaltschaft ermittelt, ob sich eine Band auflöst oder wieder auf Tournee geht, ob jemand seine Approbation verliert oder einfach alles so weitergeht wie bisher – darauf habe ich als Rechercheurin keinen Einfluss. Es liegt weder in der Macht der Presse, noch ist es ihre Aufgabe, über die Konsequenzen von mutmaßlichem Fehlverhalten zu entscheiden, das müssen die verantwortlichen Institutionen tun. Ebenso wenig kann die Presse steuern, wie genau die Öffentlichkeit auf bestimmte Informationen reagiert. Keine Option ist es jedenfalls, Missstände unter den Teppich zu kehren oder Hinweise einfach zu ignorieren, um Personen des öffentlichen Lebens vor möglichen Reaktionen darauf zu schützen. Was Medien tun können, ist, diese Entwicklungen weiter zu verfolgen und darüber zu berichten – und selbstverständlich sorgsam abzuwägen, was sie überhaupt veröffentlichen.

Cancel Culture ist ein weitverbreitetes Schlagwort, und es wird reflexhaft verwendet, oft bevor überhaupt klar ist, welche Konsequenzen öffentliche Anschuldigungen haben werden. Schaut man sich die prominentesten MeToo-Recherchen in Deutschland an, sind – Stand heute – die allermeisten Beschuldigten zurückgekehrt auf Bühnen, in Sender, Clubs, in die Kinos, in ihre Arztpraxen, mit teils einträglichen Einkommen und der Unterstützung alter und neuer Fans und Follower. Til Schweiger macht weiter Filme, Star-Koch Christian

Jürgens kocht wieder, der HIV-Spezialist praktizierte weiter, Julian Reichelt hat sich eine neue Medienplattform aufgebaut, Luke Mockridge ging wieder auf Tour, Till Lindemann veröffentlichte ein neues Album, Jérôme Boateng spielt in Italien weiter Fußball. All diese Fälle sind sehr unterschiedlich gelagert. Und man muss nicht so tun, als wären öffentliche Anschuldigungen nicht hart, schmerzhaft und zerstörerisch für die Beschuldigten. Als gäbe es keine Falschbeschuldigungen oder als wäre die öffentliche Vorverurteilung besonders in den sozialen Netzwerken nicht schwer zur ertragen. Als könnten derartige Anschuldigungen nicht langfristige Auswirkungen haben. Man muss aber auch nicht so tun, als seien die Karrieren der Beschuldigten für immer zerstört oder als hätten sie jedes Recht in der Öffentlichkeit verloren. Ihnen steht Platz für ihre Sicht der Dinge zur Verfügung. Jede Zeitung in Deutschland würde Till Lindemann die Türen für ein großes Interview öffnen, wenn er sich entschließen sollte, sich zu den Vorwürfen zu äußern. Und nicht selten haben Beschuldigte auch eine passende Telefonnummer im Handy, wenn sie das tun wollen.

Es gibt etliche Beispiele von Frauen, die sich zumindest zeitweise aus der Öffentlichkeit zurückziehen mussten oder gegen die der Hass völlig eskalierte. Teils ohne die Ressourcen, sich gegen Hass der Öffentlichkeit ausreichend zu wehren, teils auch ohne dass sie überhaupt konkrete Anschuldigungen erhoben haben. Sie werden abgestraft, weil sie sich für die Rechte weiblich gelesener Personen eingesetzt haben. Nika Irani, Shelby Lynn, Christine Blasey Ford. Anne Wizorek, die ihren Twitter-Account vorübergehend aus der Hand geben musste, das zentrale Werkzeug ihrer aktivistischen Arbeit. Die Familienrechtsanwältin Asha Hedayati, die ebenfalls von der Plattform gedrängt wurde, wo sie ihren Account mit großer Reichweite einschränken musste – heute äußert sie sich öffentlich vor allem über andere Plattformen wie Instagram.

Nirgendwo ließ sich das besser beobachten als im Fall Amber Heard vs. Johnny Depp. Die Schauspielerin hatte 2018 in einem Essay für die *Washington Post* über die MeToo-Bewegung geschrieben und war dabei auch auf persönliche Erfahrungen eingegangen. Sie habe sich öffentlich zu sexualisierter Gewalt geäußert und damit »den Zorn der Gesellschaft« auf sich gezogen. »Das muss sich ändern«, schrieb Heard. Sie sei zu einer »öffentlichen Figur, die für häusliche Gewalt steht«, geworden.[17] Ihren Ex-Mann erwähnte sie nicht direkt, der verklagte sie dennoch wegen Verleumdung. Sie klagte umgekehrt gegen Johnny Depp: Seine Behauptungen, sie würde über Missbrauch lügen, seien verleumderisch, und er, seine Agenten und seine Anwälte hätten eine Kampagne der Belästigung gegen Heard geführt. Es ging also um die Frage, ob sich Heard öffentlich als »öffentlichen Figur, die für häusliche Gewalt steht«, bezeichnen durfte. Das Verfahren wurde zu einem öffentlichen Schauprozess gigantischen Ausmaßes, und es traten etliche Details einer zutiefst toxischen, gewaltsamen und missbräuchlichen Beziehung zutage, die aufzuzählen und zu entwirren eigene Bücher erfordert. Heards Anwälte zeigten Bilder von ihrem geprellten Gesicht, ihrer aufgeplatzten Lippe und Büscheln ihres blonden Haares auf dem Boden des Schlafzimmers. Depp seinerseits hat zugegeben, mit seinem eigenen Blut Drohbotschaften an die Wände ihres Hauses geschrieben zu haben. Oder in einer Nachricht an einen Freund geschrieben, er wolle Heard ertränken, verbrennen und dann Sex mit »ihrer verbrannten Leiche haben, um sicherzugehen, dass sie tot ist« – noch bevor sie geheiratet hatten.[18] Depp und sein Team hatten Heard umgekehrt vorgeworfen, zu lügen und die eigentliche aggressive Kraft in der Beziehung gewesen zu sein. Sie habe physische Auseinandersetzungen gestartet und Depp nicht in Ruhe gelassen, wenn er sich von ihr zurückgezogen habe. Der Prozess zeigte, dass auch sie offenbar gewalttätig und beleidigend gegenüber Depp gewesen war. »Ich habe dich nicht geboxt, ich habe dich geschlagen«, hatte sie etwa laut einer Audioaufnahme gesagt.[19] In Großbritannien wurde 2020 in einem anderen Prozess entschieden, dass Johnny Depp »wife beater« (Frauenschläger) genannt werden darf. Das Gericht sah es als erwiesen an, dass er Heard gegenüber mindestens 12 Mal Gewalt ausgeübt hatte. Bei drei Vorfällen habe Heard »Angst um ihr Leben« gehabt. 2022 wurde Heard in den USA wegen Verleumdung zu einer Schadensersatzzahlung von zehn Millionen Dollar, Depp zu zwei Millionen Dollar verurteilt. Doch Heard war als mögliches Opfer disqualifiziert, und die Öffentlichkeit hatte ihr Urteil lange vor der Jury des US-Prozesses gefällt. Ein US-amerikanisches Forschungsunternehmen untersuchte organisierte Angriffe auf Amber Heard und andere Frauen auf Twitter. Es kam zu dem Ergebnis, dass über 600 Twitter-Konten vornehmlich das Ziel hatten, negativ über Heard und ihre Unterstützer:innen zu schreiben. Fast 3300 Konten twitterten spezifische Hashtags wie #AmberHeardIsAnAbuser (übersetzt: »Amber Heard ist eine Missbrauchstäterin«). Laut des Berichts handelte es sich um gezielte Manipulation und Missbrauch der Plattform Twitter, bei der teils durch eigens für diesen Zweck erstellte Accounts offenbar die öffentliche Wahrnehmung beeinflusst werden sollte.[20] In sozialen Netzwerken gab es unzählige Videos vermeintlicher Expert:innen für Körpersprache, Zeitlupen, nachgespielte Parodien, Remixe und Desinformationen, die belegen sollten, dass Heard log, und zum Ziel hatten, sie öffentlich zu beschämen. Als sich Heard im Zeugenstand die Nase putzte, veröffentlichten Nutzer Videos der Szene, in der sie zu erkennen meinten, dass Heard in diesem Moment Kokain schnupfte. Andere spekulierten, im Taschentuch sei etwas gewesen, um sie zum Weinen zu bringen, da sie nicht fähig sei, echte Emotionen zu zeigen. Jemand stellte eine Szene, in der Amber Heard sagte, wie Depp sie ins Gesicht geschlagen habe, mit Hauskatzen nach. Das Video wurde laut Berichten innerhalb eines Tages 14 Millionen Mal aufgerufen, über 14 000 andere Videos mit diesem Soundausschnitt wurden auf Tiktok hochgeladen.

Auch die Presse selbst wird zum Ziel dieser Angriffe, und zwar unabhängig vom Geschlecht der Journalistinnen und Journalisten. »Ich wurde in meinem ganzen journalistischen Leben noch nie so angegriffen wie nach unseren Recherchen zu Rammstein«, sagte mir Daniel Drepper, seit 2023 Leiter des Rechercheverbunds von NDR, WDR und *Süddeutscher Zeitung*, am Telefon. Auch meine Kolleginnen und ich beim SPIEGEL waren in sozialen Netzwerken angegriffen worden. »Denunziationsintrigen-›Journalismus‹. Widerlich.« Oder: »Ekelhaft seit (sic) ihr. Ihr Hetzer!!«, derartige Kommentare hatte ich schnell aufgehört zu zählen und später auch zu lesen. Es gibt viele Kolleginnen und Kollegen, die sehr viel Schlimmeres gewohnt sind.

Drepper erzählte, wie auch er seit einigen Monaten geschlechtsspezifischen Hass erlebte, der noch zugenommen habe, nachdem er ein Buch mit einer Kollegin zu Missbrauch in der Musikindustrie und Rammstein angekündigt hatte.[21] Er sei neidisch auf Lindemann, weil er selbst keine abkriege, ist unter seinen Posts zu lesen: »Die einzige Rammstein-Liedzeile, die Drepper je nachvollziehen konnte: Ich kann in Deutschland nicht flachgelegt werden.«[22] Jemand hatte das Bild einer pornografischen Videoszene mit Lindemann manipuliert und Dreppers Kopf an die Stelle der Frau gesetzt. Er erinnert sich an eine Nachricht, in der es sinngemäß hieß, er solle sich von den Honoraren für sein Buch eine Haar-Transplantation gönnen. Unter einem Videoausschnitt, auf dem Drepper ein enges T-Shirt trägt, wurden seine »Männerbrüste« kommentiert, er solle sich einen BH besorgen. Weil er über mutmaßlichen Missbrauch gegen Frauen berichtete, wurde auch er angegriffen, indem sein Körper sexualisiert wurde – und zwar, indem seine Potenz und Männlichkeit infrage gestellt wurden. »Was andere Frauen seit Jahrzehnten erleben, habe ich im Schnelldurchlauf in klein erfahren«, sagte Drepper. Es ist ein Beleg dafür, dass, wenn es um MeToo geht, jeder zur Zielscheibe werden kann, der das Machtverhältnis angreift.

Unter all dem Hass und der pauschalen Kritik gegen die MeToo-Bewegung und die Berichterstattung darüber waren berechtigte und komplizierte Fragen, die bis heute nicht gelöst sind. Zum Beispiel: Wie sollte man etwa mit Kunst umgehen, wenn Beschuldigungen öffentlich werden, aber nicht bewiesen sind? Ab wann ist es gerechtfertigt, Künstler aus ihren Werken zu verbannen wie etwa Kevin Spacey, der 2023 in einem Zivilprozess wegen sexualisierter Gewalt freigesprochen wurde und gegen den es auch danach wieder neue Vorwürfe gab? Wo verläuft die Grenze zwischen Verhalten, das übergriffig oder einfach nur ekelhaft ist? Wie sehr muss man bei der Aufarbeitung alter Vorwürfe berücksichtigen, dass in der Vergangenheit völlig andere Regeln und gesellschaftliche Normen galten? Wie ist damit umzugehen, dass für eine Frau eine Situation schmeichelhaft ist, für eine andere aber übergriffig? Wie kann man verhindern, dass Männer aus Scheu verstummen, wo sie doch ein wichtiger Teil der MeToo-Debatte sind? Und wessen Problem ist das alles? Viel wurde darüber nachgedacht und gestritten, wie ernst man Anschuldigungen nehmen sollte. »Aber wir haben immer noch nicht genug darüber nachgedacht, wie wir mit allen Anschuldigungen angemessen und fair umgehen können«, kommentierte die *New York Times*.[23]

Auch innerhalb etablierter Medienhäuser in Deutschland gibt es nicht selten einen sogenannten Binnenpluralismus, also sehr unterschiedliche Meinungen oder gar gespaltene Redaktionen in der Frage, ob und vor allem in welcher Form über diese Themen berichtet werden sollte. Es kann mühsam oder auch einfach nervig sein, wenn Recherchen oder Veröffentlichungen gegen das eigene Haus verteidigt werden müssen. Zugleich leben Redaktionen davon, dass Menschen unterschiedlicher Erfahrungshintergründe ihre Haltungen ausdiskutieren. Es macht die Arbeit nicht einfacher – aber es zwingt dazu, sie immer wieder kritisch zu hinterfragen. Und Zweifel machen Journalismus besser, nicht schlechter.

Litigation PR: Strategische Rechtskommunikation

Wenn Texte abgemahnt werden, wird das oft als Zeichen gedeutet, dass Journalist:innen Fehler gemacht haben. Ein Trugschluss. Wie ein Beschuldigter auf eine Veröffentlichung reagiert, ob er sich einen Anwalt nimmt und rechtliche Schritte einleitet, bei welchem Gericht eine Unterlassungsklage eingereicht wird, welche Passagen einer Recherche angegriffen werden, wie lange eine Auseinandersetzung geht und wie eine Pressekammer urteilt, all das kann man nicht mit Sicherheit vorhersehen.[24] Wenn man einen Text über neuartige MeToo-Vorwürfe so schreiben will, dass er auf keinen Fall abgemahnt wird, kann man den Laptop gleich wieder zuklappen - es ist nicht möglich. Dass sich dennoch bestimmte Narrative über die Arbeit der Presse durchsetzen, hat auch damit zu tun, dass Medienrechtsanwälte sich zunehmend öffentlich positionieren.

Manchmal beginnt die Verteidigungsoffensive schon, während die Recherchen oder Gerichtsprozesse noch laufen. Ein Anwalt des HIV-Spezialisten verteilte im Gerichtssaal DIN-A4- Bögen, eine Erklärung der Verteidigung des Arztes für die Presse. Darauf wurde klargestellt, wem zu glauben sei. »Alle Untersuchungen und Therapien der Personen, von denen in der Anklage die Rede ist, waren medizinisch indiziert«, stand darin. »Soweit darüber hinausgehende Angaben von Patienten gemacht wurden, sind diese falsch. Die Anklagevorwürfe sind sämtlich unwahr.« Im Fall von Luke Mockridge verbreitete die ihn vertretende Kanzlei ein »presserechtliches Informationsschreiben«. Es war eine Warnung, nicht über den Vergewaltigungsvorwurf oder ähnlich lautende Anschuldigungen zu berichten. Aufgrund des eingestellten strafrechtlichen Ermittlungsverfahrens verbiete es sich, über den entsprechenden Verdacht zu berichten, außerdem sei die Intimsphäre von Mockridge betroffen, und über die dürfe die Presse ohnehin nicht berichten. »Sollten die Persönlichkeitsrechte unseres Mandanten durch weitere Berichterstattung verletzt werden, werden wir auch gegen diese umgehend rechtliche Schritte einleiten«, schrieb die Kanzlei und kündigte etwaige Schmerzensgeldansprüche an.[25] In unserer Redaktion bei BuzzFeed News hatte ich bis dato gar nicht gewusst, dass es ein derartiges Verfahren überhaupt gegeben hatte, und erfuhr erst durch das Informationsschreiben davon. Solche Schreiben gibt es immer wieder, und natürlich darf die Presse trotzdem recherchieren und – wenn alle entsprechenden Voraussetzungen erfüllt sind – über die Vorwürfe schreiben. Doch sie können auch dazu führen, dass Medien einknicken oder Quellen abspringen – und sie setzen ein frühes Zeichen für die öffentliche Debatte: Man soll lieber schweigen, sonst müsse man mit rechtlichen Sanktionen rechnen.

Es gibt in Deutschland einige Anwälte, welche sich auf die Verteidigung von Beschuldigten spezialisiert haben, sie nennen sich Betroffenenanwälte oder Äußerungsrechtler. Sie sind dafür da, um die Privatsphäre und den Ruf von Menschen, oftmals Promis oder ihre Angehörigen, zu verteidigen. Sie sind auch dafür da, Menschen zu verteidigen, denen Fehlverhalten vorgeworfen wird. Und sie sind selbst zu Akteuren in der öffentlichen Auseinandersetzung geworden, um ihre Interpretation der Dinge zu teilen. Sie veröffentlichen Pressemitteilungen oder geben Interviews, häufig in konservativen Medien. Dort werden juristische Siege verkündet, auch wenn die Verfahren noch lange nicht vorbei sind und vorläufig nur wenige Sätze untersagt wurden, die Berichterstattung aber in weiten Teilen für zulässig erklärt wurden. Und es erscheinen Artikel, welche diese Sicht der Dinge übernehmen. Normalerweise müssen Journalist:innen beide Seiten befragen, wenn sie über Vorwürfe berichten, auch wenn es darum geht, dass ein Medium und ein Beschuldigter sich streiten. Leider wird diese Regel oft missachtet, wenn andere Medien über derartige Auseinandersetzungen berichten, das habe ich vielfach erlebt. Vielleicht gelten Anwälte als glaubwürdig genug, um ihre Aussagen nicht abgleichen zu müssen, vielleicht ist der Zeitdruck in Online-Redaktionen schuld, vielleicht spielt die Haltung zu MeToo eine

Rolle, weil man vermeintlich infamen und fehlerhaften Recherchen nur zu gerne einen Denkzettel verpasst. So wird der presserechtlichen Auseinandersetzung ein Spin verpasst, um in der öffentlichen Wahrnehmung Sieger und Verlierer zu definieren. Und das Kalkül, dass die Leserschaft sich nicht in die Details vertiefen wird, die sich hinter den Aktenzeichen verbergen, geht mitunter auf.

Dass unliebsame Recherchen diskreditiert werden, ist journalistischer Alltag und nicht neu. Neu ist, wie gezielt MeToo-Recherchen angegriffen werden. Dass auch Anwaltskanzleien die Arbeit von Journalist:innen öffentlich schlecht machen, kann man hier besonders deutlich sehen. Weil ihr im Verborgenen noch immer das Label »Schmuddelkram« anhaftet? Jedenfalls ist bemerkenswert, wie gerade derartige Recherchen als niveaulos oder Boulevardpresse gelabelt werden. Einer von Till Lindemanns Anwälten verurteilte in einem Interview den sensationsheischenden, reißerischen Stil des SPIEGEL und befand, das Magazin sei seinem Eindruck nach »mittlerweile auf einem Bild-Zeitungs-Niveau« angelangt.[26] Als der *Stern* vor mehr als einem Jahrzehnt den Text über Rainer Brüderle veröffentlichte, wurde ganz ähnlich argumentiert. FDP-Mitglieder sagten, diesen Stil sei man bisher nur von der britischen Boulevardpresse gewohnt, und die wünsche man sich ganz bestimmt nicht für Deutschland. Oder dass es schade sei, auf welches Niveau der *Stern* mittlerweile gesunken sei.

Ein anderer Vorwurf lautet, Medien wollten sich mit derartiger Berichterstattung bereichern, vermeintlich reißerische Texte zu sexualisierter Gewalt sollten Klicks und Abos generieren. Auswertungen zeigen, dass MeToo-Recherchen in der Tat viel gelesen werden. Allerdings ist es einigermaßen verwunderlich, das als Argument gegen diese Art der journalistischen Arbeit anzuführen. Natürlich interessieren sich viele Menschen für das Thema, weil eben auch das Ausmaß der Missstände enorm ist und es sie berührt – deshalb ist es ja gerade die Aufgabe der Medien, darüber zu berichten. Das Argument, dass sich Medien durch MeToo-Recherchen unlauter bereichern, kann man ebenfalls als billige Stimmungsmache verstehen. Journalismus ist kein Ehrenamt, und auch Redakteurinnen und Redakteure müssen ihre Miete bezahlen. Natürlich muss mit Journalismus Geld verdient werden, und aufwendige Recherchen kann es nicht einfach umsonst geben. Jeder Presserechtsanwalt weiß das, und dennoch werden derartige Argumente offenbar unbesorgt mit öffentlichen Äußerungen befeuert.

Wenn Anwälte und Anwältinnen derart gezielt Informationen platzieren, um die öffentliche Stimmung zu beeinflussen, spricht man auch von Litigation PR,[27] also strategischer Rechtskommunikation. »Unser Ziel ist es, die juristische Auseinandersetzung nicht nur im Gericht, sondern auch in der Öffentlichkeit zu gewinnen und den Fall aus der Perspektive des Mandanten darzustellen, um seine Reputation zu schützen«, schreibt mir Uwe Wolff. Er arbeitete früher als Journalist, heute als PR-Agent, und er ist Mitgründer einer Agentur, welche diese Form der Kommunikation anbietet. Sein Büro liegt in einem noblen Teil Berlins am Kurfürstendamm, hohe Decken, schicker Holzboden, eine Sekretärin brachte Kaffee. Dort trafen wir uns für ein Gespräch über seine Arbeit, einige Fragen beantwortete er später per E-Mail. Fälle, bei denen es um Mord oder MeToo geht, vertrete er nicht, sagte Wolff, »kein Blut und Sperma«. Anfragen aus dem Bereich Kirche, Schule und dem Gesundheitsbereich zu Vorwürfen sexualisierter Gewalt habe er zwar erhalten, lehne sie aber ab. Aber es gebe mittlerweile mehrere Agenturen, die derartige Fälle übernähmen. Natürlich kenne er Namen, sagte er, doch es gelten Vertraulichkeitsvereinbarungen über Mandanten, auch die von Kollegen.

Aber er erzählte mir, wie er vorgeht und dass er auch in einem MeToo-Fall ganz genau wüsste, was zu tun wäre: »Zusammen mit den Anwälten eines Mandanten analysieren wir seinen Fall, lesen vorhandene Dokumente und analysieren die Anfragen von Medien. An einem Fragenkatalog kann ich schon erkennen, ob eine Geschichte bereits geschrieben ist oder wir noch Spielraum haben. Wir müssen davon ausgehen, dass auch uns gegenüber der Mandant nicht alles offenlegt und ein Restrisiko besteht, dass die Medien weitergraben und mehr herausfinden. Darauf machen wir ihn aufmerksam. Wir erklären auch klipp und klar, dass wir gegenüber den Medien nicht lügen werden, und bereiten ein erstes Statement vor.« Das werde an Medien und über eigene Kanäle verteilt. Es gebe auch Fälle, in denen er einem Mandanten rate, einfach gar nicht zu kommunizieren. »Das ist manchmal schwierig, denn jemand, der sich von Medien zutiefst ungerecht behandelt fühlt, verspürt einen enormen inneren Druck, die Presse über seine Sicht der Dinge zu informieren, aber es kann ihm nur noch mehr Probleme bereiten. In bestimmten Fällen versuchen wir auch ein Hintergrundgespräch mit einem Medium.« Das sei riskant. »Es funktioniert nur, wenn wir uns sicher sind, dass sich das Medium offen gegenüber unserer Argumentation zeigt und auch willens wäre, die Perspektive des Mandanten mit aufzunehmen. Oder womöglich erkennt, dass die Recherchen in die falsche Richtung gelaufen sind.«

Das Gespräch im Büro der PR-Agentur ging lange, und auch wenn Wolff und ich gewissermaßen auf gegenüberliegenden Seiten arbeiteten, empfand ich es als überraschend offen. Seine Wahrnehmung, dass es für Mandanten oft besser sei zu schweigen, teilte ich nicht. Denn ein Austausch bietet die Chance, Berichte ausgewogener zu machen, und allen Sichtweisen Platz einzuräumen – nicht nur im Hintergrund, sondern öffentlich. Wie ich bestimmte MeToo-Recherchen bewerte, wollte Wolff von mir wissen, und dass seiner Meinung nach auch Medien nicht immer alles richtig machten. Ich stimmte zu. Dann erzählte er mir, wie genau er versuchte, Medienberichte zu beeinflussen: »Ich schaue erst mal, wer zu diesem Bereich schon mal berichtet hat, und schaue, wie sie innerlich eingestellt sind. Ich frage im Kollegenkreis nach Erfahrungen mit diesen Journalisten, denn nicht jeder arbeitet sauber und fair. Ich rufe an und frage, ob sie daran interessiert sind, auch eine andere Perspektive zu hören. Und dann besteht die große Kunst darin, etwas zu liefern, was zu ihnen und ihrer Berichterstattung passt, am besten mit Nachrichtenwert. Im Wirtschaftsbereich können das etwa bestimmte E-Mails oder Dokumente sein.« Er wolle nicht unterdrücken, was ein Journalist veröffentliche, er könne es ihm auch nicht vorschreiben. »Aber das alte Gesetz gilt: Die bessere Geschichte gewinnt.« Man könne eine Geschichte nicht um 180 Grad drehen, und wenn berichtet wird, kriege man meist auch ein paar Backpfeifen mit. »Aber im besten Fall finden unsere Informationen so überhaupt erst einmal ihren Weg ins Internet.« Welche Rolle Wahrheit für ihn spielt, wollte ich von Wolff wissen. »Letztlich muss ich mich immer selbst davon überzeugen, auf der richtigen Seite zu stehen«, schrieb er.

Litigation PR kann Menschen schützen, sie kann Menschen schaden, und sie kann mitunter groteske Züge annehmen. Es gibt Berater, die als Pressesprecher Interviews für ihre Mandanten geben, wie etwa für den Fußballer Jérôme Boateng, der 2024 wegen Verdachts auf Körperverletzung gegen seine Ex-Freundin vor Gericht stand.[28] Boateng sei »angespannt« und »konzentriert«, sagte sein Kommunikationsberater dem Sender RTL in einem Interview vor Prozessbeginn.[29] In anderen Fällen lassen sich Berater als »Person aus dem Umfeld« anonym zitieren, um ihre Rolle zu verschleiern. Selbst ein so einfaches Mittel wie eine vernichtende Rezension auf einer Plattform wie Amazon scheint mitunter geeignet, um die öffentliche Stimmung zu einem Thema zu beeinflussen.

Zugleich erzählte Wolff, dass von Medienseite oder über soziale Netzwerke Desinformationen verbreitet werden und er versuche, dagegen anzukämpfen. Und er führte aus, wie belastend öffentliche Anschuldigungen für seine Mandanten sein könnten. Später ergänzte er per E-Mail: »Es gibt Menschen, die den medialen Vorwürfen kühl und sachlich entgegnen und ihre Anwälte losschicken, um das Problem zu bereinigen. Manager, die sich erst einmal darum kümmern, dass die Medienberichte nicht den Betriebsablauf stören, und das als einen weiteren Punkt auf der Tagesordnung sehen. Es gibt aber auch Menschen, die panisch reagieren, regelrecht zusammenbrechen und die Welt untergehen sehen. Andere fragen sich, warum die Medien über sie berichten und was dahinterstecken könnte. Einige stehen unter Schock und sind nicht in der Lage, rational zu denken, und versuchen durch einen Anruf oder auch ein Videofilmchen in den Sozialen Netzwerken auf Vorwürfe zu reagieren. Und wieder andere werden so wütend, dass sie die Medienvertreter regelrecht provozieren, beschimpfen und dem Rat eines Kommunikationsberaters nicht mehr zugänglich sind.«

Wenn aber alles glattläuft, aus Sicht der Verteidiger, wird nicht einmal bemerkt, welche Kräfte im Hintergrund wirken. »Ich habe ganz viele Fälle, wo sich Mandanten an mich wenden, wo noch gar nichts veröffentlicht ist, aber etwas passiert ist. Und sie sagen: Wenn das öffentlich wird, bin ich tot«, sagte ein bekannter Presserechtsanwalt in einem Fernsehporträt über seine Arbeit. »Und die wirklichen Masterpieces und OPs am offenen Herzen sind doch die, wo es mir gelingt, auch durch Hintergrundgespräche mit Journalisten, Chefredakteuren Veröffentlichungen zu verhindern.«[30] Derartige Strategien rufen ihrerseits Reaktionen hervor. Kurz nachdem die Staatsanwaltschaft München 2021 Anklage gegen Dieter Wedel erhoben hatte, gaben seine Verteidiger:innen dem SPIEGEL ein Interview. Sie sprachen darin von einer »Lynch-Stimmung«, der Bericht der *Zeit* sei ein »hobbymäßiges Vorverfahren gewesen«. Eine Anwältin des Teams sagte, man müsse die Bedingungen im Fall Wedel berücksichtigen - Schauspieler schlüpften gerne und schnell in andere Rollen, hätten aber auch die Gabe, darin überzeugend rüberzukommen. In der Causa Wedel »spielen das weibliche Gefallenwollen, aber auch Berechnung eine große Rolle«. Und sie fragte: »Was ist eine Frau bereit zu tun, um eine begehrte Rolle zu bekommen oder zu behalten?«[31] Über 500 Theater- und Filmschaffende unterzeichneten einen offenen Brief, in welchem sie dem Anwaltsteam vorwarfen, sich beleidigend geäußert zu haben und »Vergewaltigungsmythen aus der Mottenkiste« zu verbreiten. Und 2023, nachdem die Lindemann vertretende Kanzlei angekündigt hatte, rechtliche Schritte gegen einzelne Personen einzuleiten, wurde ein Spendenprojekt für mutmaßlich Betroffene aufgesetzt: Ziel der Aktion der Amadeu Antonio Stiftung war es, die Machtverhältnisse auszugleichen, niemand solle sich entmutigt fühlen, offen über Erfahrungen zu sprechen. Einige Personen des öffentlichen Lebens unterstützen das Projekt, über 800 000 Euro wurden eingesammelt.

Im Backlash zeigt sich der Fortschritt und umgekehrt. Im Jahr 2017 ging das Hashtag #MeToo viral, wurde die Ehe für alle legalisiert – und die AfD zog erstmals in den Bundestag ein. Die MeToo-Bewegung entwickelt sich nicht linear, mitunter sind ihre Auswirkungen paradox. Es soll Gewalt bekämpft werden, und es wird neue Gewalt ausgelöst. Sie verschafft mutmaßlich Betroffenen Gehör, doch die werden öffentlich härter angegriffen denn je. Es gibt nicht einmal Einigkeit darüber, ob die Bewegung überhaupt Fortschritt gebracht hat, ob MeToo nicht ein Rückschritt in puritanische Zeiten ist oder unter dem Strich einfach gar nichts verbessern konnte. In Deutschland ist noch nicht eindeutig zu erkennen, inwiefern der Backlash gegen die Bewegung sich auch in sehr viel größeren Kontexten zeigen wird. Weil MeToo auf einer abstrakteren Ebene das Recht auf den eigenen Körper verhandelt, Selbstbestimmung und Geschlechtergerechtigkeit, ist es untrennbar mit feministischen Bewegungen verknüpft. In den USA, wo die Entwicklungen früher und schneller zu beobachten sind, gab es 2022 einen fundamentalen Einschnitt: Der Oberste Gerichtshof urteilte, dass aus der Verfassung kein landesweit gültiges Recht auf Abtreibung abgeleitet werden kann. Es war eine historische Entscheidung, mit der das Grundsatzurteil »Roe v. Wade« gekippt wurde, welches zuvor jahrzehntelang gegolten hatte. Die Entscheidung ermöglicht es US-Bundesstaaten zum ersten Mal seit 1973, Abtreibungen vollständig zu verbieten, auch bei Vergewaltigungsfällen, Inzest oder Menschen, deren Leben durch eine Schwangerschaft gesundheitlich gefährdet ist. Befragungen zeigen, dass sehr viele junge Männer Feminismus als negativ wahrnehmen.[32] Gerade weil progressive Haltungen zu Frauenrechten im Mainstream angekommen sind, gerade weil Übergriffe, Abwertung und Gewalt gegenüber weiblich gelesenen Personen zunehmend Konsequenzen haben, provozieren junge Männer mit aggressiver Misogynie und Sexismus, argumentiert Susanne Kaiser. Sie könnten sich mit solchen Haltungen als Underdogs inszenieren, »als missverstandene Außenseiter, die gegen den Strom schwimmen und dafür ausgegrenzt werden. Als Opfer des Feminismus, die sich in Zeiten von *Political Correctness* und *Cancel Culture* fast schon wie Freiheitskämpfer fühlen können.« Derart vereinfachte Botschaften werden von mächtigen Personen mit großen Plattformen verbreitet, und sie verfangen, weil sie Antworten auf die komplizierten Fragen bieten, die MeToo aufwirft, und Menschen Halt suggerieren, wenn Machtverhältnisse ins Wanken geraten.[33]

ZEHN
MUT

Vorwürfe öffentlich zu äußern, erfordert eine gehörige Portion Courage. Die Influencerin Kayla Shyx erzählt erstmals ausführlich, warum sie sich dafür entschieden hat und welche Folgen es für sie hatte

Es gibt zwei Fragen, die mir besonders häufig gestellt werden, wenn es um MeToo geht. Die erste ist: Hast du keine Angst? Nicht wirklich, denn ich bin in der privilegierten Situation, mit einer Rechtsabteilung und einem Verlag im Rücken zu arbeiten, die mich schützen. Die zweite Frage (die wohl alle Personen häufig beantworten sollen, wenn sie irgendwie als qualifiziert angesehen werden, sich zu MeToo zu äußern) ist: Was hat sich verändert? Durch den zuvor beschriebenen Backlash kann leicht der Eindruck entstehen: eigentlich nichts. Aber das stimmt nicht.

Fortschritt

Seit MeToo wurden viele Untersuchungen angestoßen, um mutmaßliche Missstände aufzuklären. Es sind neue Anlaufstellen für von

Gewalt betroffene Menschen entstanden, in der Kultur- und Medienbranche gibt es etwa seit 2018 die Themis-Vertrauensstelle gegen sexuelle Belästigung und Gewalt. Es ist eine überbetriebliche Anlaufstelle, die Betroffene berät, zwischen Betroffenen und Arbeitgebern vermittelt und sich für Schutzmaßnahmen vor sexueller Belästigung in den Branchen Film, Fernsehen, Theater und Orchester einsetzt. Es gibt Compliance-Spezialistinnen, die in Unternehmen Vorwürfe gegen Menschen in Machtpositionen überprüfen. Auch haben viele Länder ihr Strafrecht verändert und neue Gesetzesgrundlagen dafür geschaffen, die SPD-Bundestagsfraktion legte 2023 ein Positionspapier vor, mit dem verbale sexuelle Belästigung in bestimmten Fällen strafbar werden soll. Im gleichen Jahr veröffentlichte das Bundesjustizministerium ein Eckpunktepapier für ein Gesetz gegen digitale Gewalt.

Journalismus hat sich im Themenspektrum MeToo professionalisiert. Wo sich anfangs die Presse ein völlig neues Berichterstattungsfeld erschließen musste, werden heute Fachpodien besetzt und Masterarbeiten über diese Form der Berichterstattung geschrieben. Das Wort Sexismus ist inzwischen so geläufig, dass es ohne weiteres Aufheben in etablierten Medien verwendet wird. Auch das Verständnis, dass es sich bei sexualisierter Gewalt und Machtmissbrauch um ein eigenes journalistisches Fachgebiet handelt, ist in vielen Redaktionen gewachsen. Es gibt junge Journalist:innen, die interessiert daran sind, professionell zu diesen Themen zu arbeiten, und von dem stetig zunehmenden Wissen darüber profitieren.

Durch MeToo wurde eine ungeahnte Vielzahl von Missständen offengelegt, wodurch sich Machtstrukturen verschoben haben und noch weiter verschieben. Im Jahr 2018 listete die *New York Times* 201 mächtige Männer auf, die im Zuge der MeToo-Debatte ihre Jobs verloren hatten, einige von ihnen mussten sich vor Gericht verantworten. Knapp die Hälfte dieser Stellen wurde mit Frauen nachbesetzt.

Es gibt heute Intimitätskoordinatorinnen, die darauf achten, an Filmsets für rücksichtsvolle Sexszenen zu sorgen. Es gibt überhaupt ein Verständnis dafür, dass es für intime Begegnungen in beruflichen Kontexten Regeln braucht. Manche Fragen müssen heute nicht mehr ausdiskutiert werden, weil das vor einigen Jahren bis zur Erschöpfung geschehen ist. Darf man jetzt noch flirten? (Ja.) Ist es wichtig für die Beurteilung von Schuld, was eine Frau bei einem Übergriff anhatte? (Nein.) Ist Sexismus ein weitverbreitetes Problem? (Natürlich.) Es gibt Parameter, um Übergriffe zu erkennen und zu verhindern, die erlernt wurden: dass etwa Ort, Zeit, Raum und Augenhöhe eine Rolle dafür spielen, ob ein Kompliment an- oder unangebracht ist. Es gibt Grenzen des Sagbaren, die sich verschoben haben, und es wird über Erinnerungen berichtet, in denen vor noch einem Jahrzehnt niemand einen Berichterstattungswert gesehen hätte.

MeToo hat sich als fester Bestandteil der Populärkultur etabliert. Es gibt Bücher und Filme über Missbrauch und Übergriffe, es gibt Serien, Theaterstücke und einen Podcast, Kunstausstellungen. Mit »She Said« entstand eine überraschend akkurate Darstellung aus Hollywood davon, wie MeToo-Recherchen ablaufen, und überdies ein Film, in dem mutige, weibliche Journalistinnen die Hauptrolle spielen.[1] Es gibt sogar, teils schon vor 2017, eine eigene Ikonografie: Orange wie der »Orange Day«, der Internationale Tag zur Beseitigung von Gewalt gegen Frauen. Rot wie der »Red Dress Day«, der vermisster und ermordeter indigener Frauen gedenkt. Schwarz, wie die Kleidung, die Stars 2018 bei der Verleihung der Golden Globes in Hollywood trugen, um ein Zeichen gegen Missbrauch und sexuelle Belästigung zu setzen und Zusammenhalt zu signalisieren. Und Rosa wie das kleine Emoji, das mit drei in die Luft gestreckten Händen erscheint, wenn man das Hashtag #MeToo in eine Zeile auf X eintippt.

Wie wirksam ist das alles? Vielleicht werden heranwachsende Generationen besser erklären können, was sie aus dieser Zeit, von dieser Bewegung gelernt haben und was sich für sie verändert hat. Seit einiger

Zeit verbreitet sich eine Art Kinderreim in den sozialen Netzwerken, ein »Schutz-Rap« gegen sexualisierte Gewalt, der fünf Botschaften transportiert, um die Persönlichkeit von Kindern zu stärken und sie zu sensibilisieren. Es gibt Videos, in denen Kinder diesen Rap mit passenden Bewegungen aufsagen, und sie wirken dabei zart und stark zugleich. Er geht so: »Meine Gefühle sind richtig und wichtig. Deine Gefühle sind richtig und wichtig. Ich sag Nein – lass das sein. Grenzen setzen, nicht verletzen. Ein gutes Geheimnis behalte ich für mich, ein schlechtes Geheimnis sage ich weiter. Ich kann helfen und mir Hilfe holen. Denn eines sag ich dir, mein Körper gehört mir.«[2] Die Missstände, welche MeToo offengelegt hat, können nicht mehr ungesehen gemacht werden. Die Debatte ist hart, aber es sieht nicht so aus, als würde sie zeitnah verstummen. Und das Wissen, was wir daraus ziehen, wächst immer weiter.

Als ich damit begann, dieses Buch zu schreiben, sprach ich mit der Influencerin Kayla Shyx. Sie hatte sich, nachdem sie Vorwürfe gegen Rammstein und insbesondere Till Lindemann geäußert hatte, lange Zeit aus der Öffentlichkeit zurückgezogen. Ich wollte von ihr wissen, ob sie ihr Video über die After-Show-Partys der Band bereute und wie sie heute darüber dachte. Das Gespräch war in vielerlei Hinsicht so bezeichnend für alles, was MeToo ausmacht, dass es hier in gekürzter Form einen Platz bekommen soll:

Juliane Löffler: Was war der Grund dafür, dass Sie 2023 Vorwürfe gegen das Casting-System rund um die Band Rammstein öffentlich gemacht haben?

Kayla Shyx: Mein einziges Ziel war es, dass Frauen wissen, worauf sie sich einlassen, wenn sie auf so eine After-Show-Party eingeladen werden. Ich habe mich sehr unter Druck gesetzt gefühlt, als ich da war, und worum es eigentlich ging, wurde gezielt verschleiert. Ob ich das erreicht habe, weiß ich nicht. Aber mir fällt es weitaus einfacher, über all das zu sprechen, als anderen, vielleicht schüchternen Mädchen.

Löffler: Einige Passagen aus Ihrem Video wurden per einstweiliger Verfügung vom Landgericht Hamburg verboten, die rechtliche Auseinandersetzung dazu läuft noch. Haben Sie Fehler gemacht?

Shyx: Ich bin keine Juristin, und ich stehe zu dem, was ich gesagt habe. Aber ich muss natürlich auch respektieren, dass Menschen, die mir Dinge erzählt haben, nicht an die Öffentlichkeit gehen oder nicht vor Gericht als Zeugin auftreten wollen. Bei einigen Aspekten finde ich es frech, dass sie untersagt wurden, weil ich finde, dass es nur meine legitime Meinung war, die ich mir aus den Informationen gebildet habe – etwa, dass es um Machtmissbrauch geht. Und einiges andere darf ich momentan nicht sagen, obwohl ich sicher bin, dass es stimmt. Darüber wird sich das Gericht sein Urteil erst noch bilden.[3]

Löffler: Wieso sind Sie sich sicher, dass das, was Sie im Video gesagt haben, stimmt?

Shyx: Ich habe vor meinem Video mit mehreren Personen gesprochen, ich habe Erfahrungsberichte im Internet gesehen, die viele Jahre zurückliegen. Und ich habe es ja selbst gesehen und erlebt. Und auch nach dem Video habe ich zahlreiche Nachrichten bekommen und noch weiter mit anderen Frauen telefoniert, darüber kann ich aber nicht sprechen, das war zum Teil vertraulich.

Löffler: Blicken wir einmal zurück. Wie ist es Ihnen ergangen, nachdem Sie dieses erste Video über die After-Show-Partys veröffentlicht hatten? Was ist danach passiert?

Shyx: Ich habe mein Handy weggelegt, ich bin auf keine einzige Social-Media-Plattform gegangen. Ich glaube, ich hatte einfach Angst vor dem, was Leute sagen. Ich bin mit meiner besten Freundin nach Mallorca geflogen, in ein Haus im Nirgendwo, ohne Internet. Ich war auf Hochspannung und auch mit meinem Management in Kontakt, vor allem, nachdem mich meine Mutter anrief und sagte, dass die Polizei bei mir zu Hause gewesen sei. Ich dachte, scheiße, was ist denn jetzt los?

Löffler: Sie erfuhren, dass die Polizei gegen Till Lindemann ermittelte und Sie als Zeugin aussagen sollten. Was geschah dann?

Shyx: Ich telefonierte mit der Polizei und machte später eine Zeugenaussage. Als ich zurück zu meinem Wohnort Amsterdam kam, habe ich das erste Mal ins Internet geschaut. Das Video war millionenfach aufgerufen worden, allein das war für mich so überwältigend und überfordernd, dass ich erst mal weinen musste. Darauf war ich nicht vorbereitet gewesen. Alle um mich herum wollten mir einreden, es ist wichtig und gut, dass du das machst, aber es hat sich nicht so angefühlt, sondern beängstigend und negativ.

Löffler: Was war es denn, was es so beängstigend und negativ machte?

Shyx: Es war einfach sehr viel von allem. Ich hatte lange von diesem System gewusst, aber nichts dazu gesagt, auch weil mein damaliges Management mir davon abgeraten hatte. Auch meine Vertrauten hatten mir abgeraten, darüber zu sprechen - aus Angst um mich. Es war klar, dass es um sehr mächtige, bekannte Personen geht. Und ich bin halt 21 und habe nicht so viel Macht. Ich hatte wirklich auch Angst um meine persönliche Sicherheit. Dass, wenn ich abends allein nach Hause gehe, mich irgendjemand von der Straße holt und in einen Wagen schmeißt.

Löffler: Das ist ein sehr extremes Szenario, gab es dafür irgendwelche konkreten Anzeichen?

Shyx: Ich hatte vorher ja zu dem Thema recherchiert und mir einiges angeschaut, auch Musikvideos mit Till Lindemann. Das wird als Kunst bezeichnet, das ist mir schon klar, aber wie da Frauen gezeigt werden, ist für mich gewaltsam und macht mir Angst. Und dann habe ich nach der Veröffentlichung meines Videos natürlich sehr viele Drohungen erhalten, die mir genau so etwas ankündigten, Vergewaltigung, Kidnapping, Mord, teils mit öffentlichen Profilen, ganz ohne Scham. Da denke ich: Es reicht ein Vogel, der das ein bisschen zu ernst nimmt.

Löffler: Um was ging es bei diesen Hassnachrichten?

Shyx: Viele behaupteten, dass ich eine Lügnerin sei und mir das alles ausgedacht habe. Und einige haben mir gewünscht, dass ich sexuellen Missbrauch erlebe, damit ich nicht mehr solche »Unwahrheiten« verbreite. Was für eine Anmaßung. Die wissen nicht mal, was ich erlebt habe. Am meisten habe ich mich darüber aufgeregt, dass Menschen das Casting-System um Lindemann rechtfertigen. Nach dem Motto: »Du wurdest ja nicht von dem vergewaltigt, er hat dich ja nicht angefasst.« Dass Menschen so denken, finde ich besorgniserregend.

Löffler: Wer waren diese Menschen, die ihnen gedroht haben?

Shyx: Viele waren Rammstein-Fans, das konnte ich an den Profilbildern erkennen. Es waren auch Frauen, aber größtenteils ältere Männer. Ich bin das perfekte Ziel für solche wütenden leicht misogynen Männer.

Löffler: Warum denken Sie das?

Shyx: In deren Augen bin ich so eine Anfang 20-jährige Social-Media-Influencerin, die provokante Bilder postet und damit frecherweise auch noch erfolgreich ist. Ich bin eine Frau mit einer großen Klappe, reiße gern Witze, spreche aus, was ich denke, und ich probiere mich in meinem Style aus. Ich glaube, diese Typen waren getriggert von mir. Die haben mir vorgeworfen, dass ich von dem Shitstorm profitiere und nur deshalb die Vorwürfe gegen Lindemann erhoben habe, was verrückt ist. Ich arbeite an meiner Karriere, seit ich 15 Jahre alt bin, und habe auch seitdem schon eine große Reichweite. Wenn man verstünde, was mir seitdem passiert ist, könnte man mir kein böswilliges Motiv unterstellen.

Löffler: Sie haben auch viel Unterstützung bekommen.

Shyx: Ja, vor allem aus meiner eigenen Community, aber diese Menschen kennen und mögen mich, und es haben ja auch andere Influencer oder Personen der Öffentlichkeit das Video geteilt und mich unterstützt. Ich würde auch sagen, dass das Video insgesamt positiv aufgefasst wurde. Aber man nimmt den Hass stärker wahr. Wenn mir 14 Leute schreiben: »Tolles Video, danke, das hast du gut gemacht«, und eine Person schreibt: »Du dumme Fotze, ich bring dich um, was redest du da in deinem Video?« – dann bleibt dieser Hasskommentar stärker hängen. Und davon gab es nicht einen, sondern Tausende, Zehntausende. Es gab eine Gruppierung, die mich extrem verurteilt hat und aggressiv mir gegenüber war. Und ich habe selten neutrale Kommentare gesehen, dass Menschen etwa gesagt haben: »Ich bin mir nicht sicher, wie ich das beurteilen soll.«

Löffler: Wie hat das Ihr Leben verändert?

Shyx: Ich bin noch viel weniger rausgegangen, ich war nie allein unterwegs, ich nehme seitdem nicht mehr die öffentlichen Verkehrsmittel. Eine Freundin von mir fuhr in dieser Zeit mit einem Zug, der war zufällig voller Rammstein-Fans. Ich dachte, ich hätte in diesem Zug sein können, was wäre dann passiert? In Berlin wurde ich überall erkannt.

Löffler: Ist der Hass inzwischen abgeflaut?

Shyx: Was sich abzeichnet, ist, dass die Menschen, die mich hassen, länger dranbleiben als die anderen, die mir damals sagten: »Gut gemacht.« Ich habe jetzt eine Gruppe, die mir im Nacken sitzt und auf Fehler wartet und mich ständig verurteilt, egal, was ich mache, die unter jedem Video und Post kommentiert. Diese Menschen investieren ihre Energie, um mich zu verunsichern. Ich soll mich gehasst fühlen. So etwas kannte ich davor überhaupt nicht.

Löffler: Was unternehmen Sie gegen Hasskommentare?

Shyx: Ich habe nichts angezeigt, weil es einfach zu viel war. Ich habe auch nichts blockiert oder gelöscht, weil ich nicht den Dreck von anderen aufräumen werde. Das Internet ist ein freier Ort, und die sollen hinschreiben, was sie wollen. Die müssen damit leben. Ich würde mich an deren Stelle schämen. Und ich finde es wichtig, dass auch diese bösen Nachrichten gesehen werden.

Löffler: Was hat Ihnen geholfen, in dieser Zeit nach der Veröffentlichung des Videos?

Shyx: Meine Freunde und Familie, natürlich auch die Unterstützung von Menschen, die ich nicht kenne. Und meine Anwältin, der es um die Sache geht. Ich habe viel Zeit allein verbracht, da bin ich runtergekommen und konnte kurz vergessen, dass ich von einer Million Menschen online wahrgenommen werde.

Löffler: Sie haben sich dann aus der Öffentlichkeit zurückgezogen. Wie haben der Hass und diese übermäßige Aufmerksamkeit Ihre Arbeit verändert?

Shyx: Ich habe etwa einen Monat konsequente Social-Media-Pause gemacht, so lange wie noch nie zuvor. Dann hatte ich einen vertraglich festgelegten Business-Trip, von dem ich Sachen posten musste. Die Monate danach habe ich nur selten Sachen hochgeladen. Ich bin immer noch nicht wieder da, wo ich vorher war. Es ist mir schwergefallen, in mein altes Leben zurückzufinden. Wie soll man nach so etwas weitermachen? Wie soll man nach so etwas Sachen posten, die belanglos wirken im Vergleich zu diesem großen Ding, was man gemacht hat?

Löffler: Haben Sie eine Antwort gefunden?

Shyx: Ich musste mich nach diesem großen Knall zwingen und überwinden, etwas zu posten, weil ich dachte: Du musst zu deinem Job zurück. Du hast dir das aufgebaut. Die Leute vergessen zu lassen, dass du eigentlich ganz woandersher kommst, dass du eigentlich ein anständiger Mensch bist, der schon sehr lange für diesen Erfolg gearbeitet hat, wäre Quatsch. Aber ich sehe, dass nach so einer langen Pause viele Leute weniger Interesse an meinem ursprünglichen Content haben, wie ich ihn vorher gepostet habe, vielleicht assoziieren sie mich nur noch mit den Vorwürfen gegen Rammstein. All das hat mir jedenfalls viel Motivation und Kreativität geraubt, die ich noch lange nicht zurückhabe.

Löffler: Wie machen Sie nun weiter?

Shyx: Ich bin noch dabei, mir das zu überlegen. Ich will einfach das machen, worauf ich Lust habe. Es war zum Glück schon immer so, dass das irgendwie funktioniert hat. Aber gerade muss ich mich überwinden, meiner Berufung nachzugehen. Das Internet fühlt sich für mich nicht mehr so sicher an wie vorher. Und es fühlt sich belanglos an, jetzt etwas über Mode zu posten. Für die Öffentlichkeit ist das gegessen, aber ich bin noch mittendrin, und ich weiß noch nicht, wie es rechtlich für mich ausgeht.

Löffler: Sie sind Influencerin, Sie leben von der Aufmerksamkeit im Internet. Haben Sie etwas Neues über sich gelernt?

Shyx: Mir macht Kreativsein sehr Spaß, Inhalte konzipieren, Videos schneiden und Sachen ins Internet stellen. Ich mag es auch zu reden, aber zu Hause, in eine Kamera. Ich bin eher introvertiert. Natürlich war diese spezielle Aufmerksamkeit nach dem Video unschön, aber ich habe auch gemerkt, dass ich generell nicht so bekannt sein möchte, wie ich mich in diesen Momenten gefühlt habe. Dafür bin ich nicht gemacht. Und ich fand es erschreckend, zu sehen, wie viel Macht Popularität hat.

Löffler: Was meinen Sie damit?

Shyx: Zu sehen, wie viel Schutz und Vertrauen man kriegt, nur weil man coole Musik macht und Erfolg damit hat. Ich dachte: »Nur weil die Lieder schreiben, die ihr extrem mögt, sind das nicht automatisch gute Menschen.« Ich habe gesehen, wie Leute die Band verteidigt haben, als ginge es um ihr eigenes Leben.

Löffler: Sind Sie sich auch Ihrer eigenen Macht gewahr geworden?

Shyx: Ja. Ich habe mir so oft gedacht: Wäre ich eine Privatperson, der nicht 100 000 Leute vertrauen, wäre es für mich noch viel schwieriger, so was an die Öffentlichkeit zu bringen. Weil du keine Plattform hast und dir niemand zuhören will. Das zu verstehen, war zu krass und auch beängstigend. Und als mir diese Macht bewusst wurde, entstand dieses Gefühl, dass alles andere, was ich mache, banal ist – denn ich könnte vielleicht die Welt verändern. Aber will ich die Welt verändern? Ich habe gesehen, welche Konsequenzen das auf meine Psyche und auf mein Leben hat, und das war nicht gut.

Löffler: Sie sind eigentlich für andere Inhalte bekannt, wie etwa Mode oder Geschichten aus Ihrem Alltag. Gab es einen Grund, dass Sie sich zu diesem MeToo-Thema geäußert haben?

Shyx: MeToo hat mich sehr beschäftigt. Privat schon lange, weil ich selbst Opfer sexueller Belästigung geworden bin und in meinem Freundeskreis leider fast jedes Mädchen eine Erfahrung mit sexueller Belästigung gemacht hat. Ich war in Trauma-Therapie und habe mich sehr viel mit dem Thema beschäftigen müssen. Wie man sich in so einer traumatischen Situation selbst manipuliert, um sich den Missbrauch schönzureden, um sich selbst zu schützen. Aber man schützt dadurch auch den Täter. Diese ganzen Schlüsse konnte ich auf mein Umfeld übertragen. Jetzt fällt mir überall und andauernd auf, wie vieles nichts mit Einvernehmlichkeit zu tun hat. Ich wollte deshalb schon vorher über dieses Casting-System sprechen, aber ich habe es dann eben erst gemacht, als ich nicht mehr allein dastand. Ein Jahr vorher hätten mir wahrscheinlich noch viel weniger Leute geglaubt. Ich habe auch schon öfter nachgedacht, über meine persönliche Erfahrung zu sprechen, und das mache ich vielleicht auch irgendwann.

Löffler: Wollen Sie es hier tun?

Shyx: Jetzt gerade nicht.

Löffler: Bereuen Sie, dass Sie das Video veröffentlicht haben?

Shyx: Ich würde es auf jeden Fall wieder machen. Vielleicht würde ich mich vorher rechtlich besser absichern. Ich habe gelernt, wie viel weggesehen und normalisiert wird, wenn es um MeToo geht. Und dass Machtmissbrauch in unserem System wie ein Virus festsitzt. Mir ist klar geworden, wie sehr Übergriffe immer noch toleriert werden. Da muss auf jeden Fall noch sehr viel Umdenken passieren.

Löffler: Ich danke Ihnen für das Gespräch.

EPILOG

Ich kenne nur sehr wenige Frauen, die von sich sagen, sie hätten in ihrem Leben niemals irgendeine Form von Belästigung erlebt. Es ist gut, dass es einige davon gibt. Ich gehöre nicht dazu. Einige Erinnerungen wollte ich hier detaillierter erzählen. Von dem Praktikumschef, der sich bei einer Betriebsfeier beim Tanzen viel zu nah an mich drückte, sodass ich seinen Penis an meinem Bein spürte, oder von dem ehemaligen Kollegen, der mich als Berufsanfängerin im Großraumbüro absichtlich mit unterschiedlichen Frauennamen ansprach. Ich habe mich dagegen entschieden, sie hier ausführlicher zu schildern. Beim Niederschreiben erlebte ich Scham, Unsicherheit, Schuldgefühle, Angst und Genervtheit. Unwillen, diese etliche Jahre zurückliegende Erinnerung herauszukramen und öffentlich zu thematisieren. Angst, die Wahrheit nicht belegen zu können. Und sehr viele Fragen. Warum hatte ich auch mit ihm getanzt? War er einfach etwas zu betrunken und ich vielleicht auch? Waren die Kommentare des Kollegen nicht lustig gemeint? War ich überempfindlich? Hatte ich etwas falsch interpretiert? Was sollten meine Kollegen heute von mir denken, wenn sie all das läsen? Dass ich mich nicht durchsetzen kann? Müsste ich, wenn ich all dies ausführlich aufschrieb, die Männer damit konfrontieren? (Ja.) Würde ich dann die hysterische Ex-Kollegin sein, die für ihr Buch alte Bagatellen hervorkramt? (Vielleicht.) Wie oft würde ich darauf angesprochen werden? (Immer wieder.) Ich sah mich schon in einem Interview zum Thema MeToo, in dem mich ein Kollege fragte: »Und

Sie haben auch selbst Erfahrungen gemacht, wie haben Sie das damals erlebt?« Natürlich, genau so würde ich es schließlich auch machen.

Nein danke.

Ich habe mich deshalb dagegen entschieden, einigen Erinnerungen hier ausführlicher Raum zu geben – die allesamt, das sei einmal so klar gesagt, auf einer vergleichsweise niedrigen Stufe des MeToo-Spektrums stattfanden und die glücklicherweise weder mein Leben besonders geprägt noch mich traumatisiert oder anderweitig schwerwiegend verletzt haben. Warum ich es dennoch wichtig finde, nicht ganz darüber zu schweigen: Auch ich bin Teil eines sehr viel größeren Systems. Auch ich habe, wie so viele Menschen und wohl die meisten weiblich gelesenen Personen, Dinge erlebt, die man heute im MeToo-Umfeld einordnet. Das macht mich nicht befangen. Man würde schließlich einem Klimajournalisten auch nicht vorwerfen, befangen zu sein, weil er selbst vom Klimawandel betroffen ist. Aber es macht mich zu einer Mitwissenden.

Viele meiner Erinnerungen erschienen mir zunächst so banal, dass ich sie wieder vergessen hatte und sie mir teils erst beim Schreiben und Lesen für dieses Buch wieder einfielen. Bei einer davon fiel es mir besonders schwer, sie einzuordnen, und weil Zweifel produktiv sind, möchte ich sie hier wiedergeben: Ich war als Grundschülerin in einer Betreuungseinrichtung, die ich über alles liebte. Eine Zeit lang gab es ein Spiel zwischen Jungen und Mädchen (den Begriff nicht-binär kannten wir nicht). Es ging so: Die Jungen rannten den davonlaufenden Mädchen hinterher und klatschten ihnen auf den Po. Die Mädchen fanden das mehr oder weniger lustig, aber ich erinnere mich, dass wir uns bei unseren Betreuerinnen und Betreuern darüber beschwerten, dass die Jungs nervten und damit aufhören sollten. Ich weiß nicht mehr, welche Gespräche geführt wurden, welche Konsequenzen es womöglich gab. Aber ich erinnere mich an diese Argumentation unserer Betreuungspersonen: Die Jungs, die den Mädchen auf den Po klatschten, seien offensichtlich in sie verliebt. Es war ihr Versuch, das Ganze für die Jungen mit Scham zu belegen (niemand wollte sich schließlich vorwerfen lassen, in eines der MÄDCHEN verliebt zu sein). So wollte man sie offensichtlich stoppen.

Wie würde man das heute bewerten: ein normales Spiel unter Kindern? Dumme Scherze? Ein etwas fragwürdiges Vergnügen? Ein Zeichen für alles, was schieflief in der Zuweisung von Geschlechterrollen? Ein Ausdruck von Rape Culture?[1] Für all diese Bewertungen wird man Argumente finden. Vielleicht aber ist es für einen kurzen Moment in Ordnung, diese Erinnerung einfach so stehen zu lassen als etwas, was vor 25 Jahren als normal angesehen wurde und heute in vielen Kontexten nicht mehr so gesehen wird. Es ist eine kleine Anekdote, mit der man eine große Veränderung beschreiben kann.

Ich schreibe über all dies, weil ich weiß, dass andere sich darin wiedererkennen werden. Ich verwende oft eine Metapher, wenn ich mit Quellen spreche, die mir zu Beginn des Gespräches sagen, dass sie nicht wissen, ob sie mir bei der Recherche weiterhelfen können oder ob das, was ihnen passiert ist, überhaupt relevant ist. Ich sage ihnen, dass jede Information ein Puzzlestück ist, das mir hilft, ein größeres Bild zu erkennen. Und dass ich mir deshalb anhören möchte, was sie zu sagen haben, auch wenn wir später vielleicht kein Wort davon veröffentlichen werden. Mir ist bewusst, dass es nicht immer einfach ist, über derartige Erinnerungen zu sprechen. Aber ich habe diese Erfahrung gemacht: Es lohnt sich, bei allen Widrigkeiten, zu sprechen, statt zu schweigen. Wo oder mit wem auch immer.

Gibt es Momente, in denen auch ich den Mut verliere, frustriert bin oder meine Arbeit hinterfrage? Manchmal melden sich Quellen oder Informanten und schleudern mir wütende Worte entgegen, weil sie finden, ich habe nicht genug erreicht, nicht genug veröffentlicht oder gekämpft. Ich verstehe ihren Frust. Wenn man jemandem so viele

Informationen gibt und sich dann dem eigenen Empfinden nach nichts verändert, kann das enttäuschend sein. Es sind auch für mich entmutigende Momente. Und dann erinnere ich mich daran, was meine Aufgabe ist: Es geht nicht darum, es allen recht zu machen. Es geht nicht darum, möglichst viel Ärger zu machen oder möglichst wenig. Es geht auch nicht darum, dass Menschen mich mögen sollen. Mein Job ist es, der Wahrheit so nah zu kommen wie möglich. Und eine Ebene des Erzählens zu finden zwischen dem, was mir Menschen anvertrauen, und dem, was ich der Öffentlichkeit davon zur Verfügung stellen kann. Sodass sie die Möglichkeit haben, zu entscheiden, welche Veränderungen notwendig sind. Es gibt etliche Geschichten zu recherchieren und zu erzählen, Missstände aufzudecken, Systeme zu hinterfragen. Die Veränderungen, die MeToo ausgelöst hat, steuern nicht auf ein Ende zu – sie haben erst begonnen.

ANHANG

DANK

Zuerst möchte ich allen Quellen danken, die mir über die Jahre ihre Erinnerungen und Informationen anvertraut haben, die mutig genug waren, sie zur Veröffentlichung freizugeben, und nun erneut eingewilligt haben, dass ich sie in diesem Buch schildere. Für Unterstützung durch Gespräche, Prüfung und Anmerkungen an diesem Buch danke ich meiner Lektorin Julia Kompe sowie Pascale Müller, Louisa Uzuner, Veronika Völlinger und im Weiteren: Laura Backes, Susanne Beyer, Christina Clemm, Jürgen Dahlkamp, Daniel Drepper, Lukas Eberle, Marcus Engert, Asha Hedayati, Laura Himmelreich, Elisa von Hof, Isabell Hülsen, Christine Käppeler, Katrin Langhans, Saba MBoundza, Angelika Mette, Ann-Katrin Müller, Marianne Rauwald, Simone Salden, Sibel Schick, Kayla Shyx, Benjamin von Stuckrad-Barre, Thomas Vorreyer, Peter Wahle, Anne Wizorek, Uwe Wolff, dem Deutschen Juristinnenbund e. V. sowie Franziska Günther, ohne die dieses Buch nie entstanden wäre. Ich danke außerdem für Zuspruch, Ermutigung und Wegbegleitung in der Vergangenheit: Anna Dushime, Jan Kosok, Johannes Kram, Jan Pfaff, Wiebke Ramm, Karsten Samland sowie allen Anwältinnen und Anwälten innerhalb und außerhalb der Rechtsabteilungen, welche unsere Recherchen so gewissenhaft geprüft und leidenschaftlich verteidigt haben. Für Geduld und Unterstützung danke ich dem Sekretariat und der Ressortleitung von Deutschland/Panorama, der Chefredaktion des SPIEGEL für eine neue redaktionelle Heimat und einen geraden Rücken, der Dokumentation und den Rechtsabteilungen des SPIEGEL und der DVA, insbesondere

Uwe Jürgens, Jan Siegel, Sascha Sajuntz sowie dem Medienanwalt Oliver Srocke. Außerdem danke ich dem Team des Büros W., das mir einen friedlichen Ort zum Schreiben zur Verfügung stellte. Besonderer Dank geht an meine Hausgemeinschaft, meine Familie und meinen Freundeskreis: an Nina für Unterstützung im wichtigsten Moment, an P. und M. fürs Rücken-Freihalten und an meine Mutter für Rat zu jeder erdenklichen Uhrzeit. Ohne euch ginge nichts. Zuletzt und vor allem danke ich meinem Kind, das mich das Leben von einer neuen Seite kennenlernen lässt.

GLOSSAR

#aufschrei
Das Hashtag #aufschrei wurde im Januar 2013 durch eine Debatte von Feministinnen auf Twitter ins Leben gerufen. Anlass war maßgeblich, dass die Journalistin Laura Himmelreich in einem Porträt über den FDP-Politiker Rainer Brüderle über ihre eigenen Sexismus-Erfahrungen geschrieben hatte. Das Schlagwort löste eine mehrwöchige gesellschaftliche Debatte über Sexismus und sexualisierte Übergriffe in Deutschland aus.

Belege und Beweistatsachen
Wenn die Presse über Vorwürfe berichten will, muss sie sich auf einen Mindestbestand an Indizien und Beweistatsachen stützen – also ausreichend Anhaltspunkte zusammengetragen haben, damit ein Bericht zulässig ist. Das können etwa Dokumente, Chatnachrichten, Zeugenaussagen oder auch Tagebucheinträge sein.

Catcalling
Verbale sexualisierte Belästigung und nicht körperliche Formen aufgedrängter Sexualität im öffentlichen Raum, etwa auf offener Straße oder in öffentlichen Verkehrsmitteln. Dazu gehören etwa Pfiffe, Anhupen, Kussgeräusche, anzügliche Bemerkungen, bewertende Kommentare des Aussehens und obszöne Witze. In der Regel werden dazu auch körperliche Aufdringlichkeiten wie

unerwünschte Annäherungen oder unerwünschtes Hinterherlaufen gezählt.

Dickpic

Ein Penisbild, das ungefragt an andere Personen verschickt wird. Der Begriff setzt sich zusammen aus den englischen Begriffen dick (Penis) und pic, Kurzform des englischen Wortes picture (Bild). Meist sind es Männer, die ihnen bekannten oder auch unbekannten Frauen unaufgefordert Bilder eines fremden oder des eigenen Penis etwa über Chats oder per E-Mail zuschicken. Das Versenden von Dickpics (oder im Fall von Frauen auch Vulvapics) kann mit einer Freiheitsstrafe bis zu einem Jahr oder mit einer Geldstrafe bestraft werden.

Einvernehmlichkeit

Auch: Konsens. Von einvernehmlichem Sex spricht man, wenn alle beteiligten Personen den sexuellen Handlungen aktiv und freiwillig zustimmen und sich darüber hinaus in einem Zustand befinden, in dem sie grundsätzlich zustimmungsfähig sind (also z. B. nicht betrunken). Die Zustimmung erfolgt ohne Druck, Zwang, Angst oder Täuschung und kann während der Handlungen jederzeit zurückgezogen werden.

Freezing

Freezing (Erstarren) ist eine körperliche Reaktion auf extreme Stresssituationen, wenn eine Person Opfer von gewaltsamen Handlungen wird, etwa im Moment eines sexualisierten Übergriffs. Dabei verfallen Menschen vorübergehend in eine Art Starre oder Teilnahmslosigkeit. Diese Form der Reaktionsunfähigkeit wurde lange Zeit und teils bis heute in Fällen von sexualisierter Gewalt nicht ausreichend berücksichtigt und als fehlende Wehrhaftigkeit oder gar Einverständnis interpretiert.

Litigation PR

Litigation PR wird auch strategische Rechtskommunikation oder prozessbegleitende Öffentlichkeitsarbeit genannt. Es handelt sich um eine Form der Pressearbeit, bei der strategische Beraterinnen oder Anwälte versuchen, die öffentliche Wahrnehmung zugunsten eines Mandanten oder einer Mandantin zu beeinflussen, oftmals vor, während und nach juristischen Auseinandersetzungen. Dafür werden gezielt Informationen mit einer bestimmten Lesart (auch »Spin« genannt) an die Presse gespielt oder selbst veröffentlicht.

Love Bombing

Love Bombing ist eine manipulative Beziehungstaktik, bei der eine Person einen anderen Menschen mit überschwänglichen oder unverhältnismäßigen Komplimenten, Aufmerksamkeit, Geschenken und Liebesbekundungen überhäuft. Ziel sind emotionale Abhängigkeit und Kontrolle über die betroffene Person. Weitere Merkmale sind etwa ein massives Aufmerksamkeitsbedürfnis des Love-Bombers und die soziale Isolation der Betroffenen.

MeToo

MeToo ist eine weltweite soziale Bewegung gegen sexualisierte Gewalt und Belästigung, Missbrauch und Übergriffe, bei der Menschen ihre Erfahrungen mit Missbrauch und Übergriffen öffentlich teilen, vor allem in sozialen Netzwerken unter dem gleichnamigen Hashtag. Veröffentlichungen durch die Presse spielen für die Bewegung eine herausragende Rolle, viele Vorwürfe kamen erst durch Medienrecherchen ans Licht. Umstritten ist, wann genau es sich bei verschiedenen Handlungen um Belästigung und Übergriffe handelt, wann es Menschen zusteht, öffentlich darüber zu sprechen, und in welchen Fällen die Presse darüber berichten sollte.

Mutmaßlich Betroffene

Bei mutmaßlich Betroffenen wurde nicht rechtskräftig festgestellt, dass sie Geschädigte einer Straftat geworden sind. Allerdings können dennoch Indizien oder Hinweise vorliegen, teilweise auch Belege oder Beweistatsachen dafür, dass sie möglicherweise Opfer von Gewalt oder Übergriffen geworden sind.

Opfer

Opfer gilt teils als stigmatisierender Begriff, weil er Wehrlosigkeit und Passivität suggerieren kann oder in der Jugendsprache mitunter als Schimpfwort verwendet wird. Manche Menschen, die sexualisierte Gewalt erlebt haben, verstehen den Begriff als herabwürdigend und als Fremdzuschreibung, welche sie ablehnen. Andere wählen das Wort zur Selbstbezeichnung. Alternativ wird von Betroffenen oder Geschädigten gesprochen.

Privatsphäre und Intimsphäre

Die Privatsphäre ist der nicht öffentliche Bereich der persönlichen Lebensführung, der in der Regel nur dem engeren sozialen Umfeld zugänglich ist, etwa familiäre Verhältnisse, Einkommens- und Vermögensverhältnisse und Informationen über die Zugehörigkeit zu Glaubensgemeinschaften. Sie ist durch das allgemeine Persönlichkeitsrecht geschützt. Medien dürfen über die Privatsphäre einer Person ohne ihre Zustimmung nur berichten, wenn die wahrheitsgemäße Aufklärung aus besonderen Gründen für die Allgemeinheit von Bedeutung ist (siehe auch: Verdachtsberichterstattung).

Noch strengere Regeln gelten für die Presse, wenn sie über die Intimsphäre berichten will. Diese erfasst den Kernbereich höchstpersönlicher, privater Lebensgestaltung wie die innerste Gedanken- und Gefühlswelt, Krankheiten oder die Sexualität einer Person. Nur in absoluten Ausnahmefällen darf über die Intimsphäre eines Menschen berichtet werden, wenn etwa die Lebensführung von Politiker:innen ihrem öffentlichen Wirken diametral widerspricht, gegebenenfalls auch, wenn Personen mit Einfluss und Macht sich anderen gegenüber unangemessen verhalten haben.

Quelle

Als Quelle wird im Journalismus eine Person bezeichnet, die Informationen an die Presse weitergibt. Auch Institutionen oder Dokumente können Quellen sein. Eine Quelle ist dem Reporter oder der Rechercheurin in der Regel namentlich bekannt, der Begriff wird aber mitunter verwendet, um die Anonymität einer Informantin oder eines Informanten zu wahren.

Rape Culture

Bezeichnet die Verbreitung, Verharmlosung, Normalisierung und Duldung von sexualisierter Gewalt innerhalb einer Gesellschaft. Ein Merkmal ist etwa das sogenannte *Victim Blaming*, bei dem Betroffenen eine Mitschuld an Vergewaltigungen und Übergriffen gegen sich zugeschrieben wird. Ein weiteres Kennzeichen sind scherzhafte oder erotisierende Darstellungen von sexualisierter Gewalt.

Sexismus

Sexismus ist ein Sammelbegriff für eine Beurteilung oder Diskriminierung von Menschen aufgrund der Geschlechtszugehörigkeit. Im Alltagsverständnis werden darunter häufig verbale Äußerungen verstanden, welche auf eine Bewertung oder Herabwürdigung einer Person im Hinblick auf ihr Geschlecht zielen, auch Catcalling oder tätliche Übergriffe zählen dazu. Sexismus kann mit anderen Diskriminierungsformen wie Rassismus oder Queerfeindlichkeit einhergehen, was unter dem Begriff Intersektionalität diskutiert wird.

Sexualisierte Gewalt

Unter sexualisierter Gewalt versteht man sexualisierte Handlungen, die einer Person gegen ihren Willen oder ohne die Fähigkeit, einzuwilligen, aufgezwungen oder aufgedrängt werden. Es handelt sich um eine Form der Machtausübung, bei der sexuelle Handlungen genutzt werden, um das Gegenüber zu erniedrigen, zu beschämen oder zu kontrollieren. Die Handlungen, welche hierunter gezählt werden, bilden ein breites Spektrum ab: ungewollte Berührungen, Vergewaltigungen, Genitalbeschneidung oder Vergewaltigungen als Kriegswaffe, auch nicht körperliche Handlungen wie etwa der erzwungene Konsum pornografischen Materials gehören dazu.

Toxische Beziehung

Als toxische Beziehung wird eine gestörte Beziehung zwischen Personen bezeichnet, bei der ein Machtungleichgewicht und eine Abhängigkeit zugunsten einer Person vorliegen und die bei Betroffenen zu psychischen oder körperlichen Problemen führt. Typische Merkmale sind etwa Gewalt, emotionaler Missbrauch, Manipulation, übertriebenes Kontrollverhalten, extreme Stimmungsschwankungen, Erniedrigungen oder die Notwendigkeit ständiger Rechtfertigung. Toxische Beziehungen können für Betroffene schwere körperliche und seelische Folgen haben.

ANSPRECHPARTNER: INNEN IM NOTFALL

Hier finden Betroffene sexualisierter Gewalt Hilfe:

Hilfe-Portal Sexueller Missbrauch
Das bundesweite Hilfe-Portal Sexueller Missbrauch (www.hilfe-portal-missbrauch.de) ist ein Angebot der Unabhängigen Beauftragten der Bundesregierung für Fragen des sexuellen Kindesmissbrauchs für Betroffene und Angehörige. Über eine Datenbank können spezialisierte Beratungsstellen, Krisendienste und Therapeuten in der Nähe gefunden werden.

Hilfe-Telefon Sexueller Missbrauch
Das kostenfreie und anonyme Hilfe-Telefon Sexueller Missbrauch unter 0800 22 55 530 ist eine Anlaufstelle, bei der ausgebildete Berater bei allen Fragen rund um sexuelle Gewalt unterstützen und Wege der Hilfe aufzeigen.

Nummer gegen Kummer
Die »Nummer gegen Kummer« der Deutschen Kinderschutzzentren unter 0800 111 0 333 bietet ebenfalls Beratung für Kinder, Jugendliche und Eltern bei Fragen zu sexuellem Missbrauch.

BKSF

Die Bundeskoordinierung Spezialisierter Fachberatung gegen sexualisierte Gewalt in Kindheit und Jugend (BKSF) bietet spezialisierte Beratung und Unterstützung für Betroffene und ihre Angehörigen: www.bundeskoordinierung.de/.

LARA – Fachstelle gegen sexualisierte Gewalt an Frauen*

Der Verein bietet Hilfen für Frauen, trans*, inter* und nicht-binäre Personen nach dem 14. Lebensjahr, die eine Vergewaltigung, sexuelle An- und Übergriffe und sexuelle Belästigung in der Partner:innenschaft, am Arbeitsplatz, durch Freund:innen, Kurzbekanntschaften oder Fremde erfahren haben. Telefonische Hotline: 030 216 88 88 (Montag – Freitag von 9 bis 18 Uhr).

BFF: Der Bundesverband Frauenberatungsstellen und Frauennotrufe – Frauen gegen Gewalt e. V.

Im bff sind über 210 Frauennotrufe und Frauenberatungsstellen zusammengeschlossen. Auf der Webseite kann man Beratungseinrichtungen nach Hilfsangeboten in der Umgebung durchsuchen. www.frauen-gegen-gewalt.de/de/hilfe-vor-ort.html

Hilfetelefon »Gewalt gegen Frauen«

Ein 24-Stunden-Beratungsangebot für Deutschland, das unter der Nummer 116 016 vertraulich und kostenfrei Hilfe und Unterstützung bietet.

Hilfetelefon »Gewalt an Männern«

Das Hilfetelefon ist unter 0800 123 99 00 erreichbar, online gibt es zudem eine E-Mail-Beratung und einen Sofort-Chat-Text. Alle Infos unter: www.maennerhilfetelefon.de/

Weißer Ring – Gemeinnütziger Verein zur Unterstützung von Kriminalitätsopfern und zur Verhütung von Straftaten e. V.
Das Opfertelefon des Weißen Rings ist bundesweit, anonym und kostenfrei unter 116 006 erreichbar. Außerdem bietet der Weiße Ring eine Onlineberatung sowie eine persönliche Beratung vor Ort an.

Hilfe bieten auch die jeweiligen Polizei- und Strafverfolgungsbehörden vor Ort.

Gut zu wissen

Das stumme Handzeichen für Hilfe in Notsituationen:
Die Handfläche öffnen, erst den Daumen auf die Handfläche legen und dann die restlichen Finger um den Daumen schließen, sodass eine Faust entsteht. Es wurde zu Beginn der Corona-Krise in Kanada für Betroffene von häuslicher Gewalt entwickelt.

ANMERKUNGEN

Alle anonymisierten Quellen aus den Recherchen und Gesprächen der Autorin sind ihr namentlich bekannt. Die Schilderungen dieser Quellen wurden nach den üblichen journalistischen Standards überprüft. Die Inhalte dieses Buches basieren auf Veröffentlichungen, Dokumenten wie Gerichtsunterlagen, E-Mails, Nachrichten, Gesprächen, Gesprächsnotizen, Audioaufzeichnungen und Gedächtnisprotokollen und wurden rechtlich und inhaltlich geprüft.

1 »Jodi Kantor and Megan Twohey Talk Investigating Harvey Weinstein | Women in Entertainment 2022«, *The Hollywood Reporter*, 07.12.2022, www.youtube.com/watch?v=pLzoyBdaiTQ&ab_channel=TheHollywoodReporter [zuletzt abgerufen: 19.04.2024].

VORWORT

1 Sexualisierte Gewalt: siehe Definition im Glossar.
2 MeToo: siehe Definition im Glossar.
3 Sexismus: siehe Definition im Glossar.
4 »Schwarz« als politische Selbstbezeichnung wird in diesem Buch großgeschrieben, da damit keine Hautfarbe beschrieben wird, sondern eine soziopolitische Positionierung in mehrheitlich weißen Gesellschaften.
5 In diesem Buch wird MeToo der besseren Lesbarkeit halber daher ohne die Raute geschrieben, es sei denn, es ist explizit das Hashtag #MeToo gemeint, wie es im Internet verwendet wird.
6 In diesem Buch wird häufig von Männern und Frauen geschrieben, in dem Wissen, dass die Bandbreite von Geschlecht und Geschlechtsidentitäten sehr viel mehr beinhaltet. Der Grund ist, dass sich Studien, zurückliegende Ereignisse und auch viele Gespräche, welche hier zitiert werden, innerhalb dieser binären Logik bewegen und entsprechend wiedergegeben werden.
7 Mutmaßlich Betroffene: siehe Definition im Glossar.

8 Siehe: Jodi Kantor und Megan Twohey: *#MeToo. Von der ersten Enthüllung zur globalen Bewegung*, Stuttgart: Tropen 2020, S. 44.

9 Die neurechte Publizistin Birgit Kelle veröffentlichte Anfang 2013 unter diesem Titel als Reaktion auf die #aufschrei-Debatte einen Text im Magazin *The European*, später publizierte sie unter demselben Titel ein Buch. Birgit Kelle: *Dann mach doch die Bluse zu: Ein Aufschrei gegen den Gleichheitswahn*, Aßlar: Adeo 2013, und Birgit Kelle: »Dann mach doch die Bluse zu!«, *The European*, 29.01.2013, www.theeuropean.de/politik/bruederle-debatte-und-sexismus [zuletzt abgerufen: 16.04.2024].

10 Opfer: siehe Definition im Glossar.

11 Quelle: siehe Definition im Glossar.

EINS PROTEST

1 Michaela Haas: »Es geht nicht darum, mächtige Männer abzuschießen«, *SZ-Magazin*, 09.03.2018, https://sz-magazin.sueddeutsche.de/die-loesung-fuer-alles/es-geht-nicht-darum-maechtige-maenner-abzuschiessen-84547 [zuletzt abgerufen: 21.04.2024].

2 Titelseite: »Exposed! Brave subway flasher victim turns tables & snaps picture of perv subject«, *New York Daily News*, 27.08.2005 [Übersetzung der Autorin].

3 Lina Kalmteg: »Nu pratar hela världen om«, *Svenska Dagbladet*, 21.12.2010, www.svd.se/a/bafe464e-a5cb-342e-875f-9ad348dc755f/nu-pratar-hela-varlden-om-det [zuletzt abgerufen: 21.04.2024].

4 »vergewaltigt angezeigt eingestellt. Recht und Gericht aus Opfersicht – Sammlung von Einstellungsbescheiden«, https://web.archive.org/web/20121223101317/https://ausopfersicht.wordpress.com/ [zuletzt abgerufen: 21.04.2024].

5 Joanna Impey: »Everyday sexism«, Deutsche Welle, 25.06.2013, www.dw.com/en/taking-a-stand-against-everyday-sexism/a-16903539 [zuletzt abgerufen: 21.04.2024].

6 Chris Köver: »Twitter-Aufschrei nach Amoklauf in Santa Barbara«, SPIEGEL ONLINE, 26.05.2014, www.spiegel.de/netzwelt/netzpolitik/yesallwomen-twitter-aufschrei-nach-amoklauf-in-santa-barbara-a-971835.html [zuletzt abgerufen: 21.04.2024].

7 Anna-Mareike Krause: »Es reicht nicht, wenn das Opfer ›Nein‹ sagt«, tagesschau.de, 14.02.2013, www.tagesschau.de/inland/gewaltgegenfrauen-ts-100.html [zuletzt abgerufen: 21.04.2024].

8 Ronen Steinke: »Warum so viele Vergewaltigungen nie ans Licht kommen«, *Süddeutsche Zeitung*, 15.05.2012, www.sueddeutsche.de/

muenchen/scham-scheu-beweisprobleme-warum-so-viele-vergewaltigungen-nie-ans-licht-kommen-1.1355233 [zuletzt abgerufen: 19.04.2024].

9 Annett Meiritz: »Man liest ja so einiges über Sie«, SPIEGEL ONLINE, 14.01.2013, www.spiegel.de/spiegel/annett-meiritz-ueber-die-frauenfeindlichkeit-in-der-piratenpartei-a-877558.html [zuletzt abgerufen: 19.04.2024].

10 Ed Pilkington: »SlutWalking gets rolling after cop's loose talk about provocative clothing«, *The Guardian*, 06.05.2011, www.theguardian.com/world/2011/may/06/slutwalking-policeman-talk-clothing [zuletzt abgerufen: 21.04.2024; Übersetzung der Autorin].

11 Die Aneignung des Begriffs trieb die amerikanische Feministin Jaclyn Friedman in einem Essay voran, in dem sie sich humorvoll mit den Hemmungen und dann der Befreiung ihrer Libido auseinandersetzte. Jaclyn Friedman, »My Sluthood, Myself«, Blog: yes means yes, 26.07.2010, https://yesmeansyesblog.wordpress.com/2010/07/26/my-sluthood-myself/ [zuletzt abgerufen 20.07.2024].

12 Asociación La Casa del Encuentro: »Observatorio de Femicidios en Argentina«, www.lacasadelencuentro.org/femicidios03.html [zuletzt abgerufen: 19.07.2024]; Alyssa Bedrosian: »Ni Una Menos. Portrait einer feministischen Bewegung«, *Aus Politik und Zeitgeschichte*, 31.03.2023, www.bpb.de/shop/zeitschriften/apuz/femizid-2023/519674/ni-una-menos/#footnote-target-8 [zuletzt abgerufen: 19.07.2024].

13 Siehe: Laura Backes und Margherita Bettoni: *Alle drei Tage*, München: DVA 2021, und Christina Clemm: *Gegen Frauenhass*, München: Hanser 2021.

14 Maike Hank: »Normal ist das nicht!«, kleinerdrei, 24.01.2013, http://kleinerdrei.org/2013/01/normal-ist-das-nicht/ [zuletzt abgerufen: 21.04.2024].

15 #aufschrei: siehe Definition im Glossar.

16 Laura Himmelreich: »Der Herrenwitz«, *Stern*, 5/2013, online 01.02.2013, www.stern.de/politik/deutschland/laura-himmelreich–der-herrenwitz-3116542.html [zuletzt abgerufen: 21.04.2024].

17 Stefanie Lohaus: *Stärker als Wut*, Berlin: Suhrkamp Nova 2023, S. 181.

18 *Bild*, 28.01.2013.

19 »Joko und Klaas Wenn ich Sie wäre IFA«, www.youtube.com/watch?v=Xl_LXiPbl1Q&ab_channel=Bursche (Minute 14) [zuletzt abgerufen: 19.07.2024].

20 Vgl. Lohaus, *Stärker als Wut*, eBook, S. 92.

21 Toxische Beziehung: siehe Definition im Glossar.

22 Siehe etwa: Cora Stephan: »Frauen können sich wehren, wenn sie

denn wollen«, *Welt*, 27.01.2013, www.welt.de/debatte/kommentare/article113153796/Frauen-koennen-sich-wehren-wenn-sie-denn-wollen.html [zuletzt abgerufen: 19.04.2024].

23 Siehe etwa: Hugo Müller-Vogg: »Wir erleben eine Art Sippenhaft für alle Männer ›60 plus‹«, *Bild*, 31.01.2013, www.bild.de/politik/kolumnen/hugo-mueller-vogg/sippenhaft-fuer-alle-maenner-60-plus-28341346.bild.html [zuletzt abgerufen: 21.04.2024].

24 »Ich übe noch«, DER SPIEGEL, 10/2013, online 03.03.2013, www.spiegel.de/politik/ich-uebe-noch-a-50428f91-0002-0001-0000-000091346549?context=issue [zuletzt abgerufen: 19.04.2024].

25 Fabian Reinbold: »#Aufschrei gegen Gauck«, SPIEGEL ONLINE, 06.03.2013, www.spiegel.de/politik/deutschland/sexismus-debatte-aufschrei-gegen-gauck-a-887170.html [zuletzt abgerufen: 19.07.2024].

ZWEI ERINNERUNG

1 Ingo Rentz: »›Diskreter als jede Hotelbar‹: Ashley Madisons heißer Tipp für Brüderle«, Horizont, 05.02.2013, www.horizont.net/marketing/nachrichten/-Diskreter-als-jede-Hotelbar-Ashley-Madisons-heisser-Tipp-fuer-Bruederle-112723 [zuletzt abgerufen: 19.07.2024].

2 Grimme Online Award 2013, Begründung der Jury, www.grimme-online-award.de/archiv/2013/preistraeger/p/d/aufschrei [zuletzt abgerufen: 21.04.2024]

3 Rainer Brüderle: *Jetzt rede ich! Ein Gespräch mit Hugo Müller-Vogg*, Reinbek: Lau Verlag 2014.

4 »Rainer Brüderle bricht sein Schweigen«, Handelsblatt, 06.04.2014, www.handelsblatt.com/politik/deutschland/sexismus-affaere-rainer-bruederle-bricht-sein-schweigen/9723304.html [zuletzt abgerufen: 21.04.2024].

5 Teresa Bücker: »Das geht #ausnahmslos alle etwas an«, *der Freitag*, 02/2016, www.freitag.de/autoren/teresa-buecker/das-geht-ausnahmslos-alle-etwas-an [zuletzt abgerufen: 21.04.2024].

6 Jodi Kantor und Megan Twohey: *#MeToo. Von der ersten Enthüllung zur globalen Bewegung*, Stuttgart: Tropen 2020. Die Tweets sind nicht mehr auf X (ehemals Twitter) verfügbar, aber in etlichen Medienberichten dokumentiert, etwa in: Gene Maddaus: »Rose McGowan Says a Studio Executive Raped Her«, *Variety*, 14.10.2016, https://variety.com/2016/film/news/rose-mcgowan-raped-studio-head-1201889536/ [zuletzt abgerufen: 21.04.2024]. Schon 2015 hatte McGowan in einem Porträt von BuzzFeed auf Missstände aufmerksam gemacht: Kate Aurthur: »Rose McGowan Is

Starting A Revolution«, BuzzFeed News, 14.08.2015, www.buzzfeed.com/kateaurthur/rose-mcgowan-is-starting-a-revolution [zuletzt abgerufen: 21.04.2024].

7 Michael Barbaro und Megan Twohey: »Crossing the Line: How Donald Trump Behaved With Women in Private«, *New York Times*, 14.05.2016, www.nytimes.com/2016/05/15/us/politics/donald-trump-women.html [zuletzt abgerufen: 21.04.2024].

8 »Watch: Donald Trump recorded having extremely lewd conversation about women in 2005«, *Washington Post*, 07.10.2016, www.washingtonpost.com/video/national/watch-donald-trump-recorded-having-extremely-lewd-conversation-about-women-in-2005/2016/10/07/3bf16d1e-8caf-11e6-8cdc-4fbb1973b506_video.html [zuletzt abgerufen: 21.04.2024]. Die *New York Times* veröffentlichte am 08.10.2016 ein Transkript dazu: www.nytimes.com/2016/10/08/us/donald-trump-tape-transcript.html [zuletzt abgerufen: 19.07.2024]. Originalzitat: Trump: »I better use some Tic Tacs just in case I start kissing her. You know, I'm automatically attracted to beautiful – I just start kissing them. It's like a magnet. Just kiss. I don't even wait. And when you're a star, they let you do it. You can do anything.« Bush: »Whatever you want.« Trump: »Grab 'em by the pussy. You can do anything« [Übersetzung der Autorin].

9 Daniella Diaz: »3 times Trump defended his ›locker room‹ talk«, CNN, 09.10.2016, https://edition.cnn.com/2016/10/09/politics/donald-trump-locker-room-talk-presidential-debate-2016-election/index.html [zuletzt abgerufen: 21.04.2024].

10 Juliane Löffler: »Feminismus als Motor«, *der Freitag*, 04/2017, www.freitag.de/autoren/juloeffl/feminismus-als-motor [zuletzt abgerufen: 20.04.2024]

11 Kantor und Twohey, *MeToo*, S. 45.

12 Jodi Kantor und Megan Twohey: »Harvey Weinstein Paid Off Sexual Harassment Accusers for Decades«, *New York Times*, 05.10.2017, www.nytimes.com/2017/10/05/us/harvey-weinstein-harassment-allegations.html [zuletzt abgerufen: 21.04.2024].

13 Alyssa Milano, Post auf X (ehemals Twitter), 15.10.2017, https://twitter.com/Alyssa_Milano/status/919659438700670976 [zuletzt abgerufen: 21.04.2024].

14 Ministère de l'intérieur et des outre-mer: »Insécurité et délinquance en 2017: premier bilan statistique«, S. 102, www.interieur.gouv.fr/fr/Interstats/Actualites/Insecurite-et-delinquance-en-2017-premier-bilan-statistique [zuletzt abgerufen: 21.04.2024].

15 Der ehemalige Regierungssprecher Steffen Seibert auf X (ehemals

Twitter), 06.12.2017, https://twitter.com/RegSprecherStS/status/938429312465887235 [zuletzt abgerufen: 21.04.2024].

16 Etwa: Laura Backes, Isabell Beer, Anne Fromm, Eva Hoffmann, Lena Kampf, Ann-Katrin Müller, Pascale Müller, Pia Stendera, Sarah Ulrich, Nora Voit, Lena von Holt.

17 »Die Max-Planck-Direktorin Tania Singer tritt nach Recherchen von BuzzFeed News zurück«, BuzzFeed, Dezember 2018 (nach der Übernahme von BuzzFeed Deutschland durch Ippen Media sind die Erscheinungsdaten zurückliegender Artikel zum Teil nicht korrekt), www.buzzfeed.de/recherchen/die-max-planck-direktorin-tania-singer-tritt-nach-recherchen-von-buzzfeed-news-zurueck-90134182.html [zuletzt abgerufen: 21.04.2024].

18 Pascale Müller und Stefania Prandi: »Vergewaltigt auf Europas Feldern«, BuzzFeed, 30.04.2018, www.buzzfeed.com/de/pascalemueller/vergewaltigt-auf-europas-feldern [zuletzt abgerufen: 21.04.2024].

19 Durch die Folgeberichterstattung mehrerer Medien folgten Maßnahmen des Arbeitsministeriums, Kontrollen der Arbeitsbedingungen, außerdem bildete sich eine selbstorganisierte Gruppe von Migrant:innen vor Ort. Zugleich sind Übergriffigkeiten und Missbrauch in der Branche weiterhin ein Thema. Siehe auch: Pascale Müller: »Ein Erdbeerproduzent kidnappt Erntehelferinnen, weil die über Missbrauch aussagen wollen«, BuzzFeed, 04.06.2021, www.buzzfeed.de/recherchen/ein-erdbeerproduzent-kidnappt-erntehelferinnen-weil-die-ueber-missbrauch-aussagen-wollen-90134363.html [zuletzt abgerufen: 19.07.2024].

20 Heute ist Susanne Beyer Autorin der Chefredaktion des SPIEGEL.

21 Zunächst gemeinsam mit anderen kümmerten sich darum die Redakteurinnen Ann-Katrin Müller und Laura Backes.

22 Susanne Beyer: »Wir müssen über Augstein reden«, DER SPIEGEL, 54/2018, online 09.10.2018, www.spiegel.de/kultur/wir-muessen-ueber-augstein-reden-a-00000000-0002-0001-0000-000159826641 [zuletzt abgerufen: 19.07.2024].

23 Tobias Becker, Susanne Beyer, Simone Salden: »Frauen waren eine Irritation für den SPIEGEL«, DER SPIEGEL, 2/22, online 07.01.2022, www.spiegel.de/panorama/gleichberechtigung-und-metoo-frauen-waren-eine-irritation-fuer-den-spiegel-a-3a8abb51-628c-461b-9f7e-920b7d78358d [zuletzt abgerufen: 21.04.2024].

24 Ulrike Posche: »Macht und Muffensausen«, *Stern*, 10.11.2017, www.stern.de/gesellschaft/sexismus–macht-und-muffensausen-7694252.html [zuletzt abgerufen 21.04.2024].

25 Jana Simon und Annabel Wahba: »Im Zwielicht«, *ZEIT Magazin*, 02/2018, online 03.01.2018 www.zeit.de/zeit-magazin/2018/02/dieter-wedelregisseur-sexuelle-uebergriffe-vorwuerfe [zuletzt abgerufen: 10.07.2024]; Jana Simon u. a.: »Der Schattenmann«, *ZEIT*, 05/2018, online 24.01.2018, www.zeit.de/2018/05/dieter-wedel-vorwuerfe-schauspielerinnen [zuletzt abgerufen: 10.07.2024].

26 »Der Star-Anwalt: Christian Scherz und die Medien«, Das Erste, 13.05.2024, www.daserste.de/information/reportage-dokumentation/dokus/sendung/der-star-anwalt-christian-schertz-und-die-medien-100.html (Minute 52) [zuletzt abgerufen: 19.07.2024]. Siehe auch: Stefan Niggemeier: »Eine ARD-Doku hilft Christian Schertz dabei, sich als #MeToo-Vorkämpfer zu inszenieren«, Übermedien, 16.05.2024, https://uebermedien.de/95039/eine-ard-doku-hilft-christian-schertz-dabei-sich-als-metoo-vorkaempfer-zu-inszenieren/ [zuletzt abgerufen: 10.07.2024].

27 E-Mail vom Januar 2018, sowie: Stefan Niggemeier: »Fall Wedel: Jany Tempel fühlt sich von der ›Zeit‹ im Stich gelassen«, Übermedien, 30.05.2019, https://uebermedien.de/38722/fall-dieter-wedel-schauspielerin-fuehlt-sich-von-der-zeit-im-stich-gelassen/ [zuletzt abgerufen: 21.04.2024].

28 SPIEGEL-Umfrage: »Mehrheit der Männer und Frauen findet #MeToo-Debatte positiv«, SPIEGEL ONLINE, 09.10.2018, www.spiegel.de/kultur/gesellschaft/deutschland-grosse-mehrheit-findet-metoo-debatte-positiv-a-1232320.html [zuletzt abgerufen: 21.04.2024]; Heike Klovert, Lena Greiner, Christina Elmer: »Hat #MeToo für Sie schon etwas verändert?«, SPIEGEL ONLINE, 11.10.2018, www.spiegel.de/karriere/metoo-fuer-die-meisten-deutschen-hat-die-debatte-wenig-bewirkt-zeigt-eine-spiegel-umfrage-a-1231684.html [zuletzt abgerufen: 21.04.2024].

29 Etwa: Nicole Rosenbach: »Was Deutschland bewegt - Vergewaltigt. Wir zeigen an!« WDR, ARD: Die Story, 28.5.2018, https://presse.wdr.de/plounge/tv/das_erste/2018/05/20180528_vergewaltigt_wir_zeigen_an.html [zuletzt abgerufen: 19.07.2024]; Lisa Seelig: »Nach der Vergewaltigung: ›Sie wissen schon, was Sie Ihrem Kameraden mit einer Anzeige antun?‹«, Edition F, 28.05.2018, https://editionf.com/vergewaltigung-ard-dokumentation-rosenbach-vergewaltigt-wir-zeigen-an-interview-nora/ [zuletzt abgerufen: 19.07.2024].

30 Einvernehmlichkeit: siehe Definition im Glossar.

31 Monica Lewinsky: »Emerging from ›the House of Gaslight‹ in the Age of #MeToo«, *Vanity Fair*, 25.02.2018, www.vanityfair.com/news/2018/02/monica-lewinsky-in-the-age-of-metoo [zuletzt abgerufen: 21.04.2024]. Originalzitat: »Now, at 44, I'm beginning (just beginning) to consider the implications of the power differentials that were so vast between a president and a White House intern. I'm beginning to entertain the notion that in such a circumstance the idea of consent might well be rendered moot« [Übersetzung der Autorin].

32 Ebd., Originalzitat: »There are even some people who feel my White House experiences don't have a place in this movement, as what transpired between Bill Clinton and myself was not sexual assault, although we now recognize that it constituted a gross abuse of power.«

33 Beschuldigter: siehe Definition im Glossar.

DREI GEWALT

1 Maik Großekathöfer u. a.: »Der gefährlichste Ort für eine Frau ist ihr Zuhause«, DER SPIEGEL, 48/2023, online 25.11.2023, www.spiegel.de/panorama/gesellschaft/haeusliche-gewalt-der-gefaehrlichste-ort-fuer-eine-frau-ist-ihr-zuhause-a-01ba643f-3fc6-42a4-9146-3dba3de9e89a [zuletzt abgerufen: 07.07.2024].

2 Bundeskriminalamt: *Bundeslagebild Häusliche Gewalt 2022*, www.bka.de/DE/AktuelleInformationen/StatistikenLagebilder/Lagebilder/HaeuslicheGewalt/haeuslicheGewalt_node.html [zuletzt abgerufen: 21.04.2024].

3 Siehe etwa Backes und Bettoni: *Alle drei Tage* oder Julia Cruschwitz, Carolin Haentjes: *Femizide: Frauenmorde in Deutschland*, Stuttgart: Hirzel Verlag 2022.

4 Bundeskriminalamt: »Vergewaltigung, sexuelle Nötigung und sexuelle Übergriffe in Deutschland«, www.bka.de/SharedDocs/Downloads/DE/Publikationen/PolizeilicheKriminalstatistik/2022/BundesdatenDelikte/04_VergewaltigungSexNoetigungBRD.pdf?__blob=publicationFile&v=2 [zuletzt abgerufen: 19.07.2024].

5 Bundesministerium des Inneren und für Heimat: *Polizeiliche Kriminalstatistik 2022. Ausgewählte Zahlen im Überblick*, Berlin 2023, www.bmi.bund.de/SharedDocs/downloads/DE/publikationen/themen/sicherheit/pks-2022.pdf?__blob=publicationFile&v=4 [zuletzt abgerufen: 21.04.2024].

6 Christoph Birkel u. a.: *Sicherheit und Kriminalität in Deutschland – SKiD 2020. Bundesweite Kernbefunde des Viktimisierungssurvey des Bundeskriminalamts und der Polizeien der Länder*, hg. vom Bundeskriminalamt, Wiesbaden 2023, S. 66, www.bka.de/SharedDocs/Downloads/DE/Publikationen/Publikationsreihen/Forschungsergebnisse/SKiD2020_Ergebnisse_V1.4.pdf?__blob=publicationFile&v=24 [zuletzt abgerufen: 20.04.2024].

7 Ebd., S. 118.

8 Heinz-Jürgen Voß u. a. (Hg.): *Abschlussbericht Viktimisierungsstudie*

Sachsen (VisSa) – Studie zur Betroffenheit von Frauen durch sexualisierte Gewalt, häusliche/partnerschaftliche Gewalt und Stalking. Merseburg: Hochschule Merseburg 2023, www.hs-merseburg.de/fileadmin/Allgemein/Aktuelles/2023/VisSa_Studie__2_.pdf [zuletzt abgerufen: 21.04.2024].

9 François Kraus, Paul Cédille: »Survey: European Observatory on Sexism and Sexual harassment at work«, 30.09.2019, https://feps-europe.eu/wp-content/uploads/2019/10/European-Observatory-on-Sexism-and-Sexual-harassment-at-work.pdf [zuletzt abgerufen: 21.04.2024].

10 Catcalling: siehe Definition im Glossar.

11 Laura-Romina Goede und Lena Lehmann: »Catcalling – Erste Ergebnisse einer Online-Befragung«, 26.11.2021, https://kfn.de/wp-content/uploads/2022/01/Vortrag_Catcalling_Tagung%20GenderCrime_.pdf [zuletzt abgerufen: 21.04.2024]; Laura-Romina Goede: »›Catcalling‹-Studie: Sexuelle Belästigung als Alltagserfahrung«, 19.11.2021, https://kfn.de/wp-content/uploads/2021/11/PM%20Catcalling.pdf [zuletzt abgerufen: 21.04.2024].

12 »Befragung an Laatzener Schule: Jede zweite Schülerin war schon Opfer von Catcalling«, *Hannoversche Allgemeine*, 12.02.1014, www.haz.de/lokales/umland/laatzen/laatzen-mehr-als-jede-zweite-schuelerin-war-schon-opfer-von-catcalling-ZCTT3DHEZRBPBMC3622LSOKYYU.html [zuletzt abgerufen: 19.07.2024].

13 Das NETTZ, Gesellschaft für Medienpädagogik und Kommunikationskultur, HateAid und Neue deutsche Medienmacher*innen als Teil des Kompetenznetzwerks gegen Hass im Netz (Hg.): *Lauter Hass, leiser Rückzug. Wie Hass im Netz den demokratischen Diskurs bedroht. Ergebnisse einer repräsentativen Befragung*, Berlin 2024, https://kompetenznetzwerk-hass-im-netz.de/wp-content/uploads/2024/02/Studie_Lauter-Hass-leiser-Rueckzug.pdf [zuletzt abgerufen: 19.07.2024].

14 FRA – Agentur der Europäischen Union für Grundrechte: *Gewalt gegen Frauen: eine EU-weite Erhebung. Ergebnisse auf einen Blick*, Wien 2014, https://fra.europa.eu/de/publication/2014/gewalt-gegen-frauen-eine-eu–weite-erhebung-ergebnisse-auf-einen-blick [zuletzt abgerufen: 20.04.2024].

15 Pedro Conceição u. a.: *Breaking Down Gender Biases. Shifting social norms towards gender equality*. New York: United Nations Development Programme, 2023, https://hdr.undp.org/system/files/documents/hdp-document/gsni202303.pdf, S. 6 [zuletzt abgerufen: 21.04.2024].

16 United Nations Office on Drugs and Crime: *Gender-related Killings of Women and Girls (Femicide/Feminicide)*, 2023, www.unodc.org/documents/data-and-analysis/briefs/Femicide_brief_2023.pdf [zuletzt abgerufen: 19.07.2024].

17 Terre des Femmes – Menschenrechte für die Frau e. V.: »Machtstrukturen in (Um)Frage stellen«, 2024, https://frauenrechte.de/unsere-arbeit/

haeusliche-und-sexualiserte-gewalt/hintergrundinformationen/umgangsrecht/nachtrennungsgewalt/umfrage [zuletzt abgerufen: 19.07.2024].

18 In diesem Buch wird trans als Adjektiv verwendet. Damit soll darauf verwiesen werden, dass es sich um eine beschreibende Eigenschaft handelt, die jedoch nicht das ganze Wesen der Personen definiert.

19 Camino – Werkstatt für Fortbildung, Praxisbegleitung und Forschung im sozialen Bereich: *Berliner Monitoring Trans- und homophobe Gewalt – Befunde 2022*, www.lsbti-monitoring.berlin/de/befunde-2022/ [zuletzt abgerufen: 19.07.2024].

20 Monika Schröttle u. a.: *Lebenssituation und Belastungen von Frauen mit Behinderungen und Beeinträchtigungen in Deutschland. Ergebnisse der quantitativen Befragung – Endbericht*, hg. vom Bundesministerium für Familie, Senioren, Frauen und Jugend, Bielefeld u. a. 2013, www.bmfsfj.de/resource/blob/94206/1d3b0c4c545bfb04e28c1378141db65a/lebenssituation-und-belastungen-von-frauen-mit-behinderungen-langfassung-ergebnisse-der-quantitativen-befragung-data.pdf [zuletzt abgerufen: 20.04.2024].

21 Alessia Passafiume: »Indigenous women, girls killed at rate six times higher than non-Indigenous: StatCan report«, *National Post*, 04.10.2023, https://nationalpost.com/news/canada/indigenous-women-girls-killed-at-rate-six-times-higher-than-non-indigenous-statcan-report [zuletzt abgerufen: 19.07.2024]; Seattle Public Schools: »Missing and Murdered Indigenous People's National Week of Action April 29 – May 4, 2024«, www.seattleschools.org/departments/american-indian-studies-sti/monthly-native-american-observances/missing-and-murdered-indigenous-women-girls-people/ [zuletzt abgerufen: 19.07.2024].

22 Mithu M. Sanyal: *Vergewaltigung*, Hamburg: Edition Nautilus 2016, S. 124.

23 Ebd., S. 132.

24 Laut einer Studie des Kriminologischen Forschungsinstituts Niedersachsen e. V. von 2012 wurden Männer im Justizvollzug häufiger Opfer von »sexueller Viktimisierung«, worunter auch Vergewaltigungen fallen, als Frauen. Steffen Bieneck und Christian Pfeiffer: *Viktimisierungserfahrungen im Justizvollzug*, Hannover: Kriminologisches Forschungsinstitut Niedersachsen e. V. (KFN) 2012, https://kfn.de/wp-content/uploads/Forschungsberichte/FB_119.pdf [zuletzt abgerufen: 20.04.2024].

25 Carsten Wippermann: *Sexismus im Alltag. Wahrnehmungen und Haltungen der deutschen Bevölkerung – Pilotstudie*, hg. vom Bundesministerium für Familie, Senioren, Frauen und Jugend, Penzberg: DELTA-Institut für Sozial- und Ökologieforschung 2019, S. 53, www.bmfsfj.de/resource/

blob/141246/6e1f0de0d740c8028e3fed6cfb8510fd/sexismus-im-alltag-pilotstudie-data.pdf [zuletzt abgerufen: 20.04.2024]. Siehe auch: »Sexismus auch für Männer ein Problem«, Zeit online, 23.01.2014, www.zeit.de/politik/deutschland/2014-01/sexismus-umfrage [zuletzt abgerufen: 23.04.2024].

26 Sanyal, *Vergewaltigung*, S. 132.

27 Kim Severson: »Asia Argento, a #MeToo Leader, Made a Deal With Her Own Accuser«, *New York Times*, 19.08.2018, www.nytimes.com/2018/08/19/us/asia-argento-assault-jimmy-bennett.html [zuletzt abgerufen: 21.04.2024].

28 Bari Weiss: »Asia Argento Proves, Once Again, That Women Are Human Beings«, *New York Times*, 21.08.2018, www.nytimes.com/2018/08/21/opinion/asia-argento-avital-ronell-weinstein.html [zuletzt abgerufen: 21.04.2024].

29 Unabhängige Kommission zur Aufarbeitung sexuellen Kindesmissbrauchs (Hg.): *Sexueller Kindesmissbrauch durch Frauen*, Berlin 2021, www.aufarbeitungskommission.de/mediathek/sexueller-kindesmissbrauch-durch-frauen/ [zuletzt abgerufen: 21.04.2024].

30 Unabhängige Beauftragte für Fragen des sexuellen Kindesmissbrauchs: »Wer sind die Täter und Täterinnen?«, https://beauftragte-missbrauch.de/themen/definition/wer-sind-die-taeter-und-taeterinnen [zuletzt abgerufen: 19.07.2024].

31 Nele Pollatschek: »Was ist toxische Weiblichkeit«, *Süddeutsche Zeitung*, 10.04.2024, www.sueddeutsche.de/kultur/toxische-weiblichkeit-sophia-fritz-feminismus-1.6532086 [zuletzt abgerufen am 16.04.2024].

32 Nora Zukker: »Benjamin von Stuckrad-Barre im Interview: ›Diese Missbrauchserfahrung ist wahr‹«, *Tagesanzeiger*, 14.12.2023, www.tagesanzeiger.ch/benjamin-von-stuckrad-barre-diese-missbrauchserfahrung-ist-wahr-933958346711 [zuletzt abgerufen 25.04.2024].

33 Wippermann, S. 22.

34 Das Medium *Welt* und auch der SPIEGEL berichteten 2022 über Vorwürfe an der Rabbinerausbildungsstätte Abraham Geiger Kolleg in Potsdam. Quellen waren teils besorgt, dass die Vorwürfe gegen die gesamte jüdische Community instrumentalisiert werden könnten. Juliane Löffler: »Na, dann schicke ich Dir mal ein Bild von mir«, DER SPIEGEL, 13.05.2022, www.spiegel.de/panorama/gesellschaft/abraham-geiger-kolleg-in-potsdam-das-offenbar-toxische-system-von-walter-homolka-a-131eb4af-9a90-45f5-914d-89ae05cdb5ce [zuletzt abgerufen: 21.04.2024].

35 Bundesministerium des Inneren und für Heimat: *PMK 2018 – Hasskriminalität. Straf- und Gewalttaten im Bereich Hasskriminalität 2017*

und 2018, 14.05.2019, www.bmi.bund.de/SharedDocs/downloads/DE/veroeffentlichungen/2019/pmk-2018-hasskriminalitaet.pdf?__blob=publicationFile&v=3 [zuletzt abgerufen: 21.04.2024].

36 FRA – Agentur der Europäischen Union für Grundrechte: *LGBT-Erhebung in der EU. Erhebung unter Lesben, Schwulen, Bisexuellen und Transgender-Personen in der Europäischen Union – Ergebnisse auf einen Blick*, Wien 2013, https://fra.europa.eu/sites/default/files/eu-lgbt-survey-results-at-a-glance_de.pdf [zuletzt abgerufen: 22.04.2024].

37 www.lsvd.de/de/ct/2445-Homophobe-Gewalt [zuletzt abgerufen: 21.04.2024].

38 »Umfrage zu Identifikation mit der LGBTQ+ Community in ausgewählten Ländern 2021«, Statista, https://de.statista.com/statistik/daten/studie/1262730/umfrage/umfrage-zu-identifikation-mit-der-lgbtq-community-in-ausgewaehlten-laendern/ [zuletzt abgerufen 221.04.2024].

39 Juliane Löffler: »Deshalb berichtet BuzzFeed News verstärkt über Gewalt gegen sexuelle Minderheiten«, BuzzFeed News, 17.12.2020 (nicht originales Veröffentlichungsdatum), www.buzzfeed.de/recherchen/deshalb-berichtet-buzzfeed-news-verstaerkt-ueber-gewalt-gegen-sexuelle-minderheiten-90134251.html [zuletzt abgerufen: 21.04.2024].

40 Juliane Löffler: »Diese BuzzFeed News Umfrage zeigt, dass es viel mehr Gewalt gegen queere Menschen in Deutschland gibt, als bisher bekannt«, BuzzFeed, 17.12.2020, www.buzzfeed.de/recherchen/diese-buzzfeed-news-umfrage-zeigt-dass-es-viel-mehr-gewalt-gegen-queere-menschen-in-deutschland-gibt-als-bisher-bekannt-90134257.html [zuletzt abgerufen: 21.04.2024]; dies.: »Beleidigt, bespuckt, verprügelt – darum haben Lesben und Schwule noch immer Angst auf deutschen Straßen«, BuzzFeed, 17.12.2020, www.buzzfeed.de/recherchen/beleidigt-bespuckt-verpruegelt-darum-haben-lesben-und-schwule-noch-immer-angst-auf-deutschen-strassen-90134245.html [zuletzt abgerufen: 21.04.2024].

41 Juliane Löffler: »Hass ohne Grund«, BuzzFeed News, 14.02.2019, www.buzzfeed.com/de/julianeloeffler/junger-mann-opfer-von-stalking-homohass-bremen [zuletzt abgerufen: 21.04.2024].

42 Juliane Löffler: »Hass auf Schwule: Mann aus Bremen wird zu vier Jahren Haft verurteilt«, BuzzFeed, 17.12.2020, www.buzzfeed.de/recherchen/hass-auf-schwule-mann-aus-bremen-wird-zu-vier-jahren-haft-verurteilt-90137980.html [zuletzt abgerufen: 21.04.2024].

43 »Grenzenloser Hass im Internet – Dramatische Lage in ganz Europa«, HateAid, https://hateaid.org/wp-content/uploads/2022/04/HateAid-Report-2021-DE.pdf [zuletzt abgerufen: 19.07.2024].

44 Laurie Penny: »A woman's opinion is the mini-skirt of the internet«, *Independent*, 04.11.2011, www.independent.co.uk/voices/commentators/laurie-penny-a-woman-s-opinion-is-the-miniskirt-of-the-internet-6256946.html [zuletzt abgerufen: 21.04.2024].

45 »Deepfakes und Dickpics: EU schützt Frauen vor digitaler Gewalt«, HateAid, https://hateaid.org/eu-schuetzt-frauen-vor-digitaler-gewalt/ [zuletzt abgerufen: 19.07.2024].

46 Sawsan Chebli: *LAUT. Warum Hate Speech echte Gewalt ist und wie wir sie stoppen können*, München: Goldmann 2023.

47 Dickpic: siehe Definition im Glossar.

48 Susanne Kaiser: *Backlash. Die neue Gewalt gegen Frauen*, Stuttgart: Tropen 2023, S. 157.

49 Dies ist nur eine von vielen abscheulichen Nachrichten, die Sibel Schick regelmäßig erreichen. Für dieses Buch gab sie ihr Einverständnis, sich als Adressatin der Hassnachricht zu erkennen zu geben. Gegen die Nachricht habe sie über die Hilfsorganisation Hate Aid bei der Polizei eine Anzeige stellen lassen, die Ermittlungen dazu seien eingestellt worden. Schick sagt, dass sie unter anderem aufgrund dieser und vieler weiterer Nachrichten seit über einem Jahr nicht mehr in Deutschland lebt, weil sie sich hier nirgendwo mehr sicher fühle. Eine weitere an sie gerichtete Nachricht findet sich anonymisiert zitiert auch in Kaiser, *Backlash*, S. 155.

VIER MACHT UND MACHTMISSBRAUCH

1 Diese These wurde in den Siebzigerjahren von der US-amerikanischen Journalistin und Schriftstellerin Susan Brownmiller thematisiert. Ihre Veröffentlichungen gelten als Meilenstein in der Debatte über Vergewaltigungen und sexualisierte Gewalt gegen Frauen, weil sie überhaupt erst die Vorstellung für den Mainstream öffneten, dass es sich dabei um ein weitverbreitetes Problem handelte. Siehe Susan Brownmiller: *Against Our Will: Men, Women and Rape*, Toronto: Bantam 1975.

2 Siehe etwa: Bundesministerium für Familie, Senioren, Frauen und Jugend: *Väterreport 2023. Entwicklungen und Daten zur Vielfalt der Väter in Deutschland*, Berlin 2023, www.bmfsfj.de/resource/blob/230374/1167ddb2a80375a9ae2a2c9c4bba92c9/vaeterreport-2023-data.pdf; Bundesministerium für Familie, Senioren, Frauen und Jugend: *Väterreport. Update 2021*, Berlin 2021, www.bmfsfj.de/resource/blob/186176/81ff4612aee448c7529f775e60a66023/vaeterreport-update-

2021-data.pdf; Statistisches Bundesamt: »Gender Pay Gap 2023: Frauen verdienten pro Stunde 18 % weniger als Männer«, Pressemitteilung, 18.01.2024, www.destatis.de/DE/Presse/Pressemitteilungen/2024/01/PD24_027_621.html; Statistisches Bundesamt: *»Gender Pension Gap: Alterseinkünfte von Frauen 2021 fast ein Drittel niedriger als die von Männern«*, Pressemitteilung, 07.03.2023, www.destatis.de/DE/Presse/Pressemitteilungen/2023/03/PD23_N015_12_63.html.; RWI-Leibniz-Institut für Wirtschaftsforschung: *Ruhr Economic Papers #1037: Task Returns and the Gender Pay Gap*, Essen 2023, www.rwi-essen.de/fileadmin/user_upload/RWI/Publikationen/Ruhr_Economic_Papers/REP_23_1037.pdf; Institut für Demoskopie Allensbach: *Partnerschaftliche Aufgabenteilung in der Familie*, 2022, www.ifd-allensbach.de/fileadmin/IfD/sonstige_pdfs/12047_48_Bericht_Partnerschaftlichkeit_fin.pdf; Institut für Demoskopie Allensbach: *Elternzeit, Elterngeld und Partnerschaftlichkeit*, 2021, www.ifd-allensbach.de/fileadmin/IfD/sonstige_pdfs/8251_Bericht_Elternzeit_final.pdf [alle zuletzt abgerufen: 19.07.2024].

3 Asha Hedayati: *Die stille Gewalt,* Hamburg: Rowohlt Polaris 2023.

4 Lisa Duhm und Juliane Löffler: »Ich kann Frauen eine Strafanzeige nicht mit gutem Gewissen empfehlen«, DER SPIEGEL, 12.09.2023, www.spiegel.de/panorama/justiz/familienrechtsanwaeltin-asha-hedayati-vertritt-frauen-die-gewalt-erleben-sie-kritisiert-dass-der-staat-versagt-ihnen-zu-helfen-a-6674291b-65b1-4d96-91a2-4429384e7d17 [zuletzt abgerufen: 10.05.2024].

5 Carolin Emcke: *Ja heißt ja und... – ein Monolog*. Frankfurt am Main: Fischer 2019, S. 34; 99.

6 Ebd., S. 99 f.

7 Leanne E. Atwater u. a.: »Looking Ahead: How What We Know About Sexual Harassment Now Informs Us of the Future«, *Science Direct* 48 (4) 2019, www.sciencedirect.com/science/article/abs/pii/S0090261618301529?via%3Dihub [zuletzt abgerufen: 21.04.2024]; Zitat: »The #MeToo Backlash«, *Harvard Business Review*, September – Oktober 2019, https://hbr.org/2019/09/the-metoo-backlash [zuletzt abgerufen: 21.04.2024].

8 Esquire Editors: »Lesebefehl – sonst knallt's: Jagoda Marinić über neue Männlichkeit«, *Esquire*, 16.04.2023, www.esquire.de/news/gesellschaft/modern-masculinity-jagoda-marinic-ueber-maennlichkeit [zuletzt abgerufen: 21.04.2024].

9 Love Bombing: siehe Definition im Glossar.

10 Lukas Eberle, Juliane Löffler, Ann-Katrin Müller: »Ich begehre Dich, ich fördere Dich«, DER SPIEGEL, 22.01.2024, www.spiegel.de/panorama/

bildung/metoo-an-der-universitaet-frankfurt-ich-begehre-dich-ich-foerdere-dich-a-55853f6b-409a-4075-8f73-43f9fb0f37e6 [zuletzt abgerufen: 21.04.2024]. Die folgenden Schilderungen des Falls stammen aus den Recherchen von Lukas Eberle, Ann-Katrin Müller und mir sowie weiteren Gesprächen und Treffen mit der Quelle ab Frühjahr 2023. Zentrale Teile davon wurden bereits im Januar 2023 im SPIEGEL veröffentlicht. Zur besseren Lesbarkeit werden nicht alle Passagen aus der Veröffentlichung im SPIEGEL als Zitate gekennzeichnet, sondern grundsätzlich darauf verwiesen.

11 Belege: siehe Definition im Glossar.

12 Zitate aus Gesprächen (2023 und 2024).

13 Zitate aus einem Gespräch im Frühjahr 2024.

14 Intimsphäre: siehe Definition im Glossar.

FÜNF TRAUMA

1 Freezing: siehe Definition im Glossar.

2 Malte Arnsperger: »Experten im Trauma-Zoff«, *Stern*, 25.02.2011, www.stern.de/panorama/verbrechen/kachelmann-prozess–tag-29-experten-im-trauma-zoff-3668002.html [zuletzt abgerufen: 14.04.2024].

3 Ebd.

4 Christina Clemm: *AktenEinsicht. Geschichten von Frauen und Gewalt*, München: Antje Kunstmann Verlag 2020, S. 183 f.

5 Als Istanbul-Konvention wird die Europaratskonvention zur Beseitigung von Gewalt gegen Frauen und häuslicher Gewalt bezeichnet. Es handelt sich um ein internationales Abkommen, das verbindliche Rechtsnormen festlegt. Deutschland hat die Istanbul-Konvention 2017 ratifiziert. Beratungsstellen für Betroffene und Expert:innen kritisieren seit Jahren, dass die Konvention bis heute nicht ausreichend umgesetzt ist.

6 Deutscher Juristinnenbund e. V., auf Anfrage per E-Mail (Mai 2024).

7 »Conducting Interviews with Survivors of Sexual and Gender-Based Violence«, Dart Center for Journalism and Trauma, 19.08.2013, https://dartcenter.org/content/conducting-interviews-with-survivors-sexual-and-gender-based-violence-by-witness [zuletzt abgerufen: 19.07.2024].

8 Mehrere Frauen haben Polanski seitdem vorgeworfen, sie sexuell missbraucht zu haben. 2024 erhob eine Frau in Kalifornien Zivilklage gegen ihn, weil er sie als Minderjährige vergewaltigt habe, der Regisseur bestreitet die Vorwürfe.

9 Samantha Geimer: »Judge the Movie, Not the Man«, *Los Angeles Times*, 23.02.2003, www.latimes.com/archives/la-xpm-2003-feb-23-oe-geimer23-story.html [zuletzt abgerufen: 21.04.2024]. Originalzitat: »And, honestly,

the publicity surrounding it was so traumatic that what he did to me seemed to pale in comparison« [Übersetzung der Autorin]. Seither warfen weitere Frauen Polanski vor, sie vergewaltigt zu haben, darunter die britische Schauspielerin Charlotte Lewis. Polanski bestreitet die Anschuldigungen. Im August 2025 soll in Kalifornien ein Zivilprozess gegen ihn in einem anderen Fall beginnen.

10 Laura Backes: »Ich habe als Erotikmodel den gleichen Respekt verdient wie eine Richterin«, DER SPIEGEL, 29/2021, online 15.07.2021, www.spiegel.de/kultur/musik/influencerin-nika-irani-ueber-vorwuerfe-gegen-rapper-samra-und-sexismus-im-deutschrap-a-aaa1eac4-dab8-4296-9280-4f94d1373e69 [zuletzt abgerufen: 19.04.2024]

11 Cigdem Toprak: »›Ich stand vor dem größten Bruch in meinem Leben‹«, *Welt*, 19.05.2023, www.welt.de/kultur/pop/plus245239236/Samra-Ich-stand-vor-dem-groessten-Bruch-in-meinem-Leben.html [zuletzt abgerufen: 21.04.2024].

12 Backes.

SECHS ÖFFENTLICHKEIT

1 Jan W. Schäfer u. a.: »Das erste Treffen nach Beginn der Sexismus-Affäre im Video«, *Bild*, 30.01.2013, www.bild.de/politik/inland/rainer-bruederle/sexismus-debatte-himmelreich-pressegespraech-28309296.bild.html [zuletzt abgerufen 19.07.2024].

2 Vorstellungsrede von Wolfgang Kubicki als Kandidat für das FDP-Präsidium auf dem 64. Ord. Bundesparteitag in Berlin, YouTube, 10.03.2013, www.youtube.com/watch?v=rcH4_SWCwSY www.youtube.com/watch?v=rcH4_SWCwSY&ab_channel=FDP [zuletzt abgerufen 16.04.2024].

3 Korrekter ist hier der Terminus MSM: Männer, die Sex mit Männern haben – denn unter den Personen, die Vorwürfe erhoben, waren auch solche, die sich anders identifizierten, etwa als bisexuell, oder die nur sporadisch sexuelle Kontakte zu anderen Männern hatten. Da es sich bei unseren Quellen vielfach um Personen handelte, die sich als schwul identifizierten, wird für das bessere Leseverständnis hier dieser Begriff verwendet.

4 Originalzitat: »It's Berlin's worst kept secret« [Übersetzung der Autorin].

5 Stand: Juli 2024.

6 Belegtatsachen: siehe Definition im Glossar.

7 Peter Wade: »›I Hope You Die‹: Christine Blasey Ford Details Death Threats She Received After Kavanaugh Hearings«, *Rolling Stone*, 17.03.2024, www.rollingstone.com/politics/politics-news/christineblaseyford-book-death-threats-kavanaugh-1234989129/ [zuletzt abgerufen: 19.07.2024], Christine Blasey Ford in: »Christine Blasey Ford on the cost of speaking out«, *CBS News Sunday Morning*, www.youtube.com/watch?v=FxO4b6f6QGI&ab_channel=CBSSundayMorning [zuletzt abgerufen: 19.07.2024].

8 Luise Glum und Raoul Löbbert »Katholisches MeToo«, *Zeit*, 22/2022, Beilage *Christ & Welt*, www.zeit.de/2022/22/sexuelle-uebergriffe-katholische-kirche-metoo [zuletzt abgerufen: 19.07.2024]. Der Name des beschuldigten Pfarrers wurde später in weiteren Medienberichten öffentlich gemacht.

9 Ben Wieder u. a.: »Perversion of Justice: A Miami Herald investigation«, *Miami Herald*, www.miamiherald.com/news/local/article238516668.html [zuletzt abgerufen: 19.07.2024].

10 Global Media Monitoring Project 2015: *Who makes the News?*, hg. von der World Association for Christian Communication (WACC), 2015, S. 8, www.media-diversity.org/additional-files/Who_Makes_the_News_-_Global_Media_Monitoring_Project.pdf [zuletzt abgerufen: 19.07.2024].

11 Susanne Lang u. a.: *Welchen Anteil haben Frauen an der publizistischen Macht in Deutschland? Eine Studie zur Geschlechterverteilung in journalistischen Führungspositionen*, Hamburg: ProQuote Medien e. V. 2023, www.pro-quote.de/wp-content/uploads/2023/01/ProQuote_Medien_Monitoring_online_2022_digital-1.pdf [zuletzt abgerufen: 16.04.2024].

12 Christian Fuchs auf Twitter, 01.09.2017, https://twitter.com/christianfuchs_/status/903533849874968577 [zuletzt abgerufen: 19.07.2024].

13 Lang u. a., S. 9.

14 Ebenso wird zunehmend diskutiert, dass Medien insgesamt diverser werden müssen. Das bundesweite Netzwerk Neue deutsche Medienmacher*innen e. V. etwa setzt sich für vielfältiges Medienpersonal ein, insbesondere Menschen mit Einwanderungsgeschichte.

15 Lohaus: *Stärker als Wut*, eBook, S. 87, 88.

16 Jochen Bittner und Jana Hensel: »Hat MeToo etwas gebracht?«, *Zeit* 44/2022, www.zeit.de/2022/44/sexismus-politik-metoo-aufschrei-fdp [zuletzt abgerufen: 16.04.2024].

17 International Women's Media Foundation und International News Safety Institute: *Violence and Harassment against women in the news media: a global picture*, 2014, www.iwmf.org/wp-content/uploads/2018/06/Violence-and-Harassment-against-Women-in-the-News-Media.pdf [zuletzt abgerufen: 16.04.2024].

18 Julie Posetti und Nabeelah Shabbir (Hg.): *The Chilling. A global study of online violence against women journalists*, UNESCO und International Center for Journalists, 2022, www.icfj.org/sites/default/files/2023-02/ICFJ%20Unesco_TheChilling_OnlineViolence.pdf [zuletzt abgerufen: 16.04.2024].

19 Muller selbst beschuldigte in einem Tweet einen ehemaligen Fernsehproduzenten, ihr eine sexualisierte Nachricht geschickt zu haben (darin ging es offenbar um ihre Brüste und darum, dass er sie zum Orgasmus bringen werde). Der Journalist gab in einer französischen Zeitung zu, sich unangebracht verhalten zu haben, verwies aber auch auf sein Recht auf Flirten. Er verklagte Muller wegen übler Nachrede. Sie wurde zu 15 000 Euro Schadensersatz und 5000 Euro Anwaltskosten verurteilt, unter anderem, weil sie den Namen des Produzenten in Bezug zu den Taten Harvey Weinsteins gestellt hatte: Die Strafe wurde 2021 von einem Berufungsgericht aufgehoben. »#balancetonporc: la condamnation pour diffamation de Sandra Muller infirmée en appel«, *Le Monde*, 31.03.2021, www.lemonde.fr/societe/article/2021/03/31/la-condamnation-pour-diffamation-de-l-initiatrice-de-balancetonporc-infirmee-en-appel_6075140_3224.html [zuletzt abgerufen: 19.07.2024].

20 Studien dazu gibt es nicht, sogenannte »Frauenthemen«, etwa in Frauenzeitschriften, werden meisthin auch von Frauen journalistisch bearbeitet. Siehe: Susanne Lang u.a.: *Welchen Anteil haben Frauen an der publizistischen Macht in Deutschland? Eine Studie zur Geschlechterverteilung in journalistischen Führungspositionen*, S. 35–37, 58, 60.

21 Isabell Hülsen u. a.: »Interne Ermittlungen gegen ›Bild‹-Chefredakteur Reichelt«, DER SPIEGEL, 08.03.2021, www.spiegel.de/wirtschaft/unternehmen/julian-reichelt-compliance-verfahren-gegen-bild-chefredakteur-a-578bd2fb-4548-4b47-aef8-01e3bb4e1354 [zuletzt abgerufen: 18.04.2024].

22 Isabell Hülsen u. a.: »Vögeln, fördern, feuern«, DER SPIEGEL, 11/2021, online: 12.03.2021, www.spiegel.de/wirtschaft/unternehmen/bild-chefredakteur-julian-reichelt-und-die-internen-ermittlungen-voegeln-foerdern-feuern-a-456152ee-eff8-4d8f-9b47-1284b4c36c09 [zuletzt abgerufen: 18.04.2024].

23 Isabell Hülsen u. a.: »›Bild‹-Chefredakteur Julian Reichelt bittet um vorübergehende Freistellung«, DER SPIEGEL, 13.03.2021, www.spiegel.de/wirtschaft/unternehmen/bild-chefredakteur-julian-reichelt-bittet-um-voruebergehende-freistellung-a-c008a926-6f5f-4ec9-8aa5-3a3b2d4d3159 [zuletzt abgerufen: 18.04.2024].

24 »Julian Reichelt kehrt an seinen Arbeitsplatz zurück / künftig Doppelspitze mit Alexandra Würzbach«, Pressemitteilung, axelspringer.

com, 25.03.2021, www.axelspringer.com/de/ax-press-release/julian-reichelt-kehrt-an-seinen-arbeitsplatz-zurueck-kuenftig-doppelspitze-mit-alexandra-wuerzbach [zuletzt abgerufen: 18.04.2024].

25 Katrin Langhans und Marcus Engert hatten mich in der heißen Phase stark unterstützt und mir zugearbeitet, Daniel Drepper trug als Chef unserer Einheit die redaktionelle Verantwortung. Wir vier bildeten damals das gesamte Team von Ippen Investigativ.

26 Sprachmemo, 2021.

27 Der Brief wurde später von Übermedien veröffentlicht: https://uebermedien.de/wp-content/uploads/2021/10/ippen_investigativ_brief.pdf [zuletzt abgerufen: 19.07.2024].

28 »Freiheit nicht antasten«, *Frankfurter Rundschau*, 19.10.2024, www.fr.de/politik/freiheit-nicht-antasten-91060014.html [zuletzt abgerufen: 18.04.2024].

29 Ben Smith war vor seinem Job als Kolumnist der *New York Times* Chefredakteur von BuzzFeed News mit Sitz in den USA gewesen und hatte unser Büro in Deutschland einzelne Male besucht, ich kannte ihn aus dieser Zeit.

30 Ben Smith: »At Axel Springer, Politico's New Owner, Allegations of Sex, Lies and a Secret Payment«, *New York Times*, 17.10.2021, www.nytimes.com/2021/10/17/business/media/axel-springer-bild-julian-reichelt.html [zuletzt abgerufen: 18.04.2024].

31 Privatsphäre: siehe Definition im Glossar.

32 Isabell Hülsen, Juliane Löffler u. a.: »Warum Julian Reichelt gehen musste«, spiegel.de, 18.10.2021, www.spiegel.de/wirtschaft/unternehmen/bild-chef-julian-reichelt-warum-er-gehen-musste-a-3a205fa3-9967-4803-8a32-c47e8a0ad227 [zuletzt abgerufen: 18.04.2024]

33 Nachdem sich Julian Reichelt später über einen Anwalt an die Ombudsstelle des SPIEGEL gewandt und dieser einen im Text nur in Auszügen erwähnten Chatverlauf in Gänze vorgelegt hatte, entfernten wir unter anderem einen Satz aus dem Text, weil danach Zweifel an der Schilderung eines speziellen Abends durch eine der mutmaßlich betroffenen Frauen aufkamen. Mit einer entsprechenden Anmerkung unter dem Text wurden die Anpassungen transparent gemacht.

34 »Juliane Löffler im Interview«, NDR, Zapp, 20.10.2021, www.ndr.de/fernsehen/sendungen/zapp/Juliane-Loeffler-im-Interview,zapp13374.html [zuletzt abgerufen: 18.04.2024].

35 Cathrin Gilbert: »›Herr Reichelt, können Sie ohne ›Bild‹ leben?‹ ›Bild‹ war Julian Reichelt«, *Zeit* 51/2021, aktualisiert 8.12.2021, Zeit online,

www.zeit.de/2021/51/julian-reichelt-bild-entlassung-machtmissbrauch-stellungnahme [zuletzt abgerufen 18.04.2024].

36 Bommi & Brummi: »Der -ippen-Song«, YouTube, 23.10.2021, www.youtube.com/watch?v=REegj6MI4tw&ab_channel=MCEisbommi [zuletzt abgerufen 19.07.2024].

SIEBEN SCHWEIGEN, SCHULD UND SCHAM

1 Bettina Gaus: »Die Entmündigung der Frau«, DER SPIEGEL, 21.10.2021, www.spiegel.de/politik/deutschland/fall-julian-reichelt-die-entmuendigung-der-frau-kolumne-a-c11b7383-fd59-4b55-92fa-f775a08d44ff [zuletzt abgerufen: 19.07.2024].

2 Nils Minkmar: »Meister der erfundenen Gefahren«, *Süddeutsche Zeitung*, 19.10.2021, www.sueddeutsche.de/medien/bild-zeitung-mathias-doepfner-springer-1.5444073 [zuletzt abgerufen: 19.07.2024].

3 Rewert Hoffer: »Die ›Bild‹ und ihr Chefredaktor: Was Unternehmen aus dem Fall Julian Reichelt lernen können«, *Neue Zürcher Zeitung*, 21.10.2021, www.nzz.ch/wirtschaft/fall-reichelt-welche-regeln-gibt-es-fuer-beziehungen-im-job-ld.1651089 [zuletzt abgerufen: 19.07.2024].

4 Eva Maria Schmitt: »Ändert das System!«, Horizont, 19.10.2021, www.horizont.net/medien/kommentare/zur-causa-reichelt-aendert-das-system-195208 [zuletzt abgerufen: 19.07.2024].

5 Mithu M. Sanyal: »Das Sex-Macht-Problem – und wie wir es lösen«, DER SPIEGEL, 47/2021, online: 19.11.2021, www.spiegel.de/kultur/metoo-im-job-das-sex-macht-problem-und-wie-wir-es-loesen-a-bde910c9-2a7b-443e-aa39-b34bfa236d89 [zuletzt abgerufen: 19.07.2024].

6 Jan Fleischhauer: »Grenzen des Erlaubten«, *Focus Magazin* 44/2021, online: 29.10.2021, www.focus.de/magazin/archiv/der-schwarze-kanal-jan-fleischhauer-grenzen-des-erlaubten_id_24375075.html [zuletzt abgerufen: 19.07.2024].

7 »Springer ändert Verhaltenskodex für Führungskräfte«, DER SPIEGEL, 13.12.2021, www.spiegel.de/wirtschaft/axel-springer-verlag-passt-verhaltenskodex-zu-liebesbeziehungen-an-a-13749978-6201-4b35-8cab-9095b8fe9d85 [zuletzt abgerufen: 19.07.2024].

8 »Sexismus ist ein unterschätztes Problem«, ZDFheute, 23.04.2023, www.zdf.de/nachrichten/wirtschaft/sexismus-problem-deutsche-unternehmen-doescher-100.html [zuletzt abgerufen: 21.04.2024]. Siehe auch: Simone Salden, Hannah Steinharter: »›Es gibt alles, was Sie sich vorstellen können‹«, *Manager Magazin*, 31.01.2023, www.manager-magazin.de/unternehmen/pricewaterhousecoopers-die-forensikerin-marie-christine-

doescher-untersucht-metoo-faelle-in-unternehmen-was-sie-raet-a-f9822544-9a06-4f1a-995d-7f43099a1507 [zuletzt abgerufen: 21.07.2024].

9 Isabell Hülsen: »Am besten hängen Sie den Verhaltenskodex in der Kaffeeküche auf«, DER SPIEGEL, 23.01.2024, www.spiegel.de/wirtschaft/metoo-expertin-simone-kaempfer-am-besten-haengen-sie-den-verhaltenskodex-in-der-kaffeekueche-auf-a-237868cd-5fd9-469b-88ad-ae57ef968770 [zuletzt abgerufen: 18.04.2024].

10 »Laia Abril: On Rape – And Institutional Failure«, Ausstellung Berlin 27. Januar 2024–21. Mai 2024, C/O Berlin, https://co-berlin.org/de/programm/ausstellungen/laia-abril [zuletzt abgerufen: 18.04.2024]; Ilse Müllner: »Gegen den Willen«, *Essener Unikate. Berichte aus Forschung und Lehre* 21, Essen: Universität Duisburg-Essen 2003, S. 8–21, https://kobra.uni-kassel.de/bitstream/handle/123456789/13219/MuellnerGegenDenWillen.pdf?sequence=3 [zuletzt abgerufen: 19.07.2024].

11 Vgl. Sanyal: *Vergewaltigung*, S. 58.

12 Deutscher Bundestag: *Vergewaltigung in der Ehe. Strafrechtliche Beurteilung im europäischen Vergleich*, 2009, www.bundestag.de/resource/blob/407124/6893b73fe226537fa85e9ccce444dc95/wd-7-307-07-pdf-data.pdf [zuletzt abgerufen: 19.07.2024].

13 Katja Grieger u. a.: *»Was Ihnen widerfahren ist, ist in Deutschland nicht strafbar«. Fallanalyse zu bestehenden Schutzlücken in der Anwendung des deutschen Sexualstrafrechts bezüglich erwachsener Betroffener*, Berlin: Bundesverband Frauenberatungsstellen und Frauennotrufe – Frauen gegen Gewalt e. V. 2014, www.frauen-gegen-gewalt.de/de/aktionen-themen/kampagnen/vergewaltigung-verurteilen/fallanalyse-zu-schutzluecken-im-sexualstrafrecht.html [zuletzt abgerufen: 19.07.2024].

14 Ebd., S. 10 f.

15 Siehe Sanyal: *Vergewaltigung*, S. 19–26.

16 Siehe auch die Auflistung von Sanyal: *Vergewaltigung*, Kindle-Ausgabe, S. 47; 48.

17 Auch die Vorstellung, dass sexualisierte Gewalt, insbesondere eine Vergewaltigung, die Ehre eine Frau verletzt und Schande über sie bringt, ist kulturell über Jahrhunderte erlernt und geprägt. Das ging so weit, dass epochenweise die einzige Möglichkeit einer vergewaltigten Frau, ihre Ehre zu retten, der Selbstmord war oder der Gang in ein Kloster. Bis heute ist die Vorstellung üblich, dass eine Vergewaltigung die Psyche oder Biografie eines Opfers zerbricht (vgl. Sanyal: *Vergewaltigung*, Kindle-Ausgabe, S. 72; 75). Als ich 2023 ein Frauenhaus besuchte, sprach ich länger mit einer Frau, die vor ihrem prügelnden Ehemann geflohen war.

Sie sagte mir, dass es nicht die Schläge waren, die sie am meisten verletzt hatten, sondern die inneren Wunden, die sie ihr Leben lang tragen werde.

18 Sanyal: *Vergewaltigung*, S. 81.

19 »›Was hattest du an?‹: Ausstellung in Kiel gibt Opfern sexueller Gewalt eine Stimme«, SAT.1 regional, 19.05.2020, www.sat1regional.de/was-hattest-du-an-ausstellung-in-kiel-gibt-opfern-sexueller-gewalt-eine-stimme/ [zuletzt abgerufen: 19.07.2024].

20 »›What Were you Wearing?‹ Installation«, Sexual Assault Prevention & Education Center, https://sapec.ku.edu/wwyw; »Der Ursprung. Die Macht der Worte – wie ein Gedicht den Stein ins Rollen brachte«, Was hattest du an?, www.washattestduan.de/ausstellung/ursprung/ [zuletzt abgerufen: 19.07.2024].

21 Maike Backhaus und Nora Gantenbrink, Podcast: »NDA: Die Akte Kasia Lenhardt«, DER SPIEGEL, Folgen vom 15.03.2024 und 19.04.2024, www.spiegel.de/thema/nda-die-akte-kasia-lenhardt/ [zuletzt abgerufen 20.07.2024].

22 Mary Simmerling: »What I was wearing«, 2005, https://sapec.ku.edu/sites/sapec/files/files/Installation%20Poem.pdf [zuletzt abgerufen: 18.04.2024].

23 Ryan Adams: »›I will never be off the hook for my harmful behavior.‹ Musician Ryan Adams breaks his silence, reveals he's sober and pens a stunning apology in response to #MeToo allegations against him, including from ex-wife Mandy Moore«, Mail Online, 03.07.2020, www.dailymail.co.uk/news/article-8480627/Musician-Ryan-Adams-reveals-hes-sober-pens-raw-apology.html [zuletzt abgerufen: 19.07.2024].

24 Nora Gantenbrink: »Rapper Kool Savas über seinen Umgang mit Frauen. ›Ich war ein Arschloch‹«, DER SPIEGEL, 50/2023, online 08.12.2023, www.spiegel.de/panorama/rapper-kool-savas-ueber-sex-mit-fans-und-seinen-umgang-mit-frauen-ich-war-ein-arschloch-a-803e3a01-5bba-4fd1-a7d1-90ced1bc896c [zuletzt abgerufen: 21.04.2024].

25 Christoph Schneider: Post auf Instagram, 16.06.2023, www.instagram.com/p/CtjOPD8sgZf/?utm_source=ig_embed&ig_rid=5b1f26eb-911f-4fdc-b1a0-8f60a6312feb [zuletzt abgerufen: 19.07.2024].

26 Rammsteinofficial: Post auf Instagram, 03.06.2023, www.instagram.com/p/CtB-rb2tYAU/?hl=de [zuletzt abgerufen: 19.07.2024].

27 »Presseerklärung zu Till Lindemann«, 08.06.2023, www.presseportal.de/pm/62754/5528893 [zuletzt abgerufen: 20.07.2024].

28 Der Test habe positiv auf Cannabis angeschlagen, gab die Till Lindemann presserechtlich vertretende Kanzlei nach Akteneinsicht der Ermittlungen in Vilnius bekannt.

29 »Der Fall Rammstein. Till Lindemann: Das perverse Groupie-System eines

Weltstars«, titelte DER SPIEGEL in seiner Ausgabe 24/2023, www.spiegel.de/spiegel/print/index-2023-24.html [zuletzt abgerufen: 19.07.2024].

30 Juliane Löffler, Elisa von Hof u. a.: »Sex, Macht, Alkohol – was die jungen Frauen aus der ›Row Zero‹ berichten«, DER SPIEGEL, 24/2023, online: 09.06.2023, www.spiegel.de/kultur/vorwuerfe-gegen-rammstein-sex-schnaps-gewalt-was-junge-frauen-aus-der-row-zero-berichten-a-07f31fb8-42c2-4891-9e0e-bf26b06557c0 [zuletzt abgerufen: 19.07.2024].

31 »Rammstein nimmt Abstand von selbsternannter ›Casting Direktorin‹«, DER SPIEGEL, 07.06.2023, www.spiegel.de/kultur/musik/rammstein-trennt-sich-von-casting-direktorin-alena-makeeva-a-d4bcbb7f-45c7-4b51-a06c-5634cbc93fed [zuletzt abgerufen: 19.07.2024].

32 Kayla Shyx: »Was wirklich bei Rammstein Afterpartys passiert«, YouTube, www.youtube.com/watch?v=9YLsMXyo3Uc&ab_channel=KaylaShyx (ab Minute 11.00) [zuletzt abgerufen: 19.07.2024].

33 Julian Seiffert: »Spätestens jetzt ist es ein Rammstein-Problem«, t-online, 31.07.2023, www.t-online.de/region/berlin/id_100209136/rammstein-geaenderte-liedzeilen-nimmt-band-die-vorwuerfe-nicht-ernst-.html, www.berliner-kurier.de/show/eklat-bei-rammstein-macht-till-lindemann-sich-ueber-po-klatscher-lustig-li.374145 [zuletzt abgerufen: 19.07.2024].

34 Elisa von Hof u. a.: »›Ich war viel zu jung‹«, DER SPIEGEL, 04.08.2023, www.spiegel.de/panorama/gesellschaft/till-lindemann-frau-ueber-verhaeltnis-zu-rammstein-frontmann-ich-war-viel-zu-jung-a-801899d9-f9d8-4ff6-965e-3833f2767eee [zuletzt abgerufen: 21.04.2024].

35 Exemplarisch ausgesuchte Kommentare aus Debatten auf der Plattform X im Zeitraum 04.08.2023–05.08.2023, Nachweise unter folgenden Threads: https://x.com/laloeffelstiel/status/1687404181710159872 und https://x.com/danieldrepper/status/1687422743409504256.

36 E-Mail, August 2023.

ACHT Recht und Gerechtigkeit

1 Generalstaatsanwaltschaft Berlin: »Ermittlungsverfahren gegen Rammstein-Sänger eingestellt«, Pressemitteilung vom 29.08.2023, www.berlin.de/generalstaatsanwaltschaft/presse/pressemitteilungen/2023/pressemitteilung.1360122.php [zuletzt abgerufen: 19.07.2024].

2 Sassan Niasseri: »Rammstein: Das sind Till Lindemanns erste Worte nach Einstellung der Ermittlungen«, *Rolling Stone*, 29.08.2023, www.rollingstone.de/statement-rammstein-till-lindemann-instagram-story-einstellung-des-verfahrens-2630013/ [zuletzt abgerufen: 19.07.2024].

3 Ann-Katrin Müller und Juliane Löffler: »Warum die Ermittlungen gegen

Till Lindemann eingestellt wurden«, DER SPIEGEL, 30.08.2023, www.spiegel.de/kultur/musik/rammstein-warum-die-ermittlungen-gegen-till-lindemann-eingestellt-wurden-a-3f92dd60-a80d-4a9b-83d0-71105feec7dd [zuletzt abgerufen: 19.07.2024].

4 Brief der Staatsanwaltschaft Berlin, 29. Juni 2023.

5 Schertz Bergmann Rechtsanwälte: Pressemitteilung zu Till Lindemann, Presseportal, 08.06.2023, www.presseportal.de/pm/62754/5528893 [zuletzt abgerufen: 19.07.2024].

6 Juliane Löffler: »MeToo-Prozess gegen HIV-Arzt: Ringen um Glaubwürdigkeit der Opferzeugen«, BuzzFeed News, 15.06.2021, www.buzzfeed.de/recherchen/missbrauchsprozess-gegen-hiv-mediziner-ringen-um-glaubwuerdigkeit-der-opferzeugen-90804727.html [zuletzt abgerufen: 19.07.2024]; Wiebke Ramm: »Der unkonventionelle Dr. J.«, DER SPIEGEL, 21.06.2021, www.spiegel.de/panorama/justiz/berlin-hiv-spezialist-vor-gericht-der-unkonventionelle-dr-j-a-b776fec6-2476-4b92-a884-23c5c38c1842 [zuletzt abgerufen: 19.07.2024].

7 Jürgen Dahlkamp: »Der Arzt, das Gericht und die Wahrheit«, DER SPIEGEL, 38/2020, online: 14.09.2020, www.spiegel.de/panorama/justiz/berlin-aids-mediziner-soll-sich-an-patienten-vergangen-haben-der-arzt-das-gericht-und-die-wahrheit-a-00000000-0002-0001-0000-000172993203 [zuletzt abgerufen: 21.04.2024].

8 Post der Autorin auf Twitter (heute X): https://twitter.com/laloeffelstiel/status/1425095809058709518.

9 Sanyal, *Vergewaltigung*, S. 66.

10 OLG Köln, Urteil vom 12.07.2016 – 15 U 175/15, https://openjur.de/u/2120049.html [zuletzt abgerufen: 19.07.2024].

11 Erich Elsner und Wiebke Steffen: *Vergewaltigung und sexuelle Nötigung in Bayern*, München: Bayerisches Landeskriminalamt 2005, S. 265, https://ub01.uni-tuebingen.de/xmlui/bitstream/handle/10900/81379/22_kriminalitaet_sex_noetigung.pdf?sequence=1&isAllowed=y [zuletzt abgerufen: am 19.07.2024]. Die Studie bezog sich auf Daten von 1983 bis 2003.

12 David Lisak u. a.: »False allegations of sexual assault: an analysis of ten years of reported cases«, *Violence Against Women* 16 (12), Dezember 2010, S. 1318 – 1334, https://pubmed.ncbi.nlm.nih.gov/21164210/ [zuletzt abgerufen: 18.04.2024].

13 Alison Levitt: *Charging Perverting the Course of Justice and Wasting Police Time in Cases Involving Allegedly False Rape and Domestic Vioence Allegations*, 2013, S. 43, www.cps.gov.uk/sites/default/files/documents/legal_guidance/perverting-course-of-justice-march-2013.pdf [zuletzt abgerufen: am 19.07.2024].

14 Christoph Birkel u. a.: *Sicherheit und Kriminalität in Deutschland – SKiD 2020. Bundesweite Kernbefunde des Viktimisierungssurvey des Bundeskriminalamts und der Polizeien der Länder*, Wiesbaden: Bundeskriminalamt 2022, S. 69 und 71, www.bka.de/DE/UnsereAufgaben/Forschung/ForschungsprojekteUndErgebnisse/Dunkelfeldforschung/SKiD/Ergebnisse/Ergebnisse_node.html [zuletzt abgerufen: 21.04.2024]. Eine repräsentative Untersuchung im Auftrag des Bundesministeriums für Familie, Senioren, Frauen und Jugend aus dem Jahr 2004 ergab, dass in 85,7 Prozent der Fälle sexualisierter Gewalt die Polizei nicht eingeschaltet wird. Siehe auch: Ursula Müller und Monika Schröttle: *Lebenssituation, Sicherheit und Gesundheit von Frauen in Deutschland. Hauptstudie des Bundesministeriums für Familie, Senioren, Frauen und Jugend*, 2004, www.bmfsfj.de/resource/blob/84328/0c83aab6e685eeddc01712109bcb02b0/langfassung-studie-frauen-teil-eins-data.pdf [zuletzt abgerufen: 21.04.2024].

15 Ulrike Winter: »Gewalt als Machtsymbol«, *Rheinische Post*, 24.03.2010, https://rp-online.de/panorama/deutschland/gewalt-als-machtsymbol_aid-9351189 [zuletzt abgerufen: 21.04.2024]; Sebastian Kemnitzer und Lisabell Shewafera: »Warum werden so wenige Täter verurteilt?«, Tagesschau, 01.11.2019, www.tagesschau.de/investigativ/report-muenchen/verurteilungen-vergewaltigung-101.html [zuletzt abgerufen: 19.07.2024].

16 Wiebke Ramm: »›Für eine Verurteilung reicht es nicht‹«, DER SPIEGEL, 26.09.2019, www.spiegel.de/panorama/justiz/luebeck-so-begruendet-die-richterin-den-freispruch-fuer-detlef-hardt-a-1288869.html [zuletzt abgerufen: 19.07.2024]; Jürgen Dahlkamp: »Fatales Signal«, SPIEGEL ONLINE, 14.09.2018, www.spiegel.de/panorama/justiz/luebeck-weisser-ring-und-die-missbrauchsvorwuerfe-ein-fatales-signal-a-1228192.html [zuletzt abgerufen: 19.07.2024].

17 Clemm: *AktenEinsicht*, S. 181.

18 »Harvey Weinstein's rape conviction is overturned by New York's top court«, AP News, Updated 26.04.2024, https://apnews.com/article/weinstein-metoo-appeal-ed29faeec862abf0c071e8bd3574c4a3 [zuletzt abgerufen: 19.07.2024].

19 Cyrus R. Vance Jr.: »What It Takes to Keep Harvey Weinstein, and Men Like Him, Behind Bars«, *New York Times*, 14.05.2024, www.nytimes.com/2024/05/14/opinion/cyrus-vance-harvey-weinstein.html [zuletzt abgerufen: 16.05.2024].

20 Siehe etwa: Bundesgerichtshof, Beschluss vom 20.03.2012 – 4 StR 561/11, https://openjur.de/u/394879.html [zuletzt abgerufen: 27.07.2024].

21 Zitiert in der *Hertener Allgemeinen*, Link nicht mehr abrufbar, nach: Anna-Lena Roth: »Ein erschreckend korrektes Urteil«, SPIEGEL ONLINE, 13.09.2012, www.spiegel.de/panorama/justiz/vorwurf-der-vergewaltigung-landgericht-essen-spricht-angeklagten-frei-a-855639.html [zuletzt abgerufen: 18.04.2024].

22 Juliane Löffler: »Krank geheilt«, BuzzFeed, 26.03.2021, www.buzzfeed.de/recherchen/aerzte-patientinnen-missbrauch-medizin-gesundheit-90262449.html [zuletzt abgerufen: 19.07.2024].

23 »Terres des Femmes Kampagne ›Vergewaltigung – Schluss mit der Straflosigkeit‹: Unterschriftenübergabe«, Bundesweiter Koordinierungskreis gegen Menschenhandel e. V., www.kok-gegen-menschenhandel.de/kok-informiert/news/detail/terres-des-femmes-kampagne-vergewaltigung-schluss-mit-der-straflosigkeit-unterschriftenuebergabe [zuletzt abgerufen: 19.07.2024].

24 Sylvia Margret Steinitz: »Chronik einer angekündigten Schändung«, *Stern*, 08.06.2016, www.stern.de/lifestyle/leute/gina-lisa-lohfink–chronik-einer-angekuendigten-schaendung-6888744.html [zuletzt abgerufen: 19.07.2024].

25 Sylvia Margret Steinitz: »Die Wandlung der Gina-Lisa Lohfink«, *Stern*, 19.06.2016, www.stern.de/lifestyle/leute/gina-lisa-lohfink–portraet-einer-kaempferin-6904096.html [zuletzt abgerufen: 21.04.2024].

26 Sibylle Berg: »Das schreiben die? Really?«, DER SPIEGEL, 11.06.2016, www.spiegel.de/kultur/gesellschaft/bestseller-grundeinkommen-und-gina-lisa-lohfink-kolumne-a-1096719.html [zuletzt abgerufen: 19.06.2016].

27 Margarete Stokowski: »Was heißt Nein?«, SPIEGEL ONLINE, 05.07.2016, www.spiegel.de/kultur/gesellschaft/stokowski-zu-sexualstrafrecht-was-heisst-nein-a-1101339.html [zuletzt abgerufen: 19.07.2024].

28 Lara Fritzsche und Lena Kampf: »Eine Welt voller Schatzis«, *Süddeutsche Zeitung Magazin* 40/2016, 07.10.2016, https://sz-magazin.sueddeutsche.de/leben-und-gesellschaft/eine-welt-voller-schatzis-85952 [zuletzt abgerufen: 19.07.2024].

29 »›Hier sind überall Hände an mir dran‹«, WDR, 05.01.2016, https://www1.wdr.de/nachrichten/koeln-uebergriffe-100.html [zuletzt abgerufen: 18.04.2024].

30 »djb fordert konsequente Ermittlung und strafrechtliche Verfolgung der Übergriffe auf Frauen in der Silvesternacht«, Pressemitteilung des Deutschen Juristinnenbundes e. V., 08.01.2016, www.djb.de/fileadmin/user_upload/presse/pressemitteilungen/pm16-01_Gewalt.pdf [zuletzt abgerufen: 19.07.2024].

31 Mediendienst Integration, »Kölner Silvesternacht 2015: Die wichtigsten Fragen und Antworten«, 2020, https://mediendienst-integration.de/

artikel/die-wichtigsten-fragen-und-antworten.html [zuletzt abgerufen: 20.07.2024].

32 Gaby Mayr: »›Das ist halt so mein Hobby‹«, *taz*, 10.04.2018, https://taz.de/Abtreibungsgegner-ueber-219a/!5494752/ [zuletzt abgerufen: 19.07.2024].

33 Juliane Löffler: »Abtreibungsgegner Yannic H. (…) hat BuzzFeed News abgemahnt, weil wir seinen Namen veröffentlicht haben«, BuzzFeed, 17.12.2020, www.buzzfeed.de/recherchen/abtreibungsgegner-yannic-hendricks-hat-buzzfeed-news-abgemahnt-weil-wir-seinen-namen-veroeffentlicht-haben-90134196.html [zuletzt abgerufen: 19.07.2024].

34 Stefan Mey: »Vorwürfe gegen Berliner Arzt: Die Stille nach dem Sturm«, queer.de, 06.05.2020, www.queer.de/detail.php?article_id=36056 [zuletzt abgerufen: 21.04.2024].

35 »BuzzFeed News geht gegen MeToo-Urteil in Berufung«, BuzzFeed News, 07.12.2020, www.buzzfeed.de/recherchen/buzzfeed-news-geht-gegen-metoo-urteil-in-berufung-90138082.html [zuletzt abgerufen: 19.07.2024].

36 Der im Podcast anonym beschriebene Mann habe sie heftig durchs Bett gewirbelt, obwohl sie ihm immer wieder gesagt habe, sie wolle das nicht. Er habe sie mit dem Oberkörper aufs Bett gedrückt, ihr die Hose runtergezogen und angefangen, an ihr rumzuspielen. Dann habe er aufgehört und gesagt: »Boah, ich wollte dich jetzt einfach vergewaltigen, aber ich hab's dann doch nicht gemacht.« Ines Anioli und Leila Lowfire, Podcast »Besser als Sex«, Folge vom 11.04.2019, https://www.listennotes.com/podcasts/besser-als-sex/woran-erkenne-ich-eine–h0eZ8_41Mv/ (ab Minute 17:00) [zuletzt abgerufen: 20.04.2024].

37 Statement von SAT.1 auf Twitter, 07.04.2021, https://twitter.com/sat1/status/1379777619252686848 [zuletzt abgerufen: 19.07.2024].

38 Shahak Shapira: Post auf Twitter, 07.04.2021, https://twitter.com/ShahakShapira/status/1379788081528774659 [zuletzt abgerufen: 19.07.2024].

39 Statement von Luke Mockridge auf Instagram, YouTube, 22.08.2021, www.youtube.com/watch?v=JNffFjw0Hxo&ab_channel=SeverinTatarczyk (Minute 0.54) [zuletzt abgerufen: 19.07.2024].

40 Ann-Katrin Müller und Laura Backes: »Die Akte Mockridge«, DER SPIEGEL, 39/2021, online: 26.12.2021, www.spiegel.de/kultur/tv/luke-mockridge-ines-anioli-spricht-ueber-die-vergewaltigungsvorwuerfe-a-710975a9-dc42-471c-956c-8e81144cdb60 [zuletzt abgerufen: 18.06.2024].

41 Heute touren beide mit ihren jeweiligen Shows wieder durch Deutschland.

42 Schertz Bergmann Rechtsanwälte: »Luke Mockridge gewinnt erneut gegen

SPIEGEL vor dem Hanseatischen Oberlandesgericht«, Pressemitteilung, 20.06.2023, www.ots.at/presseaussendung/OTS_20230620_OTS0213/presseerklaerung [zuletzt abgerufen: 19.07.2024].

43 Ann-Kathrin Müller: »Das Mockridge-Beben und seine Folgen«, DER SPIEGEL, 1/2022, online: 30.12.2021, www.spiegel.de/kultur/luke-mockridge-und-ines-anioli-wie-wir-fuer-unsere-berichterstattung-kaempfen-a-f1b6678a-366a-43d7-b040-2580d31fb232 [zuletzt abgerufen: 19.07.2024].

44 Mockridge schildert den Ablauf der Nacht laut einem Buch des Rechtsanwalts Alexander Stevens in seiner Aussage anders als Anioli. Mockridges Version wird in dem Buch ausführlich geschildert. Siehe: Alexander Stevens: *Falsch verdächtigt - Schuldig bis zum Freispruch?*, München: Piper 2023. Der *Stern* fasst die Aussage wie folgt zusammen: »Für ihn habe es sich angefühlt, als habe das Kitzeln und Umherwirbeln Anioli wieder »eingeschaltet«. Die beiden hätten neben dem Bett stehend einen Blick ausgetauscht, den es innerhalb der Beziehung schon oft gegeben habe, immer kurz vor dem Sex. Also habe er begonnen, sie oral zu befriedigen. Als er gemerkt habe, dass sie dabei völlig passiv blieb, habe er aufgehört und gefragt, was los sei. Auf ihre Antwort, dass sie das gerade nicht wolle und nur über sich ergehen lassen habe, sei er schockiert gewesen und soll sinngemäß gesagt haben, es fühle sich nun an, als habe er sie fast vergewaltigt.« Aus: Lena Steeg und Isabelle Zeiher: »›Ich hatte eine fast sportliche Motivation, Frauen aufzureißen‹«, *Stern*, 03.04.2024, www.stern.de/gesellschaft/exklusiv–luke-mockridge-ueber-den-vergewaltigungsvorwurf-und-die-folgen-34591754.html [zuletzt abgerufen: 18.06.2024].

NEUN BACKLASH

1 Emily Yoffe: »The Problem With #BelieveSurvivors«, *Atlantic*, 03.10.2018, www.theatlantic.com/ideas/archive/2018/10/brett-kavanaugh-and-problem-believesurvivors/572083/ [zuletzt abgerufen: 21.04.2024].

2 Michael Backhaus und Kayhan Özgenc: »›Ich flirte für mein Leben gern. Aber nicht mehr mit Journalistinnen‹«, *Bild*, 27.01.2023, www.bild.de/politik/inland/wolfgang-kubicki/ich-flirte-fuer-mein-leben-gern-aber-nicht-mehr-mit-journalistinnen-teil1-28270988.bild.html [zuletzt abgerufen: 21.04.2024].

3 Thomas Fischer: »Es gibt keinen Skandal«, Zeit online, 10.02.2015, www.zeit.de/gesellschaft/zeitgeschehen/2015-02/sexuelle-gewaltsexualstrafrecht-schutzluecke/komplettansicht [zuletzt abgerufen: 21.04.2024].

4 Thomas Fischer: »Frauenfilme zu Frauenwahrheiten und Frauenfragen«, Zeit online, 21.06.2016, www.zeit.de/gesellschaft/zeitgeschehen/2016-06/rechtspolitik-sexualstrafrecht-vergewaltigung-taeter-opfer-fischer-im-recht/komplettansicht [zuletzt abgerufen: 21.04.2024].

5 Sabine Rückert: »Das Schlafzimmer als gefährlicher Ort«, *Zeit* 28/2016, 30.06.2016, www.zeit.de/2016/28/sexualstrafrecht-verschaerfung-kritik [zuletzt abgerufen: 21.04.2024].

6 Sophia Thomalla in der Sendung »Menschen bei Maischberger«, ARD, 13.12.2017, https://www.facebook.com/DasErste/videos/10155887426483232/[zuletzt abgerufen: 21.04.2024].

7 Gisela Friedrichsen: »Mediale Hinrichtung per #MeToo – Schluss damit!«, *Welt*, 04.01.2018, www.welt.de/vermischtes/plus172184533/Nun-auch-Dieter-Wedel-Mediale-Hinrichtung-per-MeToo-Schluss-damit.html [zuletzt abgerufen: 21.04.2024].

8 »Catherine Deneuve: ›Nous défendons une liberté d'importuner, indispensable à la liberté sexuelle‹«, *Le Monde*, 09.01.2018, www.lemonde.fr/idees/article/2018/01/09/nous-defendons-une-liberte-d-importuner-indispensable-a-la-liberte-sexuelle_5239134_3232.html [zuletzt abgerufen: 21.04.2024].

9 Jeremy Diamond: »Trump says it's ›a very scary time for young men in America‹«, CNN, 02.10.2018, https://edition.cnn.com/2018/10/02/politics/trump-scary-time-for-young-men-metoo/index.html [zuletzt abgerufen: 21.04.2024].

10 Jens Jessen: »Der bedrohte Mann«, *Zeit*, 15/2018, aktualisiert 05.04.2018, www.zeit.de/2018/15/metoo-debatte-maenner-feminismus-gleichberechtigung/komplettansicht [zuletzt abgerufen 21.04.2024].

11 Carolin Würfel: »Jens Jessen über den bedrohten Mann«, Zeit Online, 11.04.2018, www.zeit.de/gesellschaft/2018-04/feminismus-jens-jessen-podcast [zuletzt abgerufen 19.07.2024].

12 Margarete Stokowski: »Der Reichsbürger der #MeToo-Bewegung«, SPIEGEL ONLINE, 10.04.2018, www.spiegel.de/kultur/gesellschaft/jens-jessen-reichsbuerger-der-metoo-bewegung-a-1202105.html [zuletzt abgerufen 19.07.2024].

13 Gauweiler & Sauter Rechtsanwälte: »Zum Abbruch des Strafverfahrens gegen Dr. Dieter Wedel«, Pressemitteilung vom 20.07.2022, https://gauweiler-sauter.de/2022/07/21/presseerklaerung-zum-abbruch-des-strafverfahrens-gegen-dr-dieter-wedel/ [zuletzt abgerufen 19.07.2024].

14 Philip Eppelsheim: »Wenn die Jagd begonnen hat«, *Frankfurter Allgemeine*, 04.09.2023, www.faz.net/aktuell/politik/lindemann-und-aiwanger-die-unschuldsvermutung-gilt-nicht-mehr-19148341.html?GEPC=s30 [zuletzt abgerufen 19.07.2024].

15 Sascha Lobo: »Sie jammern über ›Hexenjagd‹ – und holen zum Gegenschlag aus«, spiegel.de, 29.11.2017, www.spiegel.de/netzwelt/web/soziale-medien-hexenjagd-und-reaktionaere-revolte-kolumne-a-1180884.html [zuletzt abgerufen 19.07.2024].

16 Oliver Decker u. a. (Hg.): *Autoritäre Dynamiken in unsicheren Zeiten. Neue Herausforderungen – alte Reaktionen? Leipziger Autoritarismus Studie 2022*, Gießen: Psychosozial Verlag 2022, www.boell.de/sites/default/files/2022-11/decker-kiess-heller-braehler-2022-leipziger-autoritarismus-studie-autoritaere-dynamiken-in-unsicheren-zeiten_0.pdf [zuletzt abgerufen 19.07.2024], S. 73.

17 Amber Heard: »I spoke up against sexual violence – and faced our culture's wrath. That has to change«, *Washington Post*, 18.12.2018, www.washingtonpost.com/opinions/ive-seen-how-institutions-protect-men-accused-of-abuse-heres-what-we-can-do/2018/12/18/71fd876a-02ed-11e9-b5df-5d3874f1ac36_story.html [zuletzt abgerufen: 19.07.2024], [Übersetzung der Autorin].

18 Anya Zoledziowski: »›I Will Fuck Her Burnt Corpse‹: Johnny Depp's Violent Texts Surface During Trial«, Vice News, 21.04.2022, www.vice.com/en/article/y3v7mw/johnny-depp-cross-examination-texts-trial [zuletzt abgerufen: 19.07.2024].

19 »Audio Recording Between Johnny Depp & Amber Heard«, YouTube, 21.04.2022, www.youtube.com/watch?v=BC1wAQFJJBM [zuletzt abgerufen 19.07.2024]. Originalzitat: »I was not punching you, I was hitting you« [Übersetzung der Autorin].

20 Bot Sentinel Inc.: Targeted Trolling and Trend Manipulation: How Organized Attacks on Amber Heard and Other Women Thrive on Twitter – Report, 18.07.2022, https://botsentinel.com/reports/documents/amber-heard/report-07-18-2022.pdf [zuletzt abgerufen: 19.07.2024].

21 Daniel Drepper und Lena Kampf: *Row Zero: Gewalt und Machtmissbrauch in der Musikindustrie*, Köln: Eichborn 2024.

22 Instagram-Post, Originalzitat: »The only Rammstein lyric that Drepper has ever been able to relate to: I can't get laid in Germanyyyyy.« [Übersetzung der Autorin].

23 Pamela Paul: »Netflix Fired Frank Langella. Was that the right thing to do?«, *New York Times*, 22.05.2022, www.nytimes.com/2022/05/22/opinion/langella-netflix-metoo.html [zuletzt abgerufen: 21.04.2024].

24 Als Pressekammer wird im juristischen Sprachgebrauch der sogenannte Spruchkörper an einem jeweils zuständigen zivilen Landgericht bezeichnet, der überprüft, ob eine angegriffene Presse-Veröffentlichung zulässig ist.

25 Presserechtliches Informationsschreiben der Kanzlei Schertz Bergmann, 8. April 2021.

26 Jens Peter Paul: *»Schlimmer als ›Bild‹«*, Cicero, 22.07.2023. Artikel aktuell online nicht verfügbar; dokumentiert auf: Marc Bartl: *»Schlimmer als die Bild-Zeitung: Till-Lindemann-Anwalt rechnet mit dem Spiegel ab«*, Kress, 24.07.2023, https://kress.de/news/beitrag/146078-schlimmer-als-die-bild-zeitung-till-lindemann-anwalt-rechnet-mit-dem-spiegel-ab.html [zuletzt abgerufen: 20.07.2024].

27 Litigation PR: siehe Definition im Glossar.

28 Das Gericht sprach ihn im Juli 2024 wegen Körperverletzung an seiner Ex-Freundin schuldig, Boateng wurde dafür aber lediglich verwarnt. Eine Geldstrafe von 40 Tagessätzen zu je 5000 Euro wurde unter Vorbehalt verhängt. Die Staatsanwaltschaft hat Revision gegen das Urteil eingelegt. Boateng bestreitet die Vorwürfe gegen ihn.

29 Jasmin Raziorrouh und Rebecca Schindler: »Boateng-Ex bricht in Tränen aus – Prozess muss unterbrochen werden«, rtl.de, 21.06.2024, www.rtl.de/unterhaltung/stars/jerome-boatengs-ex-freundin-packt-aus-id1672861.html [zuletzt abgerufen 23.06.2024].

30 »Der Star-Anwalt: Christian Schertz und die Medien«, ARD, 06.06.2024, www.ardmediathek.de/video/der-star-anwalt-christian-schertz-und-die-medien/der-star-anwalt-christian-schertz-und-die-medien/ard/NzU5OWI1MzQtNmNlMi00NmE0LTlmNjAtN2JmODA1OGViOGZl (Minute 47) [zuletzt abgerufen: 19.07.2024].

31 Laura Backes und Dietmar Hipp: »Vielleicht sind Grenzüberschreitungen in kreativen Berufen häufiger«, DER SPIEGEL, 09.04.2021, www.spiegel.de/panorama/justiz/fall-dieter-wedel-vielleicht-sind-grenzueberschreitungen-in-kreativen-berufen-haeufiger-a-e6f00f96-0002-0001-0000-000177062081 [zuletzt abgerufen: 21.04.2024].

32 Siehe etwa: Rosie Carter u. a.: »Young people in the time of Covid-19. A fear and hope sturdy of 16–24 years old«, Juli 2019, Großbritannien: HOPE not hate Charitable Trust 2020, https://hopenothate.org.uk/wp-content/uploads/2020/08/youth-fear-and-hope-2020-07-v2final.pdf [zuletzt abgerufen: 20.07.2024], S. 42. Laut Befragung sind die Hälfte der jungen Männer zwischen 16 und 24 Jahren der Auffassung, dass der Feminismus zu weit gegangen sei und dass dies Männern erschwere, erfolgreich zu sein.

33 Kaiser, *Backlash*, S. 178.

ZEHN MUT

1 Zum Beispiel: *The Morning Show*, Regie: Mimi Leder u. a. (Media Res, Echo Films, ab 2019); *Bombshell - Das Ende des Schweigens* (Bron Studios u. a., 2019); *Wind River - Tod im Schnee*, Regie: Taylor Sheridan (Acacia Entertainment u. a., 2017); *Ladybitch*, Regie: Paula Knüpling, Marina Prados (Ladybitches Productions, 2022); Mai Nguyen: »Survivor Queen Podcast - Das Schweigen hat ein Ende« (ab 2020); Laia Abril: *On rape - And institutional failure* (C/O Berlin, 2024); *#MeeTooMedusa. Ein feministischer Wutausbruch*, Skript und Regie: Birgitta Linde (Stalburgtheater, ab 2023); *Noch wach?*, Regie: Christopher Rüping (Thaliatheater, ab 2023).

2 Kinderschutz-Rap von Sonja Blattmann aus dem Musik und Theater Zentrum für Gewaltprävention, 2023, www.mut-zentrum.de/kinderschutz-rap/ [zuletzt abgerufen: 19.07.2024].

3 Juristisch wird zwischen sogenannten Meinungsäußerungen und Tatsachenbehauptungen unterschieden. Tatsachenbehauptungen über eine konkrete Person, wie etwa dass jemand ein Vergewaltiger ist, müssen bewiesen sein, wenn man sie in einem zulässigen Kontext rechtmäßig äußern will. Shyx meint hier, dass Äußerungen verboten wurden, die als Meinungsäußerungen zulässig sein hätten müssen. Bei (wertenden) Meinungsäußerungen, die jemanden belasten, braucht es dann ausreichende sogenannte Anknüpfungstatsachen; also Tatsachen als Grundlage für eine Meinung.

EPILOG

1 Rape Culutre: siehe Definition im Glossar.

LITERATURVERZEICHNIS

Laura Backes und Margherita Bettoni: *Alle drei Tage.* München: DVA 2021.

Christina Clemm: *AktenEinsicht. Geschichten von Frauen und Gewalt.* München: Antje Kunstmann Verlag 2020.

Christina Clemm: *Gegen Frauenhass.* München: Hanser 2021.

Virginie Despentes: *King Kong Theorie.* Köln: Kiepenheuer und Witsch 2018.

Daniel Drepper und Lena Kampf: *Row Zero: Gewalt und Machtmissbrauch in der Musikindustrie.* Köln: Bastei Lübbe 2024.

Carolin Emcke: *Ja heißt ja: ein Monolog.* Frankfurt am Main: Fischer 2019.

Asha Hedayati: *Die stille Gewalt.* Hamburg: Rowohlt Polaris 2023.

Susanne Kaiser: *Backlash. Die neue Gewalt gegen Frauen.* Stuttgart: Tropen 2023.

Jodi Kantor und Megan Twohey: *#MeToo. Von der ersten Enthüllung zur globalen Bewegung.* Stuttgart: Tropen 2020.

Stefanie Lohaus: *Stärker als Wut.* Berlin: Suhrkamp Nova 2023.

Carmen Maria Machado: *In the dream house.* Minneapolis: Graywolf Press 2019.

Mithu M. Sanyal: *Vergewaltigung.* Hamburg: Edition Nautilus 2016.

Franziska Saxler: *»Er hat dich noch nicht mal angefasst«. Sexualisierte Belästigung und Machtmissbrauch im Job – und wie wir uns davor schützen können.* Berlin: Ullstein 2024.

Margarete Stokowski: *Die letzten Tage des Patriarchats.* Reinbek bei Hamburg: Rowohlt 2018.

Benjamin von Stuckrad-Barre: *Noch wach?* Köln: Kiepenheuer und Witsch 2023.

Unbias the news. Warum Journalismus Vielfalt braucht. Essen: Correctiv 2019.

Jack Urwin: *Boys don't cry: Identität, Gefühl und Männlichkeit.* Hamburg: Edition Nautilus 2016.

Anne Wizorek: *Weil ein #aufschrei nicht reicht.* Frankfurt am Main: Fischer 2014.